中等职业学校职业指导丛书

中国中等职业学校
毕业生就业状况分析报告
（2013年）

中等职业学校职业指导丛书编写组　编

北京理工大学出版社
BEIJING INSTITUTE OF TECHNOLOGY PRESS

版权专有　侵权必究

图书在版编目(CIP)数据

中国中等职业学校毕业生就业状况分析报告.2013年/中等职业学校职业指导丛书编写组编.—北京：北京理工大学出版社，2014.5

ISBN 978-7-5640-9038-8

Ⅰ.①中… Ⅱ.①中… Ⅲ.①中等专业学校－毕业生－就业－调查报告－中国－2013 Ⅳ.①G718.3

中国版本图书馆CIP数据核字(2014)第058156号

出版发行 / 北京理工大学出版社有限责任公司	
社　　址 / 北京市海淀区中关村南大街5号	
邮　　编 / 100081	
电　　话 / (010)68914775(总编室)	
82562903(教材售后服务热线)	
68948351(其他图书服务热线)	
网　　址 / http://www.bitpress.com.cn	
经　　销 / 全国各地新华书店	
印　　刷 / 北京通县华龙印刷厂	
开　　本 / 710毫米×1000毫米　1/16	
印　　张 / 15	责任编辑 / 申玉琴
字　　数 / 350千字	文案编辑 / 申玉琴
版　　次 / 2014年5月第1版　2014年5月第1次印刷	责任校对 / 周瑞红
定　　价 / 48.00元	责任印制 / 边心超

图书出现印装质量问题，请拨打售后服务热线，本社负责调换

编委会

顾问：鲁　昕（教育部副部长）

　　　葛道凯（教育部职业教育与成人教育司司长）

主编：王继平

编委：（按姓氏笔画排序）

王　铨	王　键	王　璟	王淑云	毛力提·满苏尔
文春帆	尹洪斌	印　杰	达　娃	任　勇	刘　平
刘惠民	刘景峰	许　翔	邬　跃	孙号龙	来　萍
陈文辉	何劲松	邹联克	张金元	张治荣	范志刚
杨湘宁	奇锦玉	罗嘉福	郑庆顺	赵玉宝	赵　凯
战高峰	洪　流	贾海明	徐曙光	郭奕珊	唐国华
黄雄彪	董振华	鲍学军	解　平	蔡钊利	黎德龙
潘惠丽

前言

自2006年起,教育部建立了中等职业学校毕业生就业情况统计和公告制度。2014年年初,教育部发布了2013年中等职业学校毕业生就业状况,总体情况持续向好,就业率达96.81%,连续8年保持高就业率水平,就业质量稳步提升,就业起薪、社会保障、劳动合同签订等情况向好,毕业生受到用人单位和社会欢迎。

为深入分析和介绍中等职业学校毕业生就业状况,我们组织编制了《中国中等职业学校毕业生就业状况分析报告(2013年)》,报告分为两篇:第一篇2013年全国中等职业学校毕业生就业状况,是对全国中等职业学校毕业生总体情况的汇总分析,包括总体状况、专业大类就业状况、分省(区、市)就业状况;第二篇2013年各省(区、市)中等职业学校毕业生就业状况,是对各地中等职业学校毕业生就业状况的分析,包括基本状况、工作措施、趋势预测等。本报告所有数据均来源于各省(区、市)教育行政部门统计报送的数据。

本报告由中等职业学校职业指导丛书编写组组织编撰,由职业教育与成人教育司巡视员王继平任主编。报告的编撰得到了教育部副部长鲁昕、教育部职业教育与成人教育司司长葛道凯的关心指导。各省(区、市)教育行政部门、教育研究机构有关负责同志和教育部职业教育与成人教育司德育与职业指导处的同志参与了本报告的编写。北京理工大学出版社为本书的出版提供了大力支持。在此,向所有提供支持帮助的社会各界人士和单位一并致以

PREFACE

衷心的感谢。

　　本报告作为中等职业学校职业指导丛书之一，比较全面地反映了中等职业学校毕业生就业状况，期望能为各地各职业学校把握人力资源市场需求、深化教育教学改革、强化就业指导、提升毕业生就业质量等提供有益启发，为学生、家长和社会转变观念，正确认识和选择职业教育提供参考，为从事职业教育管理、教学和研究工作以及所有关心职业教育的人士提供帮助。

中等职业学校职业指导丛书编写组

统计指标说明

1. 中等职业学校包括普通中等专业学校、职业高级中学、成人中等专业学校和技工学校。

2. 毕业生数：指上学年具有学籍的学生学完教学计划规定的全部课程、考试及格并取得毕业证书、实际毕业的学生数。

3. 就业学生人数：指在各种所有制企、事业单位就业，合法从事个体经营以及升入各类上一级学校的毕业学生数。合法从事个体经营学生中包括回乡从事农业生产、经营的学生。

4. 直接就业学生人数：指就业学生人数中直接参加工作就业的毕业学生数，即就业学生人数–升入各类上一级学校的学生数。

5. 就业率：指就业学生人数与毕业学生人数之比，即（就业学生人数/毕业学生人数）×100%。

6. 对口就业率：指对口就业学生人数与毕业学生人数之比，即（对口就业学生人数/毕业学生人数）×100%。

7. 产业划分：第一产业是指农、林、牧、渔业；第二产业是指采矿业，制造业，电力、燃气及水的生产和供应业，建筑业；第三产业是指除第一、二产业以外的其他行业，包括交通运输、仓储和邮政业，信息传输、计算机服务和软件业，批发和零售业，住宿和餐饮业，金融业，房地产业，租赁和商务服务业，科学研究、技术服务和地质勘查业，水利、环境和公共设施管理业，居民服务和其他服务业，教育，卫生、社会保障和社会福利业，文化、体育和娱乐业，公共管理和社会组织，国际组织。

8. 本地就业：指在学生户籍所在省（区、市）行政区内就业。异地就业：指在学生户籍所在省（区、市）行政区以外的中国境内就业。

9. 城区、镇区、乡村采用教育统计口径。城区：含主城区、城乡接合部。镇区：含镇中心区、镇乡接合部、特殊区域。 乡村：含乡中心区、村庄。

10. 就业渠道：学校推荐是指学生通过学校直接与企、事业等用人单位联系，由学校推荐就业；中介介绍是指学校通过中介组织或毕业生通过中介组织联系就业；其他渠道是指学校推荐、中介介绍以外的其他就业渠道。

11. 升入高一级学校的学生人数在就业去向分组中归入第三产业、本地就业、学校推荐。

12. 就业合同包括就业协议、劳动合同。

13. 劳动保险包括"三险一金"和"五险一金"。"三险一金"包括养老保险、失业保险、医疗保险、住房公积金；"五险一金"包括养老保险、失业保险、医疗保险、工伤保险、生育保险、住房公积金。国家规定用人单位与雇员签订劳动合同、依法缴纳社会保险（五险），由于各地落实国家社会保险政策的程度不同，在具体操作中仍然保留"三险"的执行办法。

14. 专业类别为《中等职业学校专业目录（2010年修订）》（以下简称《目录》）划分的19个专业类别。各专业就业情况依据《目录》归入相关专业类别中予以统计。在《目录》中取消的专业就业情况按照《目录》新旧专业对照表归入对应专业类别中予以统计。

15. 数据统计的截止时间为2013年9月1日。

目录

CONTENTS

第一篇
2013年全国中等职业学校毕业生就业状况 / 1

第二篇
2013年各省（区、市）中等职业学校毕业生就业状况 / 11
  北京市中等职业学校毕业生就业状况 / 12
  天津市中等职业学校毕业生就业状况 / 17
  河北省中等职业学校毕业生就业状况 / 25
  山西省中等职业学校毕业生就业状况 / 30
  内蒙古自治区中等职业学校毕业生就业状况 / 36
  辽宁省中等职业学校毕业生就业状况 / 44
  吉林省中等职业学校毕业生就业状况 / 49
  黑龙江省中等职业学校毕业生就业状况 / 54
  上海市中等职业学校毕业生就业状况 / 58
  江苏省中等职业学校毕业生就业状况 / 65
  浙江省中等职业学校毕业生就业状况 / 73
  安徽省中等职业学校毕业生就业状况 / 78
  福建省中等职业学校毕业生就业状况 / 85
  江西省中等职业学校毕业生就业状况 / 91
  山东省中等职业学校毕业生就业状况 / 99
  河南省中等职业学校毕业生就业状况 / 104
  湖北省中等职业学校毕业生就业状况 / 110
  湖南省中等职业学校毕业生就业状况 / 113
  广东省中等职业学校毕业生就业状况 / 122
  广西壮族自治区中等职业学校毕业生就业状况 / 133

CONTENTS

海南省中等职业学校毕业生就业状况 / 138
重庆市中等职业学校毕业生就业状况 / 142
四川省中等职业学校毕业生就业状况 / 146
贵州省中等职业学校毕业生就业状况 / 152
云南省中等职业学校毕业生就业状况 / 156
西藏自治区中等职业学校毕业生就业状况 / 162
陕西省中等职业学校毕业生就业状况 / 167
甘肃省中等职业学校毕业生就业状况 / 174
青海省中等职业学校毕业生就业状况 / 180
宁夏回族自治区中等职业学校毕业生就业状况 / 186
新疆维吾尔自治区中等职业学校毕业生就业状况 / 192
新疆生产建设兵团中等职业学校毕业生就业状况 / 195
大连市中等职业学校毕业生就业状况 / 200
青岛市中等职业学校毕业生就业状况 / 207
宁波市中等职业学校毕业生就业状况 / 214
厦门市中等职业学校毕业生就业状况 / 219
深圳市中等职业学校毕业生就业状况 / 224

后记 / 230

第一篇

2013 年
全国中等职业学校毕业生就业状况

一、总体状况

全国中等职业学校毕业生数为 607.46 万人，就业人数为 588.07 万人，就业率为 96.81%。其中，普通中专、职业高中、成人中专三类学校毕业生数为 492.56 万人，就业人数为 476.21 万人，就业率为 96.68%；技工学校毕业生数为 114.9 万人，就业人数为 111.86 万人，就业率为 97.35%。（数据截止时间为 2013 年 9 月 1 日，以下具体分析中不包括技工学校数据。）

（一）就业去向

就业去向包括各类企、事业单位就业，从事个体经营和升入各类高一级学校就读。到各类企事业单位就业的人数为 340.24 万人，占就业总数的 71.45%；从事个体经营的为 66.59 万人，占 13.98%；升入高一级学校就读的为 69.38 万人，占 14.57%。

（二）产业分布

在第一产业就业的人数为 52.39 万人，占就业总数的 11.00%；在第二产业就业的为 149.39 万人，占 31.37%；在第三产业就业的为 274.43 万人，占 57.63%。

（三）就业地域

本地就业的人数为 332.27 万人，占就业总数的 69.77%；异地就业的为 142.5 万人，占 29.92%；境外就业的为 1.44 万人，占 0.31%。

（四）就业地点

在城区就业的人数为 351.62 万人，占就业总数的 73.84%；在镇区就业的为 90.41 万人，占 18.98%；在乡村就业的为 34.18 万人，占 7.18%。

（五）就业渠道

就业渠道包括学校推荐、中介介绍和其他渠道。通过学校推荐的就业人数为 361.79 万人，占就业总数的 75.97%；通过中介介绍就业的为 36.53 万人，占 7.67%；通过其他渠道就业的为 77.89 万人，占 16.36%。

（六）就业合同

未签订合同的人数为 44.76 万人，占直接就业人数的 11.00%；签订 1 年及以内合同的为 155.84 万人，占 38.31%；签订 1 年以上 2 年以下合同的为 125.99 万人，占30.97%；签订2年以上3年以下合同的为52.14万人，占12.81%；签订3年以上合同的为28.09万人，占6.91%。

(七) 就业起薪

起薪1 000元及以下的人数为14.55万人，占直接就业人数的3.58%；1 001～1 500元的为90.19万人，占22.17%；1 501～2 000元的为140.48万人，占34.53%；2 001～3 000元的为126.50万人，占31.09%；3 000元以上的为35.1万人，占8.63%。

(八) 社会保险

社会保险包括三险一金或五险一金。享受三险一金的人数为218.31万人，占直接就业人数的53.66%；享受五险一金的为110.50万人，占27.16%。

(九) 资格证书

毕业就业时取得资格证书的人数为366.68万人，占毕业生总数的74.44%；未取得资格证书的为125.88万人，占25.56%。

二、各专业大类就业状况

根据《中等职业学校专业目录（2010年修订）》确定的19个专业类别，各专业大类的就业状况见图1-1至图1-4。

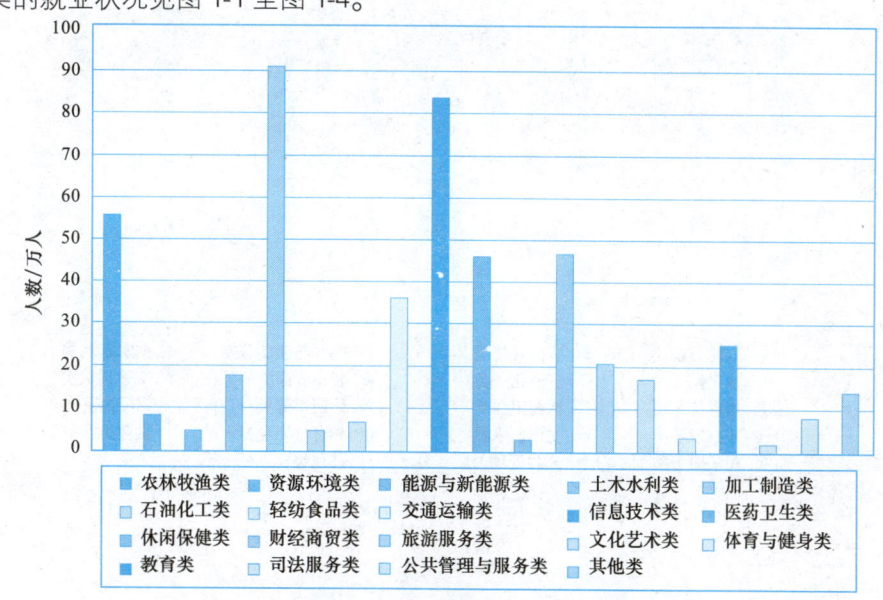

图1-1 全国中等职业学校各专业大类毕业生人数

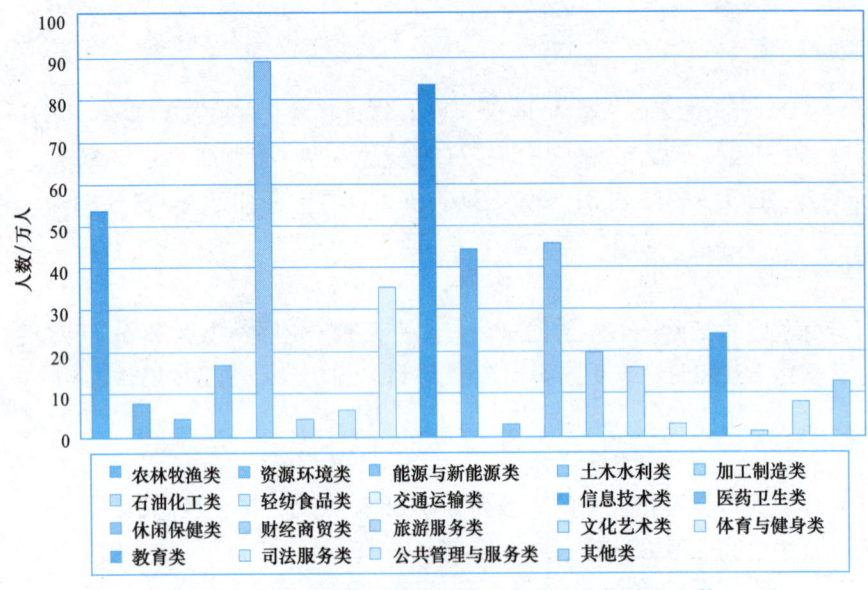

图 1-2　全国中等职业学校各专业大类毕业生就业人数

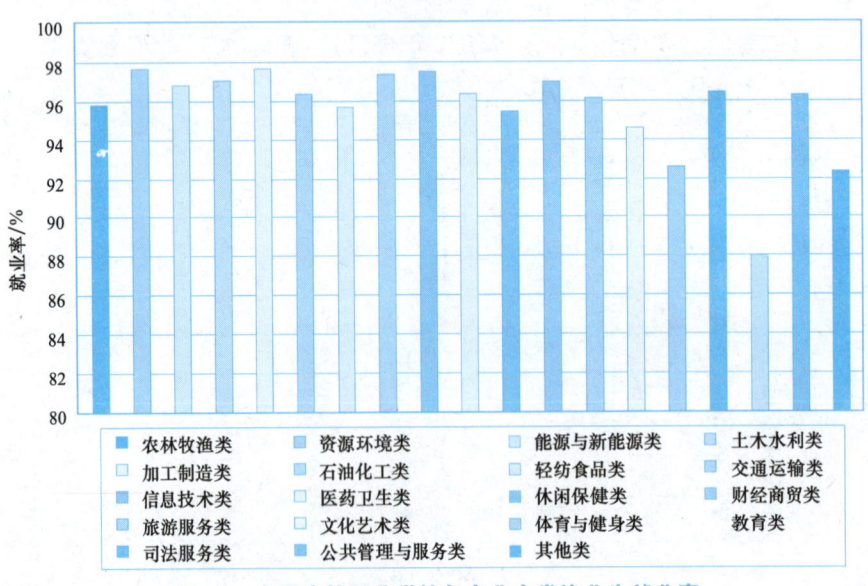

图 1-3　全国中等职业学校各专业大类毕业生就业率

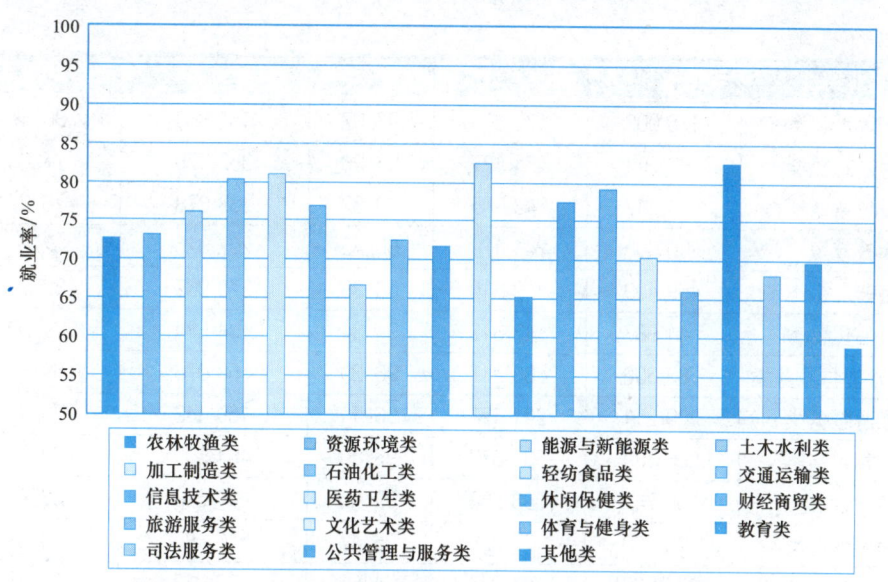

图 1-4　全国中等职业学校各专业大类毕业生对口就业率

从毕业生数看，加工制造类专业毕业生数最多，为 90.98 万人，占毕业生总数的 18.47%；其次是信息技术类，毕业生数为 83.63 万人，占 16.98%；司法服务类毕业生数最少，为 1.38 万人，占 0.28%。

从就业人数看，加工制造类专业毕业生就业人数最多，为 88.86 万人，占就业总人数的 18.66%；其次是信息技术类，就业人数为 81.57 万人，占 17.13%；司法服务类就业人数最少，为 1.22 万人，占 0.26%。

从就业率看，就业状况最好的专业类别是加工制造类，达到 97.67%；其次是资源环境类，达到 97.65%；信息技术类、交通运输类、土木水利类、财经商贸类、能源与新能源类，都在平均就业率 96.68% 以上。

从对口就业率看，平均对口就业率为 76.01%；教育类专业对口率最高，达到 82.81%；其次是医药卫生类，达到 82.71%；加工制造类、土木水利类、旅游服务类、财经商贸类、石油化工类和能源与新能源类，都在平均对口就业率 76.01% 以上。

各专业类别毕业生就业情况见表 1-1。

表 1-1

专业类别	毕业生数/人	就业人数/人	就业率/%	对口就业人数/人	对口就业率/%
加工制造类	909 790	888 611	97.67	737 438	81.06
资源环境类	80 660	78 768	97.65	59 134	73.31
信息技术类	836 334	815 695	97.53	601 417	71.91
交通运输类	361 162	351 594	97.35	262 864	72.78

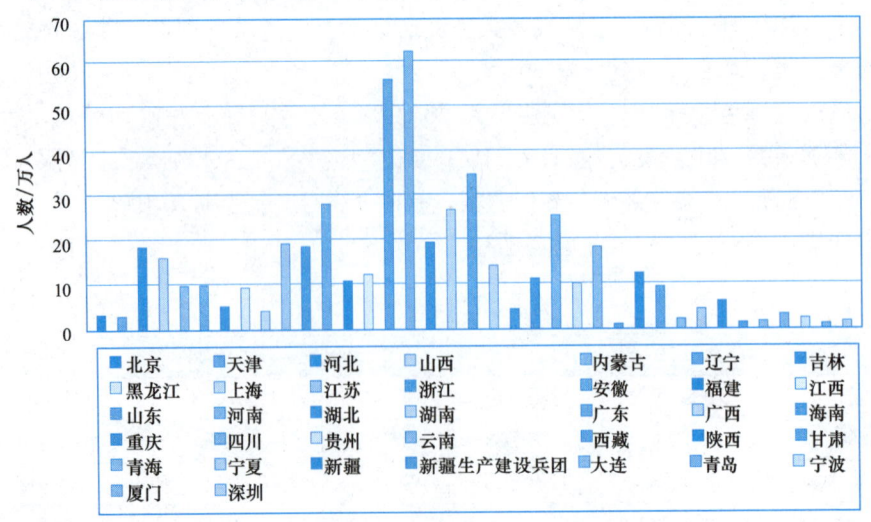

中国中等职业学校毕业生就业状况分析报告（2013 年）

续表

专业类别	毕业生数/人	就业人数/人	就业率/%	对口就业人数/人	对口就业率/%
土木水利类	176 003	170 850	97.07	141 660	80.49
财经商贸类	468 361	454 127	96.96	363 576	77.63
能源与新能源类	44 417	43 005	96.82	33 878	76.27
教育类	250 006	241 129	96.45	207 025	82.81
医药卫生类	459 409	442 810	96.39	379 965	82.71
石油化工类	44 987	43 342	96.34	34 634	76.99
公共管理与服务类	83 306	80 217	96.29	58 078	69.72
旅游服务类	209 211	201 127	96.14	166 143	79.41
农林牧渔类	555 189	531 877	95.80	404 509	72.86
轻纺食品类	66 742	63 858	95.68	44 698	66.97
休闲保健类	25 169	24 029	95.47	16 485	65.50
文化艺术类	170 529	161 372	94.63	120 017	70.38
体育与健身类	32 110	29 739	92.62	21 234	66.13
其他类	138 357	127 732	92.32	81 645	59.01
司法服务类	13 844	12 190	88.05	9 436	68.16
合计	4 925 586	4 762 072	96.68	3 743 836	76.01

三、各地就业状况

各地毕业生就业人数和就业率情况，见图 1-5 至图 1-8。

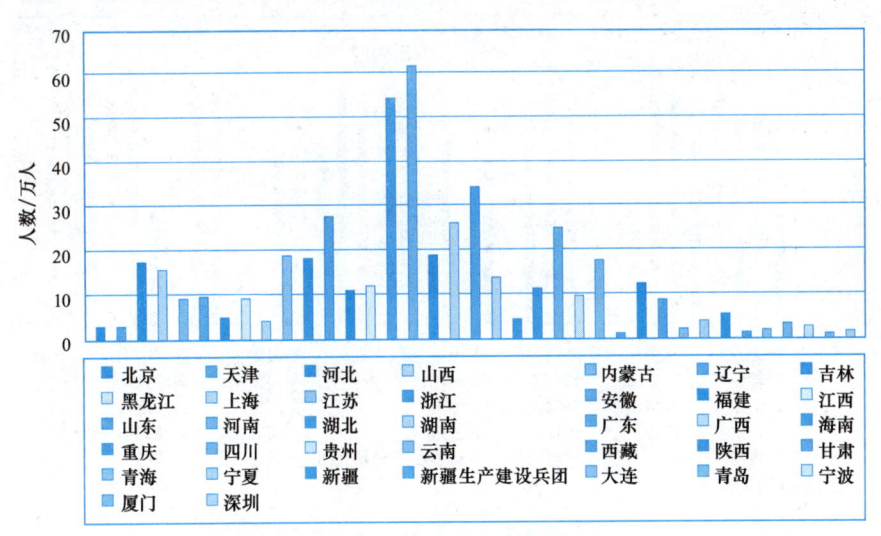

图 1-6　各地中等职业学校毕业生就业人数

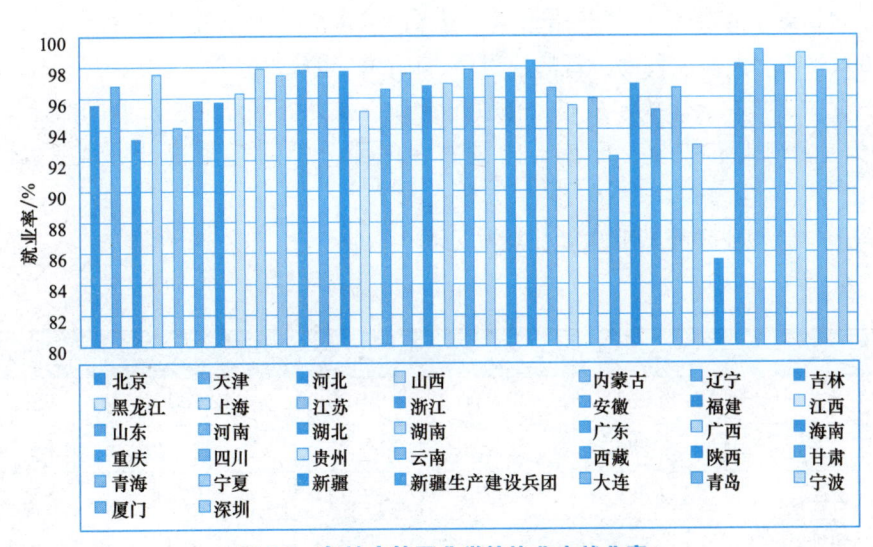

图 1-7　各地中等职业学校毕业生就业率

从各地中等职业学校毕业生就业状况看，大连就业率最高，为 99.00%；宁波、重庆、深圳、新疆生产建设兵团、青岛等地在 98.00% 以上，其中，宁波市 98.81%、重庆市 98.33%、深圳市 98.31%、新疆建设兵团 98.10%、青岛市 98.00%。除以上 6 个地区外，广东、上海、浙江、厦门、安徽、福建、河南、山西、海南、江苏、广西、湖南、陕西、湖北、天津等地高于平均就业率 96.68%。四川、青海、山东、黑龙江、宁夏等地在 96% 以上，云南、辽宁、吉林、北京、贵州、甘肃、江西等地在 95% 以上。

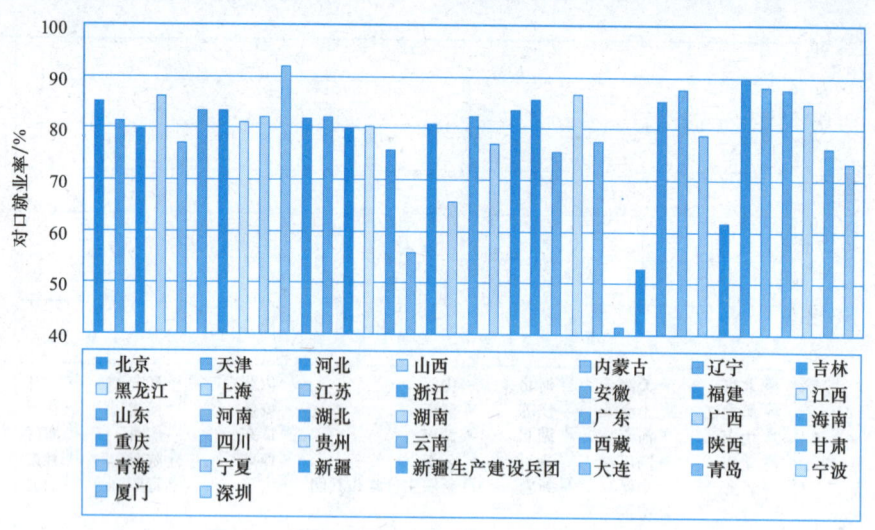

图 1-8　各地中等职业学校毕业生对口就业率

从对口就业率来看，江苏省最高，达到 91.91%；其次是新疆生产建设兵团，达到 89.77%。大连、青海、青岛、贵州、山西、重庆、甘肃、北京、宁波、海南、吉林、辽宁、广东、上海、安徽、浙江、天津、黑龙江、湖北、江西、福建等地在 80% 以上，河北、宁夏、云南、内蒙古、广西、厦门等地高于平均对口就业率 76.01%。

各地中等职业学校毕业生就业状况见表 1-2。

表 1-2

地区	毕业生数/人	就业人数/人	就业率/%	对口就业人数/人	对口就业率/%
大连	14 051	13 911	99.00	12 393	88.20
宁波	23 726	23 443	98.81	20 112	84.77
重庆	112 518	110 635	98.33	96 213	85.51
深圳	14 102	13 864	98.31	10 620	73.31
新疆生产建设兵团	10 822	10 616	98.10	9 715	89.77
青岛	31 044	30 423	98.00	27 193	87.60
广东	347 682	340 150	97.83	286 150	82.30
上海	39 719	38 852	97.82	32 636	82.17
浙江	184 667	180 599	97.80	151 161	81.86
厦门	7 870	7 690	97.71	6 012	76.39
安徽	280 730	274 217	97.68	230 439	82.09

续表

地区	毕业生数/人	就业人数/人	就业率/%	对口就业人数/人	对口就业率/%
福建	107 205	104 700	97.66	85 848	80.08
河南	625 601	610 586	97.60	349 283	55.83
山西	160 642	156 658	97.52	138 570	86.26
海南	42 120	41 076	97.52	35 188	83.54
江苏	191 689	186 750	97.42	176 185	91.91
广西	140 878	137 168	97.37	108 561	77.06
湖南	266 950	258 757	96.93	175 560	65.77
陕西	123 167	119 312	96.87	65 028	52.80
湖北	192 481	186 322	96.80	155 647	80.86
天津	28 736	27 798	96.74	23 364	81.31
四川	252 848	244 312	96.60	190 929	75.51
青海	19 099	18 447	96.58	16 737	87.63
山东	560 479	540 862	96.50	425 466	75.91
黑龙江	91 358	87 932	96.25	73 974	80.97
宁夏	40 896	39 275	96.04	32 227	78.80
云南	181 392	174 107	95.98	140 684	77.56
辽宁	96 695	92 586	95.80	80 632	83.39
吉林	49 414	47 290	95.70	41 253	83.48
北京	29 713	28 382	95.52	25 315	85.20
贵州	100 223	95 636	95.42	86 818	86.62
甘肃	91 182	86 732	95.12	77 899	85.43
江西	121 743	115 787	95.11	97 857	80.38
内蒙古	95 508	89 787	94.01	73 684	77.15
河北	181 725	169 568	93.31	145 100	79.85
西藏	9 411	8 668	92.11	3 911	41.56
新疆	57 500	49 174	85.52	35 472	61.69
合计	4 925 586	4 762 072	96.68	3 743 836	76.01

与2012年相比，2013年中等职业学校就业状况呈现以下特点：

一是去向分布合理，升学"立交桥"不断拓宽。476.21万就业毕业生中，

340.24万毕业生到各类所有制企、事业单位工作，占就业总数的71.45%；66.59万毕业生从事个体经营，占13.98%；69.38万毕业生升入高一级学校就读，占14.57%，升学比例首次超过从事个体经营毕业生的比例。与2012年相比，2013年升学比例增加了2.97个百分点，增加了9万人，表明中高职衔接工作不断加强，升学"立交桥"不断拓宽，已初步形成中职学生"求职有道，升学有门"的良好局面。

二是契合实际需要，服务产业经济结构调整。中职毕业生主要在第三产业就业，就业人数为274.43万人，占57.63%。19个专业大类中，加工制造类专业毕业生数、就业人数和就业率仍居首位，分别为90.98万、88.86万和97.67%；资源环境类、能源与新能源类等就业率不断提升，与2012年相比分别提高了1.73%、0.84%。这表明，职业教育契合了我国产业结构优化升级的需要，为经济社会发展培养了大批高素质技能型人才。

三是彰显职教特色，服务地方经济社会发展。据统计，332.27万中职毕业生在本地就业，占就业总数的69.77%；142.5万中职毕业生异地就业，占29.92%；1.44万中职毕业生出国就业或读书深造，占0.31%。与2012年相比，本地就业比例略有增加。这说明，中职毕业生仍以本地就业为主，他们是地方经济发展的生力军，为推动地方区域经济发展做出了重要贡献。

四是推动城镇化进程，实现农村劳动力带技能转移。超过70%的中职毕业生入学时为农村户籍，但毕业后超过90%的在城镇就业，其中，351.62万中职毕业生在城区就业，占就业总数的73.84%；90.41万中职毕业在镇区就业，占18.98%；34.18万中职毕业生在乡村就业，占7.18%。数据说明，中等职业教育实现了农村劳动力带技能转移，帮助学生获得了就业的技能和稳定的工作，促进学生融入城市生活。

五是就业质量提升，职业发展后劲足。据不完全统计，2013年中等职业学校毕业生就业月平均起薪，深圳、北京、青海、大连、新疆生产建设兵团、宁波、安徽、浙江、西藏、甘肃等地高于2 000元，上海达到2 763元/月，超当地最低工资标准70.56%。直接就业毕业生中，对口就业的比例达76.01%。超过八成就业毕业生享受三险一金或五险一金；签订劳动合同的超过90%，其中签订1年以上劳动合同的超过50%，这说明，绝大部分毕业生能在岗位上稳定下来，而且还能成为所在企业的骨干；中职毕业生受到社会和企业的广泛认可，就业待遇不断改善。

第二篇

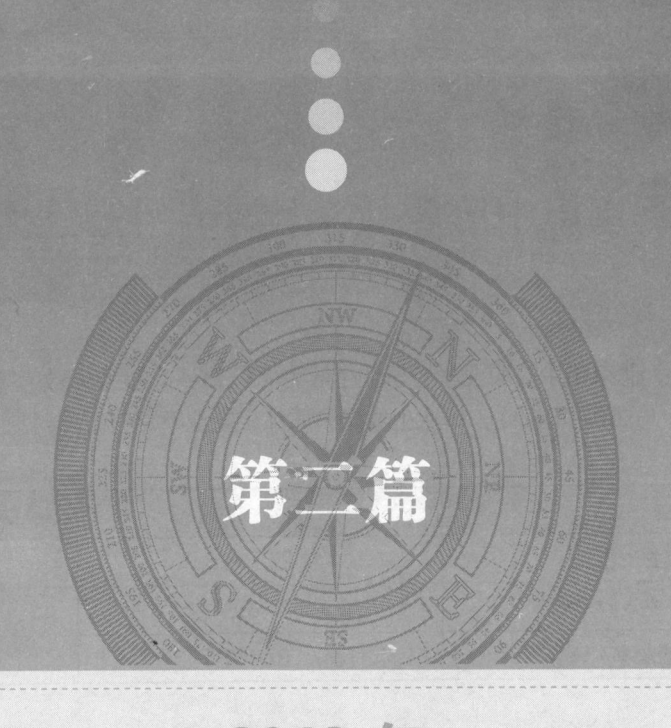

2013 年
各省（区、市）中等职业学校
毕业生就业状况

北京市中等职业学校毕业生就业状况

2013年，北京市中等职业学校毕业生数为29 713人，就业人数为28 382人，就业率为95.52%。与2012年相比，毕业生数略有增加，就业率略有下降（见表2-1-1）。

表2-1-1

项目	2012 年	2013 年
毕业生数/人	27 716	29 713
就业人数/人	27 098	28 382
就业率/ %	97.77	95.52

一、总体状况

（一）就业去向

北京市28 382名就业学生中到各种所有制企、事业单位的有20 509人，占全部就业学生的72.26%；合法从事个体经营的有1 122人，占3.95%；升入高一级学校就读的有6 751人，占23.79%。

（二）产业分布

从事第一产业的毕业生数为799人，占全部就业学生的2.82%；从事第二产业的为2 853人，占10.05%；从事第三产业的为24 730人，占87.13%。与2012年相比，从事第一产业和第三产业人数的比例有所上升，从事第二产业人数的比例有所下降（见表2-1-2）。

表2-1-2

项目	2012 年		2013 年	
	就业人数/人	占就业总人数比例/%	就业人数/人	占就业总人数比例/%
第一产业	185	0.68	799	2.82
第二产业	4 069	15.02	2 853	10.05
第三产业	22 844	84.30	24 730	87.13

（三）就业地域

就业地域分为本地、异地和境外。本地就业的毕业生数为 25 473 人，占全部就业学生的 89.75%；异地就业的为 2 826 人，占 9.96%；境外就业的为 83 人，占 0.29%。与 2012 年相比，本地就业比例有所升高，异地就业比例有所下降（见表 2-1-3）。

表 2-1-3

项目	2012 年		2013 年	
	就业人数/人	占就业总人数比例/%	就业人数/人	占就业总人数比例/%
本地	23 531	86.84	25 473	89.75
异地	3 498	12.91	2 826	9.96
境外	69	0.25	83	0.29

（四）就业渠道

通过学校推荐就业的毕业生数为 24 789 人，占全部就业学生的 87.34%；通过中介介绍就业的为 124 人，占 0.44%；通过其他渠道就业的为 3 469 人，占 12.22%。

与 2012 年相比，2013 年北京市中等职业学校毕业生就业呈现以下特点：

一是毕业生总数略有增加，升入高一级学校就读的比例继续提高。2013 年毕业的学生人数比 2012 年增加 1 997 人。2013 年继续升学的比例占就业学生总数的 23.79%，比 2012 年增加 1.62%。北京市开展了中高等职业教育衔接办学试点工作，加强了中高职衔接沟通，越来越多的中职学生能够在毕业后继续学习。

二是第三产业仍为就业的主要领域。就业于第三产业的毕业生的比例呈增长趋势，比 2012 年增长 2.83%，占就业学生总数的 87.13%；就业于第二产业的毕业生人数及占当年毕业生总数的比例均有明显下降。

三是异地就业的比例有所下降。2013 年异地就业毕业生比例比 2012 年下降 2.95%，而本地就业比例上升 2.91%。总体上而言，就业地选择变化不大。

二、各专业大类就业状况

根据《中等职业学校专业目录（2010 年修订）》确定的 19 个专业类别，各专业大类的就业状况如下：

从专业分类看，就业状况最好的专业是石油化工类、休闲保健类、司法服务类，就业率达 100%；其次是加工制造类，就业率为 99.10%。除农林牧渔类、资源环境类、其他类和医药卫生类专业之外,其他各专业的就业率均处于平均就业率以上;医药卫生类就业率最低,为79.23%。

从毕业生数看,财经商贸类专业毕业生数最多,为4 140人,占毕业生总数的13.93%;其次是医药卫生类,为3 862人,占13.00%。毕业生数最少的是司法服务类,为18人,占0.06%;其次是石油化工类,为42人,占0.14%。

从就业人数看,财经商贸类专业就业人数最多,为4 074人,占就业学生总数的14.35%;其次是交通运输类,为3 526人,占12.42%。毕业生就业人数最少的是司法服务类,为18人,占0.06%;其次是石油化工类,为42人,占0.15%。

各专业大类毕业生就业状况见表2-1-4。

表 2-1-4

专业类别	毕业生数/人	就业人数/人	就业率/%
石油化工类	42	42	100.00
休闲保健类	195	195	100.00
司法服务类	18	18	100.00
加工制造类	3 454	3 423	99.10
体育与健身类	295	291	98.64
财经商贸类	4 140	4 074	98.41
能源与新能源类	491	483	98.37
文化艺术类	2 466	2 421	98.18
旅游服务类	2 755	2 702	98.08
公共管理与服务类	552	540	97.83
信息技术类	3 240	3 169	97.81
教育类	2 713	2 651	97.71
交通运输类	3 618	3 526	97.46
轻纺食品类	150	146	97.33
土木水利类	738	711	96.34
农林牧渔类	552	524	94.93
资源环境类	89	84	94.38
其他类	343	322	93.88
医药卫生类	3 862	3 060	79.23
合计	29 713	28 382	95.52

三、工作举措

北京市始终把中等职业学校毕业生就业指导工作摆到重要地位，重视毕业生质量，向社会输送更多合格的职业技术人才，以满足社会发展的需求，毕业生就业率多年连续稳定在95%以上。

(一) 加强本市职业教育内涵发展

1. 推进职教集团建设工作。挂牌成立北京现代制造职教集团，筹建北京商贸职业教育集团、北京电子信息职业教育集团。通过集团化办学，进一步整合教育资源，集成办学优势，使职业教育更加有效地服务于北京市经济增长方式转变、产业机构调整，为打造"北京制造"、"北京创造"和"北京服务"品牌提供技术技能人才支持和智力服务。

2. 推进职业教育分级制改革实验。开展职业教育分级制度改革实验，组织9所参与实验的中职学校总结交流试点工作经验，组织行业企业、人力资源开发、教学和教育研究等方面专家进行指导，积极推动职业院校与行业企业在职业人才培养、员工培训和人力资源开发等方面深度开展合作，探索构建现代职业教育体系，为首都经济社会发展、公民就业和创业提供有效服务。

3. 启动"3+2"中高职衔接试验。研究制订《关于开展"3+2"中高等职业教育衔接办学试验的工作方案》，挑选一批管理力量强、办学质量高的中高等职业学校，以及为北京市重点产业和重点区域发展服务的专业，如汽车制造与维修、数控技术应用、计算机网络技术、城市轨道交通运营管理等，进一步明确中高等职业学校的各自办学定位，集成双方办学优势，与相关企业协作共同制订人才培养方案、教育计划，组织开展人才培养工作。这样既适应了社会对不同层次技能型人才的需求，又促进了中高等职业教育协调发展，也满足了学生终身学习的现实需要，促进了职业人才成长立交桥的建设。

4. 深化人才培养模式改革。深入行业企业开展调研，研究制定专业人才培养标准、岗位职业基本能力要求，推动职业院校与行业企业开展深度合作，通过产教结合、校企合作培养毕业生专业知识和技能。围绕本市经济建设发展，积极推进"校企合作"、"订单培养"等人才培养模式改革，拓宽中等职业学校毕业生就业渠道。开展工作过程为导向的课程改革，专业对接职业岗位、教学标准对接职业标准、教学过程对接工作过程，提高技能型人才培养质量和水平。

5. 大力推进中等职业学校"双师型"队伍建设。通过提高职业学校教师的整体水平培养造就一支"双师"型高水平的教师队伍，形成良性的教师队伍建设运行机制，提高中等职业教育的教学水平，形成培养高素质技能型人才的整体优势，增强职业学校吸引力。

【二】强化学生素质能力培养

1. 重视学生人文素质培养。加强职业学校公共基础课教学和德育工作，开展德育工作专题研究和工作经验交流；积极推动产业文化进学校，企业文化进课堂；重视学生职业道德养成教育，努力提高学生的人文素养。在全市中等职业学校中组织学生开展"文明风采"大赛。

2. 强化学生职业能力培养。在全市中等职业学校中组织学生开展职业技能大赛，扩充了比赛项目和参赛的范围，使更多学生受益，共开设财经、医药卫生、旅游服务、农业、轻纺食品、制造、土建、测绘勘探、外语、物流、交通运输、电子技术、能源、信息技术14个专业类别、57个比赛项目，全市共2.8万余名学生参加比赛，从获奖选手中挑选140名学生，代表北京市参加了14个专业类别、48个赛项的全国比赛，取得了20个一等奖，25个二等奖和31个三等奖的优良成绩。通过职业技能大赛，检验了职业教育教学水平和人才培养质量，促进了学生专业知识技能的学习，强化了学生职业能力的培养，增强了就业竞争力。

【三】加强中等职业学校就业指导工作

北京市中等职业教育每年向社会输送以万计的高素质劳动者和技能型人才，成为社会产业劳动力的主力，他们的素质直接影响到社会经济文化的发展进程。各中等职业学校始终把"以服务为宗旨、以就业为导向"作为职业教育的办学方针，创新人才培养模式，深化教育教学改革，加强学校职业指导工作，把《职业生涯规划》及国家规定的德育课作为必修课，纳入中等职业学校的德育课程体系；把就业指导和德育工作渗透到教育教学的各个环节，引导学生树立正确的人生观、思想观和就业观；加强对毕业生的就业指导工作，使之了解社会需求，正视自我，树立正确的就业观和择业观，顺利实现一次就业。

天津市中等职业学校毕业生就业状况

2013年，天津市中等职业学校毕业生数为28 736人，就业人数为27 798人，就业率为96.74%，对口就业率为81.30%。与2012年相比，毕业生数及就业率略有下降（见表2-2-1）。

表2-2-1

项目	2012年	2013年
毕业生数/人	28 921	28 736
就业人数/人	28 028	27 798
就业率/%	96.91	96.74

一、总体状况

（一）就业去向

天津市27 798名就业学生中到各种所有制企、事业单位的有15 625人，占全部就业学生的56.21%；合法从事个体经营的有1 595人，占5.74%；升入各类高一级学校的有10 578人，占38.05%。

（二）产业分布

从事第一产业的就业学生数为286人，占全部就业学生的1.03%；从事第二产业的为7 548人，占27.15%；从事第三产业的为19 964人，占71.82%。与2012年相比，从事第一产业和第二产业人数的比例有所下降，从事第三产业人数的比例明显上升（见表2-2-2）。

表2-2-2

项目	2012年 就业人数/人	2012年 占就业总人数比例/%	2013年 就业人数/人	2013年 占就业总人数比例/%
第一产业	767	2.74	286	1.03
第二产业	10 413	37.15	7 548	27.15
第三产业	16 848	60.11	19 964	71.82

【三】就业地域

就业地域分为本地、异地和境外。本地就业的毕业生数为 24 773 人，占 89.12%；异地就业的为 3 022 人，占 10.87%；境外就业的为 3 人，占 0.01%。与 2012 年相比，异地就业的毕业生比例有所升高，本地和境外就业的毕业生比例有所下降（见表 2-2-3）。

表 2-2-3

项目	2012 年 就业人数/人	占就业总人数比例/%	2013 年 就业人数/人	占就业总人数比例/%
本地	25 923	92.49	24 773	89.12
异地	2 098	7.49	3 022	10.87
境外	7	0.02	3	0.01

【四】就业地点

就业地点分为城区、镇区、乡村。城区就业的毕业生数为 23 458 人，占全部就业学生的 84.39%；镇区就业的为 4 020 人，占 14.46%；乡村就业的为 320 人，占 1.15%。

【五】就业渠道

通过学校推荐就业的毕业生数为 25 158 人，占全部就业学生的 90.5%；通过中介介绍就业的为 420 人，占 1.51%；通过其他渠道就业的为 2 220 人，占 7.99%。

与 2012 年相比，2013 年天津市中等职业学校毕业生就业呈现以下特点：

一是毕业生数有所减少，升学人数比例有所增加。2013 年天津市中职毕业生比 2012 年减少 185 人。由于天津市进行了职业教育人才培养模式改革试验及"三二分段"中职接高职工作，继续升学的毕业生比例占就业学生总数的 38.05%，比 2012 年提高了 4.78%。

二是就业于第三产业的毕业生数比例有所上升。第三产业是学生就业的主要领域，就业人数占全部就业学生总数的 71.82%，比 2012 年提高 11.71%。

三是本地仍是中职毕业生的主要就业区域，异地就业人数的比例有所增长。2013 年，本地就业人数的比例比 2012 年降低 3.37%，但依然占全部就业学生总数的 89.12%；异地就业的毕业生比例比 2012 年增长 3.38%。

二、各专业大类就业状况

根据《中等职业学校专业目录（2010 年修订）》确定的 19 个专业类别，各专业

大类的就业状况如下：

从专业分类看，就业情况最好的专业是资源环境类和休闲保健类，就业率达到100%。农林牧渔类、加工制造类、轻纺食品类、交通运输类、信息技术类、旅游服务类、教育类、公共管理与服务类、其他类的就业率处于平均就业率以上。

从毕业生数看，毕业生数最多的是信息技术类专业，为7 678人，占毕业生总数的26.72%；其次是加工制造类，为6 590人，占22.93%。毕业生数最少的是石油化工类，为62人，占0.22%；其次是轻纺食品类，为123人，占0.43%；司法服务类无毕业生。

从就业人数看，就业人数最多的是信息技术类专业，为7 531人，占就业总人数的27.09%；其次是加工制造类，为6 457人，占23.23%。毕业生就业人数最少的是石油化工类，为59人，占0.21%；其次是轻纺食品类，为122人，占0.44%；司法服务类无毕业生。

从对口就业人数看，对口就业人数最多的是加工制造类，为6 201人，占就业学生总数的22.31%；其次是信息技术类，为5 920人，占21.30%。对口就业人数最少的是石油化工类，为45人，占0.16%；其次是轻纺食品类、休闲保健类，各为90人，各占0.32%。

各专业大类毕业生就业状况见表2-2-4。

表 2-2-4

专业类别	毕业生数/人	就业人数/人	对口就业人数/人	就业率/%
资源环境类	155	155	122	100.00
休闲保健类	148	148	90	100.00
其他类	1 007	1 000	800	99.30
轻纺食品类	123	122	90	99.19
农林牧渔类	256	253	200	98.83
教育类	1 235	1 213	967	98.22
旅游服务类	1 544	1 515	1 120	98.12
信息技术类	7 678	7 531	5 920	98.09
加工制造类	6 590	6 457	6 201	97.98
公共管理与服务类	165	163	130	97.79
交通运输类	1 782	1 729	1 520	97.03
能源与新能源类	210	202	165	96.19
财经商贸类	3 668	3 520	2 821	95.97
石油化工类	62	59	45	95.16
医药卫生类	1 316	1 240	1 100	94.22

续表

专业类别	毕业生数/人	就业人数/人	对口就业人数/人	就业率/%
文化艺术类	1 031	944	720	91.56
土木水利类	1 505	1 355	1 201	90.03
体育与健身类	261	192	152	73.56
司法服务类	0	0	0	0
合计	28 736	27 798	23 364	96.74

三、就业质量

【一】就业合同

在 17 220 名直接就业学生中，签订 1 年及以内就业合同的人数最多，为 8 911 人，占直接就业学生总数的 51.75%；签订 1～2（含）年就业合同的为 3 884 人，占 22.56%；签订 2～3（含）年的为 2 696 人，占 15.66%；签 3 年以上就业合同的为 699 人，占 4.05%；未签合同的为 1 030 人，占 5.98%。

【二】就业起薪

2013 年直接就业学生平均起薪为 1 881.61 元/月。就业学生中 2 001～3 000 元/月的人数最多，为 6 764 人，占直接就业学生总数的 39.28%；其次是 1 501～2 000 元/月的人数为 6 356 人，占 36.91%；1 001～1 500 元/月的人数为 2 581 人，占 14.99%；3 000 元/月以上的为 1 174 人，占 6.82%；1 000 元/月及以下的人数最少，为 345 人，占 2.00%。

签订就业合同及起薪情况见表 2-2-5。

表 2-2-5

签订就业合同人数/人					不同月薪人数/人					
未签合同	1年及以内	1～2（含）年	2～3（含）年	3年以上	平均起薪/(元·月$^{-1}$)	1 000 元及以下	1 001～1 500 元	1 501～2 000 元	2 001～3 000 元	3 000 元以上
1 030	8 911	3 884	2 696	699	1 881.61	345	2 581	6 356	6 764	1 174

【三】社会保险

2013 年直接就业学生中享有社会保险的为 13 743 人，占直接就业学生总数的

79.80%。其中，享有五险一金的人数为 7 984 人，占 46.36%；享有三险一金的为 5 759 人，占 33.44%。

（四）资格证书

2013 年就业学生中取得职业资格证书的为 14 608 人，占毕业学生总数的 50.84%；未取得职业资格证书的为 14 128 人，占 49.16%。

享有社会保险及资格证书取得情况见表 2-2-6。

表 2-2-6

享有社会保险情况/人		资格证书情况/人	
享有三险一金	享有五险一金	取得职业资格证书	未取得职业资格证书
5 759	7 984	14 608	14 128

四、工作举措

（一）加强学生职业指导，树立正确就业观念

中职学校坚持育人为本，以教产合作、校企一体和工学结合为改革方向，"以服务为宗旨，以就业为导向"，以立德树人作为根本任务，把培养学生树立正确的人生观、价值观以及正确的职业理想和职业观念，全面提高学生思想道德素养作为首要任务，通过课堂教学、实训教学、开设就业指导课程，参加社会实践等形式，让学生对即将面临的就业形势"看得清"，对择业方向"认得准"，对就业质量"定位好"，对现有岗位"抓得牢"，对自身优劣"辨得明"，提升学校就业指导工作质量和效果，使学生就业率、稳定率、满意率保持在较高水平。

（二）深化教育教学改革，提高毕业生就业质量

1. 专业设置与社会需求相融通。为促使天津市中等职业学校随着经济增长方式转变"动"，跟着产业结构调整升级"走"，围绕企业人才需要"转"，适应社会和市场需求"变"的要求，大力推进中等职业教育与产业、学校与企业、专业设置与职业岗位、课程教材与职业标准、教学过程与生产过程的深度对接，增强中等职业教育服务经济社会的能力，使专业设置更加符合经济社会发展和职业岗位需求，适应学生职业生涯发展的需要，中职学校普遍建立了校企结合的专业设置指导委员会。专业设置始终紧盯经济发展的走向，紧跟行业企业（岗位）发展变化的趋势，不断充实新门类、新工艺、新技术、新方法，结合天津市"十二五"职业教育发展规划和天津市经济发展需求及中职学校的办学特色，更好地为第一产业、第二产业和第

三产业服务。按照教育部《中等职业学校专业目录（2010年修订）》的要求，2013年中职学校共有18大类、116个专业，500个专业点备案。第一产专业共8个专业，占专业总数的6.90%；第二产专业共39个专业，占专业总数的33.62%；第三产专业，共69个专业，占专业总数的59.48%。工程技术类学生占在校生总数的50%以上，基本满足了天津市经济社会发展需求。特别是机械制造、电子信息、汽车工业、化学工业、冶金工业、生物技术与现代医药、新能源与环保产业等先进制造加工和现代服务业所构成的天津支柱产业，都在中职学校中形成了主体专业。

2. 人才培养与企业需求相融通。中职学校成立教学指导委员会，完善中等职业学校与行业企业的合作交流机制，实现学生课程学习、实训实习、就业工作与行业企业的长效合作。完善就业工作机构和制度，校企共同制定人才培养方案，拟定教学计划。课程设置明确专业方向，体现企业需求。如天津市经济贸易学校的电子技术应用、机电技术应用、数控技术应用等专业与天津经济技术开发区企业深化合作，食品生物工艺专业依托全国知名食品企业好利来，经管类专业与天津开发区、空港物流区企业展开合作。这种合作优势互补、校企共赢，企业可获得紧缺适用人才，学生增加了就业机会，学校实现了针对社会需求的特色人才培养。

3. 校内实训与校外实习相融通。为了增强学生就业实践技能，学校建设职业技能培训、生产能力等功能为一体的仿真模拟实训室，在实训室内可以实现专业需要的所有技能训练，并达到劳动技能所需的较高水准。同时，天津市还建有43个稳定的校外实训基地，学生在顶岗实习期间可进入校外实训基地实习，基地提供完备的设施设备以培养学生的实践能力和社会适应性，让学生提前进入工作岗位，使学生在实习实训中完成从理论到实践的过渡、从学校到职场的过渡，为培养学生实践应用能力提供了有效的保障。

4. 教学模式改革与校企相融通。天津市中职学校坚持走校企合作、产教结合之路，毕业生持续保持较高的就业率。中职学校进行工学结合、半工半读教学模式改革，开展了"三段式"的教学改革试验，即"一年学基础、一年在校搞实训、一年到企业顶岗实习"。学校与企业一起研究制定人才培养方案，企业的需要就是职业学校培养的方向和目标，学校通过调整教学内容、加大学生动手能力培养等一系列的教学改革，促进了"双证书"制度的落实，学校创新毕业生就业形式，提高了学生专业技能，熟悉企业要求，不断提高毕业生的就业质量。例如在顶岗实习学生中实行"新学徒工定向培养"模式、校企共办"企业骨干培养订单班"等新形式、新办法，深受家长、学生和用人单位欢迎，同时也检验了学校全方位全过程就业指导的成果。

5. 政府搭台，缓解企业用工难。2013年年初，为了缓解天津市企业的用工难，市教委与滨海高新区人社局组织部分中职学校到劳动力短缺的力神公司进行了校企合作洽谈对接。企业欢迎职业学校就顶岗实习、社会实践、订单班及实训基地等各种培训模式开展合作。此次合作对接，进一步为企业搭建用工平台拓展了空间，同时解决了更多辖区企业用工的"燃眉之急"。

【三】职业技能大赛搭建就业新平台

从2008年开始，由国家教育部、人力资源开发和社会保障部、天津市人民政府等多家单位在天津联合举办了五届"全国职业院校技能大赛"，并取得圆满成功。天津作为"全国职业院校技能大赛"永久举办地，天津市委、市政府十分重视大赛举办并将办好大赛列为每年的重点工作之一。天津市中职学校以全国和天津市大赛为契机，使大赛成为引领教育教学改革、促进校企结合、企业招聘优秀人才的平台。每年职业技能大赛上的企业现场观摩，大赛选手都成为他们竞相聘用的热门人才。多数学生已将大赛作为提升技能和就业能力的平台，技能大赛给了他们信心，也给了他们就业机会。2013年全国职业技能大赛后就有200名中、高职生与企业签订了就业意向。

【四】建章立制，为毕业生提供就业服务与指导

中职学校利用校园网搭建就业服务平台，建立招生就业办公室、班主任、专业实习指导教师及企业"四位一体、互相联动"的管理机制，成立了校企合作办公室和就业指导中心，制定了完整的工作流程和相应的管理办法，完善了学生就业服务体系和有效的工作机制。加强中等职业学校学生就业服务工作，为学生就业提供了更加有效的指导和服务。如天津市第一商业学校，建立了学生就业管理信息平台和就业质量测评体系，在整个测评体系中采取了量化测评的办法，由企业、家长、学校、学生共同参与，将有关信息进行科学的加工、整理、量化和分析，为学校提供相关的数据对比统计和第一手资料，进一步明确了学生的培养方向，提高了学校毕业学生的就业水平。

五、发展趋势预测

一是整体就业形势将保持良好势头。随着天津市经济社会发展和滨海新区开发开放，建设人力资源强市、促进产业调整升级、加快转变发展方式、提升天津市综合实力的目标不断实现，作为国家职业教育改革创新示范区，预计明年天津市中职学校毕业生就业形势将稳中趋好。

二是第二产业、第三产业仍是中职毕业生就业主方向。天津市"十二五"规划纲要（2011—2015年）提出，重点发展航空航天、石油化工、新能源、电子信息、汽车及装备制造、现代冶金、生物医药、食品加工、海洋科技、节能环保等产业。

根据这一规划，电子信息、交通运输业以及现代服务业将是未来几年天津市技术技能型人才需求的主要方向，其毕业生就业数量及就业率也将持续高于其他专业。

三是高技能人才将更具就业优势。天津市今后将加快形成高水平的现代制造业和研发转化基地，加快建设高端产业聚集区，积极引进战略性新兴产业和优势产业龙头项目、高端项目、关联项目，提高产业集中度，延伸产业链条，对从业者的要求更高更严，对相应的综合素质高的技能型人才需求更大。

河北省中等职业学校毕业生就业状况

2013年，河北省中等职业学校毕业生数为 181 725 人，就业人数为 169 568 人，就业率为 93.31%，对口就业率为 79.85%。与 2012 年相比，就业生数和就业率均有所下降（表 2-3-1）。

表 2-3-1

项目	2012 年	2013 年
毕业生数/人	258 638	181 725
就业人数/人	248 809	169 568
就业率/%	96.20	93.31

一、总体状况

（一）就业去向

河北省 169 568 名就业学生中到各种所有制企、事业单位的有 101 185 人，占 59.67%；合法从事个体经营的有 36 627 人，占 21.60%；升入各类高一级学校的有 31 756 人，占 18.73%。

（二）产业分布

从事第一产业的毕业生数为 40 650 人，占 23.97%；从事第二产业的为 41 286 人，占 24.35%；从事第三产业的为 87 632 人，占 51.68%。与 2012 年相比，从事第一产业和第三产业人数的比例有所上升，从事第二产业的比例有所下降（表 2-3-2）。

表 2-3-2

项目	2012 年 就业人数/人	占就业总人数比例/%	2013 年 就业人数/人	占就业总人数比例/%
第一产业	38 216	15.36	40 650	23.97
第二产业	86 201	34.65	41 286	24.35
第三产业	124 392	49.99	87 632	51.68

（三）就业地域

就业地域分为本地、异地和境外。本地就业的毕业生数为 120 667 人，占 71.16%；异地就业的为 48 096 人，占 28.36%；境外就业的毕业生数为 805 人，占 0.48%。与 2012 年相比，本地就业人数的比例上升 3.66%，异地下降 3.74%（表 2-3-3）。

表 2-3-3

项目	2012 年 就业人数/人	占就业总人数比例/%	2013 年 就业人数/人	占就业总人数比例/%
本地	167 945	67.50	120 667	71.16
异地	79 881	32.10	48 096	28.36
境外	983	0.40	805	0.48

（四）就业地点

城区就业的毕业生数为 109 955 人，占 64.84%；镇区就业的为 28 639 人，占 16.89%；乡村就业的为 30 974 人，占 18.27%。

（五）就业渠道

通过学校推荐就业的毕业生数为 109 973 人，占 64.86%；通过中介介绍就业的为 10 620 人，占 6.26%；其他渠道就业的为 48 975 人，占 28.88%。

与 2012 年相比，2013 年河北省中等职业学校毕业生就业呈现以下特点：

一是毕业生数明显减少。2013 年毕业的学生人数比 2012 年减少 76 913 人，仅为 2012 年人数的 70.26%。

二是就业于第三产业人数的比例继续呈增长趋势，达到 51.68%，比 2012 年上升了 1.69%。第三产业的人数就业于超过了就业于第一、二产业人数的总和，第三产业成为毕业生就业主要领域。

三是本地就业是毕业生首选；就业渠道多样化。本地就业比例为 71.16%，比 2012 年上升了 3.66%。通过学校推荐就业的比例为 64.86%，比 2012 年下降了 4.63%；通过其他渠道就业的比例为 28.88%，比 2012 年上升了 9.13%。这些数据体现了河北省中职学生就业渠道的多样化。

二、各专业大类就业状况

根据《中等职业学校专业目录（2010 年修订）》确定的 19 个专业类别标准，各

专业大类的就业状况如下:

从专业大类看,就业状况最好的是石油化工类,就业率为 99.74%;其次是能源与新能源类,为 97.76%;农林牧渔类、土木水利类、加工制造类、财经商贸类、交通运输类、信息技术类、公共管理与服务类和教育类,都在平均就业率以上。其他类就业率最低,仅为 72.92%。

从毕业生数看,毕业生数最多的是农林牧渔类专业,为 47 756 人,占毕业生总数的 26.28%;其次是加工制造类,为 33 848 人,占 18.63%。毕业生数最少的是资源环境类,为 139 人,占 0.08%;其次是休闲保健类,为 298 人,占 0.16%。

从就业人数看,就业人数最多的是农林牧渔类,为 45 000 人,占就业总人数的 26.54%;其次是加工制造类,为 32 615 人,占 19.23%。就业人数最少的是资源环境类,为 109 人,占 0.06%;其次是休闲保健类,为 255 人,占 0.15%。

各专业大类就业状况见表 2-3-4。

表 2-3-4

专业类别	毕业生数/人	就业人数/人	就业率/%
石油化工类	1 524	1 520	99.74
能源与新能源类	938	917	97.76
加工制造类	33 848	32 615	96.36
财经商贸类	15 987	15 392	96.28
信息技术类	24 955	23 914	95.83
土木水利类	7 138	6 839	95.81
交通运输类	7 385	7 060	95.60
公共管理与服务类	3 499	3 317	94.80
农林牧渔类	47 756	45 000	94.23
教育类	8 144	7 598	93.30
医药卫生类	7 167	6 649	92.77
体育与健身类	987	915	92.71
轻纺食品类	2 208	1 978	89.58
司法服务类	500	441	88.20
文化艺术类	6 879	5 891	85.64
休闲保健类	298	255	85.57
资源环境类	139	109	78.42
旅游服务类	7 632	5 701	74.70

续表

专业类别	毕业生数/人	就业人数/人	就业率/%
其他类	4 741	3 457	72.92
合计	181 725	169 568	93.31

三、工作举措

(一) 注重德育教育，为学生就业、创业树立正确观念

1. 职业院校通过积极开展职业理想教育，帮助学生在了解自己、了解社会的基础上，进行实事求是的职业设计，形成了符合社会和个人实际的就业观；帮助学生摒弃只有端"铁饭碗"才算就业的传统观念，树立职业平等和劳动光荣的观念。

2. 进一步增强职业院校德育工作的针对性、实效性和时代感。认真贯彻公民道德建设实施纲要，弘扬爱国主义精神，以为人民服务为核心、以集体主义为原则、以诚实守信为重点，加强社会公德、职业道德和家庭美德教育，特别是加强以敬业诚信为重点的职业道德教育。着眼于提高学生的就业和创业能力，为他们的职业生涯发展扩大空间。

(二) 加强就业服务，为学生就业创造有利条件

1. 做好信息服务。职业院校切实加强与用人单位、劳动人事和其他相关部门及社会就业中介服务组织的联系与合作，广泛收集人才和劳动力市场需求信息，为学生就业提供个性化的咨询服务，帮助学生了解就业形势，并依据自身条件选择就业目标。

2. 做好组织服务。大力推行工学结合、校企合作的培养模式。通过校企合作，加强校内综合实训和企业顶岗实习，带动职业院校人才培养模式的根本转变。建立行业企业参与职业教育决策和管理的机制。鼓励企业联合举办职业学校和与职业院校合作办学，发挥行业协会指导与服务作用。根据区域经济社会发展和教育发展的需要，推动职业教育资源的整合和重组，积极推进集团化办学

3. 做好跟踪服务。职业院校将毕业生输送到社会就业岗位后，及时了解学生的工作情况，建立毕业生就业档案，为在工作中遇到困难的学生提供了一定的帮助。

四、发展趋势预测

随着环渤海经济圈、京津冀经济一体化发展战略的实施，河北省中等职业学校

毕业生未来几年就业趋势如下：

一是仍以第二、三产业就业为主。第二产业，加工制造类将占比40%；第三产业，如电子信息、旅游服务等将占比50%；第一产业约占10%。

二是从地域上讲，绝大部分毕业生将在城区就业，约占比80%。但随着城镇化建设力度的不断加大，未来将有更多的毕业生选择到乡镇就业。

三是毕业生一次性就业率将保持在95%左右，就业质量将有大的提升。

四是热门专业的毕业生将进一步呈现供不应求的现象，如烹饪、物流等现代服务业专业。

五、今后工作重点

一是加强职业学校学生就业指导和服务工作。加强学生就业指导，帮助学生树立正确的职业观，培养良好的职业态度、职业理想和职业精神。

二是加强法制教育和行为规范养成教育，不断提高学生遵纪守法意识。认真做好行为不良学生的转化工作，不断完善毕业生就业公告制度。

三是加强毕业生就业质量跟踪反馈和分析，做好跟踪管理、跟踪教育、跟踪服务，搭建用人单位和毕业生信息平台。

四是加强实训基地建设。继续实施中等职业教育实训基地建设规划，制定中等职业教育实训基地建设及管理规程，强化中等职业教育实训基地建设监督检查，提高实训基地使用效益。围绕主导产业和重点行业，建设一批具有教育、培训、职业技能鉴定和技术服务等多种功能的专业实训基地，为提高技能型人才培养质量提供有力支撑。

五是大力开展师资培训工作、加强"双师型"教师队伍建设，通过逐步完善培养培训体系，加强省级职教师资培训基地建设，积极开展职教师资和管理干部队伍培训。

六是提高应对市场和社会需求变化的适应能力。继续为河北省先进制造业培养人才，向现代服务业扩展，注重培养适应产业结构提升要求的复合型人才。

山西省中等职业学校毕业生就业状况

2013年，山西省全日制中等职业教育毕业生数为160 642人，就业人数为156 658人，就业率为97.52%。与2012年相比，毕业生数有所下降，就业率有所提升（见表2-4-1）。

表2-4-1

项目	2012年	2013年
毕业生数/人	220 682	160 642
就业人数/人	211 289	156 658
就业率/%	95.74	97.52

一、总体状况

（一）就业去向

山西省156 658名就业学生中到各种所有制企、事业单位的有82 026人，占全部就业学生的52.36%；合法从事个体经营的有58 875人，占37.58%；升入高一级学校就读的有15 757人，占10.06%。

（二）产业分布

从事第一产业的毕业生数为31 808人，占全部就业学生的20.30%；从事第二产业的为36 937人，占23.58%；从事第三产业的为87 913人，占56.12%。与2012年相比，从事第一产业和第三产业人数的比例有所上升，从事第二产业人数的比例有所下降（见表2-4-2）。

表2-4-2

项目	2012年 就业人数/人	2012年 占就业总人数比例/%	2013年 就业人数/人	2013年 占就业总人数比例/%
第一产业	7 761	3.67	31 808	20.30
第二产业	116 715	55.24	36 937	23.58
第三产业	86 813	41.09	87 913	56.12

【三】就业地域

就业地域分为本地、异地和境外。本地就业的毕业生数为 125 843 人，占全部就业人数的 80.33%；异地就业的为 30 815 人，占 19.67%；无境外就业人员。与 2012 年相比，异地就业比例略有上升，本地就业比例略有下降（见表 2-4-3）。

表 2-4-3

项目	2012 年 就业人数/人	占就业总人数比例/%	2013 年 就业人数/人	占就业总人数比例/%
本地	172 276	81.54	125 843	80.33
异地	39 013	18.46	30 815	19.67
境外	0	0.00	0	0.00

【四】就业渠道

通过学校推荐就业的毕业生数为 124 822 人，占全部就业学生的 79.68%；通过中介介绍就业的为 8 209 人，占 5.24%；通过其他渠道就业的为 23 627 人，占 15.08%。

与 2012 年相比，2013 年山西省中等职业学校毕业生就业呈现以下特点：

一是就业于第一产业毕业生数的比例呈上升趋势，第三产业成为中职毕业生就业的主要领域。从事第三产业的就业人数占 56.12%，比 2012 年增长 15.03%；从事第一产业人数的比例比 2012 年增长了 16.63%，而从事第二产业人数的比例降低了 31.66%。近年来，山西省中等职业教育围绕转型综改试验区建设，积极推进专业设置与结构优化，毕业生就业状况发生相应的变化。

二是就业对口率保持平稳。2013 年山西省中职毕业生专业与就业岗位基本对口的为 88.45%，这说明，山西省根据市场需求，及时调整专业布局，真正让毕业生学有所用。

三是毕业生整体薪酬呈逐年上升趋势。2013 年山西省中职毕业生平均起薪较往年有一定提高，但整体薪酬仍处于较低水平，这说明，职业教育的社会认同度仍然不高，毕业生社会地位偏低。

二、各专业大类就业状况

根据《中等职业学校专业目录（2010 年修订）》确定的 19 个专业类别，各专业大类的就业状况如下：

从专业分类看，就业状况最好的专业是信息技术类，就业率达到了 99.33%；

财经商贸类、旅游服务类、文化艺术类、体育与健身类的就业率都达到了98%以上。

从毕业生数看，农林牧渔类毕业生最多，毕业生数为33 335人，占全部毕业生数的20.75%；其次是信息技术类，为30 867人，占19.21%。毕业生数最少的是能源与新能源类，为307人，占0.19%；其次是其他类，为541人，占0.34%。

从就业人数看，农林牧渔类专业毕业生就业人数最多，为31 808人，占就业总人数的20.30%；其次是信息技术类，为30 659人，占19.57%。毕业生就业人数最少的是能源与新能源类，为289人，占0.18%；其次是其他类，为520人，占0.33%。

各专业大类毕业生就业状况见表2-4-4。

表 2-4-4

专业类别	毕业生数/人	就业人数/人	就业率/%
信息技术类	30 867	30 659	99.33
体育与健身类	1 541	1 520	98.64
财经商贸类	11 536	11 350	98.39
文化艺术类	10 272	10 100	98.33
旅游服务类	5 849	5 750	98.31
医药卫生类	11 752	11 490	97.77
资源环境类	7 302	7 121	97.52
教育类	12 100	11 800	97.52
司法服务类	1 968	1 918	97.46
交通运输类	6 675	6 501	97.39
加工制造类	15 307	14 907	97.39
土木水利类	5 212	5 053	96.95
石油化工类	1 524	1 476	96.85
公共管理与服务类	2 117	2 050	96.84
轻纺食品类	1 644	1 590	96.72
其他类	541	520	96.12
农林牧渔类	33 335	31 808	95.42
休闲保健类	793	756	95.33
能源与新能源类	307	289	94.14
合计	160 642	156 658	97.52

三、就业质量

【一】就业合同

在 140 901 名直接就业学生中,签订就业合同的人数为 76 889 人,占直接就业学生数的 54.57%。其中签订了 1 年及以内就业合同的为 35 577 人,占 25.25%;签订了 1～2（含）年就业合同的为 18 002 人,占 12.78%;签订了 2～3（含）年就业合同的为 9 321 人,占 6.61%;签订了 3 年以上就业合同的为 13 989 人,占 9.93%。

【二】就业起薪

起薪在 1 000 元及以下的学生数为 19 065 人,占直接就业学生总数的 13.53%;在 1 001 元～1 500 元的为 54 545 人,占 38.71%;在 1 501 元～2 000 元的为 51 469 人,占 36.53%;在 2 001 元～3 000 元的为 11 514 人,占 8.17%;3 000 元以上的为 4 308 人,占 3.06%。

四、工作举措

【一】注重顶层设计,科学规划毕业生就业工作

1. 将毕业生就业工作列入《山西省中等职业学校管理星级评估指标体系》。自 2011 年起,山西省实施以管理"星级学校"评估创建为主要抓手的加强中职学校内部管理三年行动,将就业服务列为《山西省中等职业学校管理星级评估指标体系》中的一项重要考核指标,引导各中职学校提高认识,更加重视毕业生就业工作。自从加强中职学校内部管理三年行动实施以来,山西省中职学校毕业生的就业率稳步提高,毕业生受到了用人单位的欢迎和社会的广泛好评。

2. 把毕业生就业作为职业教育工作的一项重要内容,在每年全省职业教育年度工作会议上安排部署。要求职业院校高度重视毕业生就业工作,既要通过深化教学改革来提高就业率,更要加强就业指导和就业服务。要落实教育部德育课程大纲中关于职业指导、职业生涯规划、职业道德课程的要求,把相关课程开足开好,树立学生正确的择业观。要做好毕业生就业服务工作,每所学校都要成立就业指导机构,专人负责学生就业服务工作,为毕业生顺利就业创造条件。要关注毕业生在就业焦虑期的生活、思想、情绪,给予人文关怀,让他们在离校前能够方便快捷地办理毕业就业手续,感受到学校的关怀和温暖。

(二) 坚持推进教育教学改革，全面提高人才培养质量

1. 积极推进课程体系改革，促进学生全面发展。积极推进中等职业学校课程体系改革，以提高学生综合职业能力和服务终身发展为目标，贴近岗位实际工作过程，对接职业标准，更新课程内容、调整课程结构，合理确定各类课程的学时比例，加大专业技能课程的比重，创新教学方式重点突出就业创业技能训练，努力构建具有实践性和创新特色的就业创业教育课程体系。

2. 完善学生到企业顶岗实习管理制度，提高学生适应就业市场的能力和自主创业能力。重视和加强社会实践活动，提高学生适应社会、融入社会、奉献社会的能力。通过课堂内外、学校、企业和社会共同努力，逐步形成学科课程、活动课程、隐性课程相结合，必修课、选修课相统一的就业创业指导课程结构。

3. 创新人才培养模式，全面提高人才培养质量。针对中职学生自身条件和目前企业的用人标准，山西省坚持进行教育教学改革，改变传统的人才培养模式，探索校企合作、工学结合、订单培养等多种形式的人才培养模式。

(三) 多措并举，为中职学生就业提供便利条件

1. 做好组织保障工作。省教育厅积极帮助中职学校和用人单位开展合作、洽谈、开拓、疏通毕业生就业渠道，为毕业生争取更多的就业机会。

2. 做好就业信息发布工作。山西省各中职学校正在逐步建设毕业生就业服务网络平台和就业信息咨询中心，为毕业生提供准确、快捷的就业信息，保证学校就业工作的有效开展，努力促进毕业生就业。

(四) 加强服务，全面提高毕业生就业质量

1. 加强就业指导，帮助学生做好职业生涯规划。就业指导课是转变学生就业观念、提升学生就业能力的主要途径。山西省中职学校通过不断改进教学内容和方法，加强就业指导课程建设，突出就业指导课程的实效性和功能性，逐步引导学生转变就业观念。

2. 加强就业跟踪服务。认真做好毕业生就业情况的跟踪调查与跟踪服务，经常性地开展社会调查，在对本专业行业发展趋势及用人需求进行调查的同时，参加学校组织的历届毕业生情况追踪调查。在稳定就业率的同时，逐步提高就业对口率。

五、发展趋势预测

根据山西省有关职业教育规划精神和 2014 年职教工作重点，今后山西省中等职

业学校毕业生的就业形势将呈现整体平稳、就业质量提升的良好态势。自2010年，山西省被国务院批准设立为"国家资源型经济转型综合配套改革试验区"，随着转型综改试验区建设的持续深入推进，就业创业工作机制的建立健全，给与山西省主导产业和新兴产业专业相关的毕业生就业带来了新的机遇与发展。

内蒙古自治区中等职业学校毕业生就业状况

2013年，内蒙古自治区中等职业学校毕业生数为95 508人，就业人数为89 787人，就业率为94.01%，其中对口就业率为77.15%。与2012年相比，毕业生数和就业率都有所下降（见表2-5-1）。

表2-5-1

项目	2012年	2013年
毕业生数/人	109 495	95 508
就业人数/人	105 558	89 787
就业率/%	96.40	94.01

一、总体状况

（一）就业去向

内蒙古89 787名就业学生中到各种所有制企、事业单位就业的有53 445人，占就业学生数的59.52%；合法从事个体经营的有25 815人，占28.75%；升入各类高一级学校的有10 527人，占11.73%。

（二）产业分布

从事第一产业的毕业生数为10 532人，占就业学生数的11.73%；从事第二产业的为18 901人，占21.05%；从事第三产业的为60 354人，占67.22%。与2012年相比，第一产业、第三产业就业人数大体相当，第二产业就业人数大幅下降（见表2-5-2）。

表2-5-2

项目	2012年 就业人数/人	2012年 占就业总人数比例/%	2013年 就业人数/人	2013年 占就业总人数比例/%
第一产业	10 250	9.71	10 532	11.73
第二产业	31 268	29.61	18 901	21.05
第三产业	64 040	60.67	60 354	67.22

【三】就业区域

就业区域分为本地、异地和境外。本地就业的毕业生数为 59 286 人，占就业学生数的 66.03%；异地就业的为 30 438 人，占 33.90%；境外就业的为 63 人，占 0.07%。与 2012 年相比，本地就业人数大幅下降，异地就业人数大幅提升（见表 2-5-3）。

表 2-5-3

项目	2012 年 就业人数/人	2012 年 占就业总人数比例/%	2013 年 就业人数/人	2013 年 占就业总人数比例/%
本地	90 507	85.74	59 286	66.03
异地	15 045	14.25	30 438	33.90
境外	6	0.01	63	0.07

此外，城区就业的毕业生数为 53 425 人，占就业学生数的 59.50%；镇区就业的为 29 123 人，占 32.44%；乡村就业的为 7 239 人，占 8.06%。

【四】就业渠道

通过学校推荐就业的毕业生数为 45 264 人，占就业学生总数的 50.41%；通过中介介绍就业的为 16 637 人，占 18.53%；其他渠道就业的为 27 886 人，占 31.06%。

与 2012 年相比，2013 年内蒙古自治区中等职业学校毕业生就业呈现以下特点：

一是毕业生数有所减少；合法从事个体经营的毕业生比例有所提高，升入高一级院校就读的毕业生比例略有下降。2013 年毕业的学生比 2012 年减少 13 987 人。

二是第三产业仍是中等职业学校毕业生就业的主要领域。第一产业就业的毕业生与 2012 年大体相当，第二产业就业的毕业生大幅减少，比 2012 年减少了 8.56%。与内蒙古自治区经济结构调整需求相一致。

三是本地就业的比例有所下降，异地就业的比例有所提高。与 2012 年相比，本地就业比例降低 19.71%，异地就业比例提高 19.65%。

二、各专业大类就业状况

根据《中等职业学校专业目录（2010 年修订）》确定的 19 个专业类别，各专业大类的就业状况如下：

从专业分类看，就业状况最好的专业是公共管理与服务类，就业率达 100%，其次是交通运输类，为99.40%；能源与新能源类、土木水利类、加工制造类、轻纺食品类、交通运输类、信息技术类、医药卫生类、休闲保健类、财经商贸类、旅游服务类、司法服务类，都在平均就业率以上；农林牧渔类、资源环境类、文化艺术类、体育与健身类和其他类，都在90.00%以下。

从毕业生数看，信息技术类毕业生数最多，为15 711人，占毕业生总数的16.45%；其次是农林牧渔类，为14 919人，占15.62%。毕业生数最少的是司法服务类，为73人，占0.08%。

从就业人数看，信息技术类毕业生就业人数最多，为15 037人，占就业总人数的16.75%；其次是农林牧渔类，为12 843人，占14.30%。毕业生就业人数最少的是司法服务类，为65人，占0.07%。

从对口就业率看，信息技术类对口就业人数最多，达10 480人，对口就业率为66.70%；公共管理与服务类对口就业率最高，达98.36%；农林牧渔类、加工制造类、石油化工类、信息技术类，都在平均对口就业率以下，其中农林牧渔类和信息技术类不足70%，分别为66.93%和66.70%。

各专业大类毕业生就业状况见表2-5-4。

表2-5-4

专业类别	毕业生数/人	就业人数/人	对口就业人数/人	就业率/%	对口就业率/%
公共管理与服务类	183	183	180	100.00	98.36
交通运输类	6 542	6 503	6 015	99.40	91.94
轻纺食品类	842	836	803	99.29	95.37
加工制造类	8 721	8 611	6 320	98.74	72.47
财经商贸类	10 412	10 213	9 537	98.09	91.60
旅游服务类	3 182	3 117	2 862	97.96	89.94
休闲保健类	2 015	1 963	1 856	97.42	92.11
能源与新能源类	2 433	2 358	1 916	96.92	78.75
土木水利类	6 402	6 204	5 273	96.91	82.36
信息技术类	15 711	15 037	10 480	95.71	66.70
司法服务类	73	69	65	94.52	89.04
医药卫生类	8 439	7 964	6 521	94.37	77.27
石油化工类	1 397	1 278	1 059	91.48	75.81
教育类	5 557	5 083	4 076	91.47	73.35
体育与健身类	908	816	719	89.87	79.19
资源环境类	1 816	1 624	1 468	89.42	80.84

续表

专业类别	毕业生数/人	就业人数/人	对口就业人数/人	就业率/%	对口就业率/%
其他类	1 193	1 057	987	88.60	82.73
农林牧渔类	14 919	12 843	9 986	86.08	66.93
文化艺术类	4 763	4 028	3 561	84.57	74.76
合计	95 508	89 787	73 684	94.01	77.15

三、就业质量

从签订就业合同情况看，未签订就业合同的毕业生数为 15 621 人，占 79 260 名直接就业学生的 19.71%；签订 1 年以内就业合同的为 18 834 人，占 23.76%；签订 1～2 年（含）就业合同的为 24 281 人，占 30.63%；签订 2～3 年（含）就业合同的为 13 562 人，占 17.11%；签订 3 年以上就业合同的为 6 962 人，占 8.79%。

从薪资情况看，就业生平均薪资 1 850 元，其中 1 000 元及以下的 4 482 人，占直接就业学生总数的 5.65%；1 001～1 500 元的 25 849 人，占 32.61%；1 501～2 000元的 27 380 人，占 34.54%；2 001～3 000 元的 11 673 人，占 14.74%；3 000 元以上的 9 876 人，占 12.46%。

从享受社会保险情况看，享有三险一金的有 21 365 人，占直接就业学生总数的 26.96%；享有五险一金的有 24 926 人，占 31.45%。

从获取职业资格证书情况看，取得职业资格证书的有 71 732 人，占毕业学生总数的 75.11%；未获得职业资格证书的 23 776 人，占 24.89%。

四、工作举措

省教育部门高度重视中等职业学校毕业生就业工作，把推动中等职业学校毕业生就业工作作为畅通"出口"、促进"入口"的重要举措和发展中等职业教育的重要方面，积极采取各种措施服务和促进就业工作，不断提升中等职业学校毕业生的就业率和对口就业率。

【一】各级高度重视，不断加强对毕业生就业工作的组织领导

近年来，全区各级对中等职业学校毕业生就业工作都有清醒的认识，把就业工作作为加快发展现代职业教育体系的重要手段，作为地区经济发展的重要指标，作为提高中等职业学校竞争力和影响力的重要工作。自治区政府给予大力支持，在政策层面上予以倾斜，提出了"三个联动"、"六个结合"的办学思路，即招生、培养

和就业（创业）联动，培养合格建设者和中高端人才相结合、企业招工与职业教育招生相结合、创业与再学习再提升相结合、征兵入伍与函授入学相结合、进城务工和农民工素质提升相结合、社区就业和养老服务体系建设相结合，极大地拓宽了就业渠道。各级教育行政部门积极协调、主动作为，与发改委、人力资源与社会保障厅（局）等部门以及人才市场、行业企业建立联系，加强协作，共同组织开展毕业生就业服务工作。各学校都把毕业生就业工作列入"一把手工程"，由校长亲自抓、负总责，成立就业指导科（处），参与学校建设发展规划，保证专业设置和人才培养与社会需求同步。

（二）注重提升人才培养质量，不断增强毕业生就业的适应能力

中等职业教育是一种培养行业企业所需实用型人才的教育，这种教育定位决定了生源的宽松性，也就在一定程度上形成了中等职业学校学生文化基础偏低的惯性思维和认知误区，一直以来都致力于改变这种惯性思维和认知偏差。实际工作中坚持做到"三个注重"，即注重创新人才培养模式，注重提高学生的综合素养和动手能力，注重培养适销对路的应用型技术技能人才。同时，在培养学生"一技之长"的基础上，灌输终身学习的思想，教育学生不断更新和完善知识结构，提升自身综合素质，适应社会发展需求。各学校坚持以市场为导向的人才培养模式，积极推进教育教学改革，优化人才培养方式，广泛开展"工学交替"、"订单式培养"和"现代学徒制"等多种形式的校企合作，培养毕业生的动手能力和创新能力，增强毕业生的就业竞争力和社会适应能力。

（三）实行"技能大赛"和"双证书"制，积极促进学生提升技能

学生唯有"知识适用，素质过关，技能过硬"，才能成为行业企业所欢迎的员工。对此，自治区把"中等职业学校学生技能大赛"和"双证书"制作为促进学生技能提升的有力抓手。自2007年以来，每年都举办全区中等职业学校学生技能大赛和各类作品成果展，集中展示学生的专业技能。2013年全区中等职业学校技能大赛设置了测绘勘探、电子信息、工业控制、信息技术、交通运输、现代制造、财会、外语、美容美发、酒店服务、护理、食品等12个专业39个赛项，12个盟市的780名选手参加了比赛。目前，中等职业学校技能大赛在全区已经有了较好的反响和声誉。同时，积极组织参加全国职业院校技能大赛和相关活动，展示中等职业教育教学成果，促动各学校抓好专业技能培养。自治区还积极协调人力资源和社会保障等相关部门，在中等职业学校推行"双证书"制，增加学生优质优酬就业的砝码。据统计，现在全区中等职业学校75%以上的毕业学生至少考取了一个专业资格证书。

【四】依托地域资源优势，深入做好富有特色的毕业生就业工作

自治区坚持鼓励各盟市和学校走集团化办学之路，先后有 3 个盟市建立了"职教集团"，除学校专业建设、师资队伍建设与教学改革交流合作外，在集团区域内重点合力解决学生实习实训和毕业生就业问题，部分学校每年 75% 的毕业生就业由职教集团成员单位接收。根据自治区经济发展情况和区域实际，着眼人才市场需求，着力打造诸如草业、马术、摔跤等特色专业，并实施委托培养、订单培养，以满足地区经济和社会发展对特殊专业人才的需求。2013 年，又在阿鲁科尔沁旗职教中心设立了"草业学校"，在体育职业学院附属中专设立了"博克学校"，进一步推动民族地区特色项目的专业发展，不断深化毕业生就业工作。同时鼓励学校与"京津冀"、"长三角"等经济发达地区的人才市场建立和牢固合作关系，安排学生到这些地区的企业实习和就业，不断提升就业层次和学校的影响力。

【五】全面加强就业指导，不断提升毕业生就业服务质量和水平

良好的就业服务是促进毕业生充分就业、科学就业的重要保障。始终坚持加强就业指导，提升毕业生就业服务水平。一是把专业引导和专业选择列入课程、纳入日常教学和管理中，对学生进行职业生涯规划设计，让学生学有动力、选有目标。二是重视人文素养课程开发，教学中在对学生进行专业知识、职业技能培养的同时，更加重视学生职业理想、职业道德等人文素养的培养和教育，全面奠定职业理想、人文素养和知识技能基础。三是引企入校，把企业文化和企业专家引入校园，实现校企文化融合。四是广泛开展毕业生就业意向调查，建立毕业生信息库。五是举办创业就业讲座、成功人士报告会和现身说法等活动，部分学校还发放《毕业生就业指导手册》。六是积极开拓就业市场，不断拓宽就业渠道，为毕业生争取更多的就业单位和岗位。七是通过电话、网络、信函等途径广泛搜集就业信息，同时及时通过宣传栏、电子屏幕、短信、网站、QQ 群等途径把就业信息发布给毕业生，畅通毕业生就业信息渠道。

五、发展趋势预测

根据当前职业教育发展定位和趋势，特别是结合实际，未来中职学校毕业生就业可能会呈现出如下趋势：

一是毕业生就业中升学学生数会有所增加。随着现代职业教育体系的构建，将会进一步推进和实现普职融通、中高职衔接、职成一体的职业教育发展局面，"直通车"更加顺畅，"3+2"模式招生比例逐步增加，特别是应用型本科的试点和发展，

将会给中等职业学校毕业生带来更多升学的机会，能够让更多的中等职业学校毕业生圆大学梦。

二是对口就业率将有所提升。随着校企融合和职教集团的建设发展，中等职业学校在专业设置、招生计划、培养方向等方面会更加科学合理，进一步促进所培养的毕业生与本地区经济社会发展需求相一致。中等职业学校对毕业生就业工作的重视，也将有利于提高毕业生就业率和对口就业率。同时，草业、马术、摔跤等特色专业，大部分是订单式培养，能够较好地保障毕业生对口就业。

三是基础性专业毕业生就业将更加多元化。目前，劳动力市场需求的一大部分从业者不需要具有很强专业的知识和技能，这对中等职业学校毕业生就业是一个好的机遇，特别是诸如信息技术、公共管理与服务类等基础性专业，可以多岗位就业，能够实现就业的多元化。

六、存在的困难和不足

一是就业工作落实力度仍需加强。虽然各级高度重视毕业生就业工作，但在具体落实过程中力量还比较薄弱，需要进一步加强。对毕业生就业"全程化"指导仍需细化。

二是由于中等职业教育的吸引力和影响力还不够强，就业质量不高，所谓"体面就业"与学生和家长的理想与要求还有差距。

三是学校"热"、企业"冷"的现象依然存在。一方面企业急于用人但前瞻性和计划性不强，造成学校盲从应对，处于被动，一定程度上影响了教育教学工作和长远发展。另一方面，一些中小企业对于学生重使用、轻培训，不利于学生能力提高。

四是对就业形势和趋势很难准确测评，缺乏专业的就业测评和分析，致使学生对自己性格、兴趣、能力等方面的客观认识与社会就业需求之间存在较大的差异。

七、未来就业工作思路

今后，将进一步加大中等职业学校毕业生就业工作力度，力争全面提升就业率和对口就业率，从而推动全区中等职业教育综合改革和创新发展。

（一）要进一步提升对做好毕业生就业工作重要性和紧迫性的认识

"出口畅，才能入口旺"。毕业生就业工作是学校一项基础性、全局性工作，直接关系到中等职业学校的生存和发展，涉及学生和学校的切身利益。下一步要引导各级站在推动中等职业教育生存和发展的高度，认清当前严峻的就业形势，认清做好毕业生就业工作的重要意义，认清肩负的责任和使命，切实把毕业生就业工作放在突出位置抓紧抓好。

【二】要进一步提升中等职业学校教育教学水平

落实中央关于加快发展现代职业教育的要求，通过政策引导、具体指导，鼓励和引导广大中等职业学校加强基础能力建设和教师队伍建设，创新人才培养模式，营造人才培养氛围，提升人才培养质量，努力培养适应地方经济社会发展需要的高素质技能型人才，通过人才培养质量的提高提升就业水平。

【三】要进一步加强对毕业生就业观的引导和教育

很多学生在找工作的时候一心想当白领、迷恋大城市、要求专业对口，导致不少毕业生有业不就。基于此，要对毕业生进行世界观、价值观、人生观教育，引导他们形成正确的择业观，树立"行行建业，处处立业"的思想。通过组织专家讲座，开设职业咨询室，开展职业生涯规划比赛，引导学生正确认识自己，合理定位自己。

【四】要进一步开拓就业市场，提升就业质量

加强调查研究和分析论证，梳理当前就业现状，做好就业市场开拓计划。积极到企业考察，了解区域和企业就业需求，根据企业专业需求，有针对性地加强专业设置和人才培养，从而逐步建立和积累更多的校企合作单位。

【五】要进一步争取政府的扶持和支持

积极争取政府在政策和投入方面的支持，对于接收中等职业学校毕业生就业和实习的企业实行税收减免制度，鼓励企业主动参与校企合作，真正实现校企合作"两头热"。同时加大对职业教育的宣传力度，形成自上而下更加重视职业教育的良好环境，为职业教育就业工作创造条件。

辽宁省中等职业学校毕业生就业状况

2013年，辽宁省中等职业学校毕业生数为96 695人，就业人数为92 586人，就业率为95.75%。与2012年相比，毕业生数减少6 486人，就业率也有所下降（见表2-6-1）。

表2-6-1

项目	2012年	2013年
毕业生数/人	103 181	96 695
就业人数/人	99 340	92 586
就业率/%	96.28	95.75

一、总体状况

（一）就业去向

辽宁省92 586名就业学生中到各种所有制企、事业单位就业的有65 205人，占就业学生数的70.43%；合法从事个体经营的有13 251人，占14.31%；升入各类高一级学校的有14 130人，占15.26%。

（二）产业分布

从事第一产业的毕业生数为7 085人，占就业学生数的7.65%；从事第二产业的为32 881人，占35.51%；从事第三产业的为52 620人，占56.84%。与2012年相比，从事第一产业和第二产业的比例有所上升，从事第三产业的比例有所下降（见表2-6-2）。

表2-6-2

项目	2012年 就业人数/人	2012年 占就业总人数比例/%	2013年 就业人数/人	2013年 占就业总人数比例/%
第一产业	6 271	6.31	7 085	7.65
第二产业	34 679	34.91	32 881	35.51
第三产业	58 390	58.78	52 620	56.84

【三】就业地域

就业地域分为本地、异地和境外。本地就业的毕业生数为 64 663 人,占就业学生数的 69.84%;异地就业的为 27 493 人,占 29.69%;境外就业的为 430 人,占 0.47%。与 2012 年相比,本地就业比例有所下降,异地和境外就业比例有所上升(见表 2-6-3)。

表 2-6-3

项目	2012 年		2013 年	
	就业人数/人	占就业总人数比例/%	就业人数/人	占就业总人数比例/%
本地	72 689	73.17	64 663	69.84
异地	26 441	26.62	27 493	29.69
境外	210	0.21	430	0.47

【四】就业渠道

通过学校推荐就业的毕业生数为 74 584 人,占就业学生数的 80.56%;通过中介介绍就业的为 1 633 人,占 1.76%;其他渠道就业的数为 16 369 人,占 17.68%。

与 2012 年相比,2013 年辽宁省中等职业学校毕业生就业呈现以下特点:

一是毕业生数减少;合法从事个体经营和升入高一级学校就读的比例略有提高。2013 年毕业学生数比 2012 年减少 6 486 人,仅为 2012 年人数的 93.7%。2013 年升入高一级学校就读的比例占就业学生总数的 15.26%,比 2012 年增加了 3.76%。

二是就业于第二产业的毕业生比例上升;第三产业仍是毕业生就业主要领域。第一产业就业比例小幅回升;第二产业就业比例虽然有所上升,但就业人数比上年减少了 1 798 人;第三产业就业人数及就业比例比上年都有所下降,但仍然是中职毕业生的主要就业领域。

三是本地就业是毕业生主要去向。2013 年辽宁省中职毕业生本地就业比例比 2012 年下降了 3.33%,但仍占 69.84%。到外地就业及境外就业比例都有上升,异地和境外就业比例比 2012 年分别上升了 3.07%和 0.26%。

二、各专业大类就业状况

根据《中等职业学校专业目录(2010 年修订)》确定的 19 个专业类别,各专业大类的就业状况如下:

从专业分类看,2013 年就业状况最好的专业是司法服务类,就业率达到 100%。其次是轻纺食品类,为 98.95%。但这两个专业大类人数较少,可比性不强。从近三年就业率来看，交通运输类、加工制造类、休闲保健类、教育类、旅游服务类、土木水利类、信息技术类和财经商贸类毕业人数较多、就业率较高且都稳定在95%以上。体育与健身类就业率最低，仅为89.10%。

从毕业生数看，加工制造类专业毕业生数最多，为24 992人，占毕业生总数的25.85%，其次是医药卫生类，为13 546人，占14.01%。司法服务类毕业生最少，为22人，占0.02%；其次是其他类，为629人，占0.65%。

从就业人数看，加工制造类专业就业人数最多，为24 281人，占就业总人数的26.23%，其次是医药卫生类，为12 622人，占13.63%。司法服务类专业就业人数最少，为22人，仅占0.02%；其次是其他类，为585人，占0.63%。

各专业大类毕业生就业状况见表2-6-4。

表2-6-4

专业类别	毕业生数/人	就业人数/人	就业率/%	对口就业人数/人	对口就业率/%
司法服务类	22	22	100.00	22	100.00
轻纺食品类	666	659	98.95	605	90.84
石油化工类	1 337	1 315	98.35	1 204	90.05
休闲保健类	1 187	1 157	97.47	1 029	86.69
交通运输类	7 446	7 253	97.41	6 553	88.01
加工制造类	24 992	24 281	97.16	20 913	83.68
教育类	7 518	7 294	97.02	6 520	86.73
旅游服务类	4 133	3 984	96.39	3 489	84.42
文化艺术类	4 186	4 029	96.25	3 590	85.76
能源与新能源类	831	799	96.15	688	82.79
土木水利类	2 442	2 342	95.90	2 057	84.23
资源与环境类	822	788	95.86	765	93.07
信息技术类	12 059	11 558	95.85	9 805	81.31
公共管理与服务类	1 092	1 043	95.51	921	84.34
财经商贸类	5 360	5 103	95.21	3 968	74.03
医药卫生类	13 546	12 622	93.18	11 230	82.90
其他类	629	585	93.00	578	91.89
农林牧渔类	7 234	6 689	92.47	6 057	83.73
体育与健身类	1 193	1 063	89.10	638	53.48
合计	96 695	92 586	95.75	80 632	83.39

三、工作举措

(一) 探索构建辽宁现代职业教育体系

辽宁现代职业教育体系是辽宁教育体系的重要组成部分，由中等职业教育、高等职业教育（专科层次）和部分职业取向本科教育、专业学位硕士教育、专业学位博士教育，以及各级各类职业培训组成，不同层次职业教育相互衔接，学历教育与非学历教育并举、全日制与非全日制并重，职业教育与普通教育相互沟通、相互渗透，职业教育学历证书体系与职业资格证书体系相互对接，体制机制配套，体现终身教育理念，适应辽宁经济发展方式转变、产业结构调整和社会发展需求，满足人的成长与成才规律与要求的职业教育体系。力争到2015年，初步建成现代职教体系框架，到2020年，建成适应需求、有效衔接、多元立交、特色鲜明的现代职业教育体系。

(二) 加强培养中职学校学生综合能力，强化就业指导教育

加强了对中职学校学生综合能力的培养，以素质教育为基础，培养学生综合能力，以专业教育为核心，培养学生专业职业能力和自主创新能力；加强对学生职业道德素质的培养，强化吃苦耐劳精神，培养开拓创新意识，有敬业诚信、与人为善的信念，有法制观念；加强对学生就业指导的教育包括职业观教育、职业理想教育、职业生涯设计培养等，帮助学生了解就业形势、掌握就业政策、更新就业观念、调整就业期望、增强创新创业意识、提升就业能力和整体素质。

(三) 改革办学模式，大力推行"订单培养"

积极开展"校企"合作，职业学校要通过校企合作、工学结合等途径，进一步与企业联合搞好职业学校的实践教学和"出口"环节，与用人单位建立稳定的人才供求合作关系。每年安排毕业生到校外实习基地参加"顶岗实习"，使校外实习基地真正成为毕业生就业的主渠道。

(四) 多种途径拓宽就业渠道

为拓宽毕业生就业的渠道，各中职学校主动向社会有关企业及互联网上发布学校介绍和毕业生信息，让企业了解学校培养目标、专业设置和人才信息，并通过走访用人单位，追踪毕业生质量，建立长期合作关系。加强与就业市场的联系，及时了解市场的需求，积极向就业市场和用人单位推荐本校的"人才产品"，让社会各界广泛了解学校，充分认识毕业生的才华和能力。

四、发展趋势预测

辽宁职业教育面临着新的发展机遇：一是"十二五"期间，辽宁省制定了区域性工业产业集群发展规划，以加快转变经济发展方式为主线，改造传统产业，推动经济结构优化和产业升级。二是改革开放以来，辽宁省工业化、信息化、城镇化、市场化、国际化深入发展，正在加快构建技术先进、清洁安全、附加值高、吸纳就业能力强的现代产业体系。三是《辽宁中长期教育改革和发展规划纲要（2010—2020年）》和《辽宁省委、辽宁省人民政府关于加快教育改革和发展的若干意见》的颁布实施进一步确立了职业教育的战略地位，明确了发展思路和目标任务。

因此，为促进辽宁省职业教育事业科学发展，为经济建设和社会发展提供有力的人力支撑，为振兴战略性新兴产业和产业结构优化升级培养数量充足、结构合理、社会满意、适应现代产业体系需要的高素质技能人才，是辽宁省职业教育的首要任务。随着辽宁省经济发展，围绕打造生态农业、特色农业的目标，现代农业生产、农产品深加工、农业机械等专业群会有更大的发展空间；加工制造、信息技术、建筑、化工、新能源等行业需求从业人员将持续增加；伴随产业结构调整，毕业生就业仍以第三产业居多，第三产业还将是毕业生就业的主要领域。

预计2014年毕业生就业情况总体向好的方向发展，同时高校扩招和高中阶段生源逐渐减少，直接影响到毕业生的数量；此外，结构性矛盾仍然十分突出，企业招工难和学生就业难的问题可能依然存在，尤其是民营企业，小型和微型企业人才极为缺乏，还将面临"人才荒"与"招工难"的局面。

吉林省中等职业学校毕业生就业状况

2013年，吉林省中等职业学校毕业生数为49 414人，就业人数为47 290人，就业率为95.70%，对口就业率为83.48%。与2012年相比，毕业生数有较大幅下降，就业率略有下降（见表2-7-1）。

表 2-7-1

项目	2012 年	2013 年
毕业生数/人	89 817	49 414
就业人数/人	86 378	47 290
就业率/%	96.39	95.70

一、总体状况

（一）就业去向

吉林省47 290名就业学生中到各种所有制企、事业单位的有34 636人，占全部就业学生的73.24%；合法从事个体经营的有7 696人，占16.27%。升入高一级学校就读的有4 958人，占10.49%。

（二）产业分布

从事第一产业的毕业生数为7 853人，占全部就业学生的16.61%；从事第二产业的为15 678人，占33.15%；从事第三产业的为23 759人，占50.24%。与2012年相比，第一产业从业人数的比例有所提升，第二产业、第三产业从业人数的比例有所下降（见表2-7-2）。

表 2-7-2

项目	2012 年 就业人数/人	占就业总人数比例/%	2013 年 就业人数/人	占就业总人数比例/%
第一产业	10 878	12.59	7 853	16.61
第二产业	29 842	34.53	15 678	33.15
第三产业	45 676	52.88	23 759	50.24

(三) 就业地域

就业地域分为本地、异地和境外。本地就业的毕业生数为 36 040 人，占全部就业学生数的 76.21%；异地就业的为 11 090 人，占 23.45%；境外就业的为 160 人，占 0.34%。与 2012 年相比，本地就业比例有较大提升，异地就业比例有较大下降，境外就业比例略有上升（见表 2-7-3）。

表 2-7-3

项目	2012 年 就业人数/人	占就业总人数比例/%	2013 年 就业人数/人	占就业总人数比例/%
本地	42 321	68.51	36 040	76.21
异地	19 280	31.21	11 090	23.45
境外	176	0.28	160	0.34

(四) 就业渠道

通过学校推荐就业的毕业生数为 35 344 人，占全部就业学生数的 74.74%；通过中介介绍就业的为 2 231 人，占 4.72%；通过其他渠道就业的为 9 715 人，占 20.54%。

与 2012 年相比，2013 年吉林省中等职业学校毕业生就业呈现以下特点：

一是升入高一级学校就读的人数和比例上升。2013 年毕业生升入高一级学校就读的人数比 2012 年增加 1 601 人，占就业学生总数的 10.49%，增长了 6.61%。到各种所有制企、事业单位就业和合法从事个体经营的毕业生数和比例都有所下降。

二是就业于第三产业毕业生人数居多，第三产业仍是中职毕业生就业的主要领域。就业于第一产业的毕业生比例有所上升，这与重视现代农业技能人才培养等因素有关；就业于第二产业和第三产业的毕业生比例与 2012 年相比有所下降，降幅不大，且第三产业的就业人数比例在 50% 以上，仍是中职毕业生就业的主要领域。

三是本地就业比例增幅较显著。2013 年，本地就业比例为 76.21%，比 2012 年增长了 7.70%，增幅比较显著；异地就业比例略有下降。这表明随着本地经济结构的不断调整，对相关专业技能型人才的吸引力不断增强。

二、各专业大类就业状况

根据《中等职业学校专业目录（2010 年修订）》确定的 19 个专业类别，各专业大类的就业状况如下：

从专业分类看，就业状况最好的专业是石油化工类和司法服务类，就业率为

100%；其次是轻纺食品类，为 99.23%；农林牧渔类、交通运输类、体育与健身类、医药卫生类、教育类，都在平均就业率以上。能源与新能源类的就业率最低，为 0。

从毕业生数看，医药卫生类专业毕业生数最多，为 9 611 人，占毕业生总数的 19.45%；其次是加工制造类，为 9 483 人，占 19.19%。毕业生数最少的是司法服务类，为 4 人，占 0.01%；其次是资源与环境类，为 8 人，占 0.02%。

从就业人数看，医药卫生类专业毕业生就业人数最多，为 9 335 人，占就业总人数的 19.74%；其次是加工制造类，为 8 950 人，占 18.93%。毕业生就业人数最少的是司法服务类，为 4 人，占 0.01%；其次是资源环境类，为 6 人，占 0.01%。能源与新能源类虽有毕业生，但就业人数为 0。

各专业大类毕业生就业状况见表 2-7-4。

表 2-7-4

专业类别	毕业生数/人	就业人数/人	就业率/%
石油化工类	123	123	100.00
司法服务类	4	4	100.00
轻纺食品类	130	129	99.23
农林牧渔类	7 515	7 419	98.72
交通运输类	1 783	1 743	97.76
体育与健身类	276	269	97.46
医药卫生类	9 611	9 335	97.13
教育类	3 913	3 792	96.91
财经商贸类	2 396	2 292	95.66
旅游服务类	1 651	1 566	94.85
土木水利类	1 878	1 778	94.68
信息技术类	5 404	5 114	94.63
公共管理与服务类	1 777	1 678	94.43
加工制造类	9 483	8 950	94.38
文化艺术类	1 907	1 799	94.34
休闲保健类	168	158	94.05
其他类	1 332	1 135	85.21
资源环境类	8	6	75.00
能源与新能源类	55	0	0
合计	49 414	47 290	95.70

三、工作举措

【一】强化管理，深化改革，提升办学质量

学校的办学质量直接决定着学生是否能成才，是否具有就业创业能力，是否能受到用人单位的认可和接受。为了提升中职学校的办学质量，采取了以下做法：一是优化专业设置。根据吉林省经济发展方式转变和现代产业体系建设要求，通过开展专业设置论证、重点专业扶持、专业设置清理、专业动态管理等方式，促进学校专业设置与职业岗位对接。二是深化课程改革。通过密切跟踪新产业、新工种、新岗位的变化，研究企业在生产实际中对技能人才职业能力需求等方式，不断调整课程结构和课程内容，努力实现教材内容对职业资格标准的全覆盖。三是改革教学方法。开展教学方法评优活动、举办"教学方法改革现场会"等方式，探索和推广"教、学、做"一体的教学方法，努力提高课堂效率。四是强化技能训练。通过制定《吉林省中等职业学校技能竞赛管理暂行办法（试行）》，形成"专业全覆盖，师生全参与，校校有比赛，层层有选拔"的大赛机制。五是加强规范管理。通过制定《吉林省中等职业学校教学管理规程》、组织开展教学质量评估、定期进行视导、集中听评课、召开规范化教学管理工作现场会等形式，努力实现规范管理。

【二】积极探索，创新形式，加强职业指导

坚持以课堂教学为主，同时结合文化课、德育课、专业课以及团队活动、课外活动、社会实践活动等的不同特点，采取学生喜闻乐见、灵活多样的方式方法，寓职业指导于各种活动中。通过开展就业专题知识讲座、举办不同类型的毕业生座谈会、邀请当地知名企业和部分优秀毕业生作报告等方式增强学生就业的信心和勇气；通过带领学生了解市场需求，走访社会成功人士，开展模拟招聘会等形式强化职业指导的实践性；通过设立专题热线电话，确定就业心理咨询日、开展心理健康教育等形式关注就业学生心理变化，提高学生的心理素质，帮助学生做好适应社会、走向社会的心理准备；通过广播、报纸、橱窗、宣传栏等工具，广泛宣传就业政策和相关知识，营造良好氛围，端正就业态度。

【三】大胆尝试，构建模式，拓宽就业途径

一是广泛开展订单模式。多数学校在重点专业和热门专业上都开辟了订单模式，即在学生入校之前就与企业签订用人协议，根据企业要求确定人才培养方案。在实际教学过程中，邀请企业专家与学校共同研究教学计划、教学内容，确定评价标准

等，真正实现学生培养与企业需求的零距离对接。二是积极探索引企入校模式。部分学校在个别专业上探索尝试引企入校模式即引进企业整体或部分（如一条生产线）进入校园，学校为企业提供场地或设备等便利条件，企业为学生提供实习实训岗位，通过引企入校努力实现专业教学与企业生产实践零距离对接。三是大力推进集团化办学模式。实现职业学校与重点企业的紧密对接，实现学校、行业、企业和其他社会组织的深度合作，充分发挥职业教育和行业企业的资源优势，增强职业学校服务经济发展的实力。

（四）耐心细致，跟踪管理，实现终身服务

加强职业学校毕业生跟踪管理是开展职业指导和就业服务工作的重要环节，是提高毕业生就业质量和就业率的重要措施。跟踪管理的质量直接影响着毕业生就业的质量。在毕业生就业工作中要求学校耐心细致，跟踪管理，努力实现终身服务。通过实地跟踪、定期回访、网路调查、QQ反馈等方式加强毕业生跟踪管理。一方面可收集毕业生就业信息，反馈毕业生在工作中出现的问题，帮助毕业生解决就业中的困难。另一方面则针对用人单位对学校毕业生的看法与要求，及时改进和调整教学工作，不断提高教育质量，增强毕业生的竞争能力和适应社会的能力。

四、发展趋势预测

2013年吉林省中等职业学校毕业生最多的4个专业大类是医药卫生类、加工制造类、农林牧渔类、信息技术类，与吉林省九大支柱产业需求和人力资源市场需求存在着较大的差距。

今后，一方面就业领域将持续扩展，吉林省九大支柱产业在未来几年将成为中职毕业生的主流就业领域，可以预见，这将带来本地就业人数的大幅度攀升；另一方面，吉林省中职学校毕业生就业质量将相应提高，反映在无论是对口就业率还是工作起薪上都将有显著提升。此外，随着学生学历提升的内在需求以及吉林省经济转型升级对高素质劳动者的渴求，升入高一级学校就读的中职毕业生比例将逐年走高；同时，全省职业学校必将通过专业调整、资源整合、提高质量使毕业生在未来就业空间有较大的提升。

黑龙江省中等职业学校毕业生就业状况

2013年，黑龙江省中等职业学校毕业生数为91 358人，就业人数为87 932人，就业率为96.25%。与2012年相比，毕业生数有较大幅度上升，就业率有所提高（见表2-8-1）。

表2-8-1

项目	2012年	2013年
毕业生数/人	84 330	91 358
就业人数/人	78 767	87 932
就业率/%	93.40	96.25

一、总体状况

（一）就业去向

黑龙江省中等职业学校87 932名就业学生中到各种所有制企、事业单位的有58 290人，占全部就业学生的66.28%；合法从事个体经营的有17 667人，占20.10%；升入高一级学校就读的有11 975人，占13.62%。

（二）产业分布

从事第一产业的毕业生数为19 764人，占全部就业学生的22.48%；从事第二产业的为13 277人，占15.10%；从事第三产业的为54 891人，占62.42%。与2012年相比，从事第一产业人数的比例有所上升，从事第二、第三产业人数的比例有所下降（见表2-8-2）。

表2-8-2

项目	2012年 就业人数/人	2012年 占就业总人数比例/%	2013年 就业人数/人	2013年 占就业总人数比例/%
第一产业	12 060	15.31	19 764	22.48
第二产业	12 063	15.31	13 277	15.10
第三产业	54 644	69.38	54 891	62.42

(三) 就业地域

就业地域分为本地、异地和境外。本地就业的毕业生数为 61 702 人，占全部就业学生数的 70.17%；异地就业的为 25 307 人，占 28.78%；境外就业的为 923 人，占 1.05%。与 2012 年相比，本地就业比例有所下降，异地就业比例有所升高（见表 2-8-3）。

表 2-8-3

项目	2012 年		2013 年	
	就业人数/人	占就业总人数比例/%	就业人数/人	占就业总人数比例/%
本地	58 320	74.04	61 702	70.17
异地	19 969	25.35	25 307	28.78
境外	478	0.61	923	1.05

(四) 就业渠道

通过学校推荐就业的毕业生数为 68 174 人，占全部就业学生数的 77.53%；通过中介介绍就业的为 5 645 人，占 6.42%；通过其他渠道就业的为 14 113 人，占 16.05%。

与 2012 年相比，2013 年黑龙江省中等职业学校毕业生就业呈现以下特点：

一是毕业生数增加，2013 年毕业的学生比 2012 年增加 7 028 人，增长率为 8.33%；到各种所有制企、事业单位就业的和升入高一级学校就读的学生比例上升，如 2013 年继续升学的比例占就业学生总数的 13.62%，比 2012 年上升了 1.46%，而合法从事个体经营的学生比例下降。

二是第三产业仍然是中职毕业生就业的主要领域。2013 年虽然就业于第三产业的毕业生比例比 2012 年略有下降，但仍占当年就业学生数的 62.42%。与 2012 年相比，就业于第一产业的毕业生数及占当年就业学生总数的比例都有所上升；就业于第二产业的毕业生数有所上升，而占当年就业学生总数的比例略有下降。

三是异地就业的比例有所上升。2013 年异地就业毕业生比例比 2012 年上升了 3.43%；本地就业比例下降了 3.87%，但本地就业比例仍占当年就业学生数的 70.17%。这说明中等职业学校学生为区域经济的发展所吸引，还是比较愿意选择本地就业。

二、各专业大类就业状况

根据《中等职业学校专业目录（2010 年修订）》确定的 19 个专业类别，各专业

大类的就业状况如下：

从专业分类看，就业状况最好的专业是能源与新能源类，就业率达到 99.48%；其次是资源环境类和交通运输类，分别为 98.43% 和 98.28%；医药卫生类、信息技术类、轻纺食品类、农林牧渔类、公共管理与服务类、旅游服务类、教育类、财经商贸类、加工制造类、土木水利类，都在平均就业率以上；体育与健身类和司法服务类的就业率较低，分别为 60.10% 和 46.22%。

从毕业生数看，农林牧渔类专业的毕业生数最多，为 20 221 人，占毕业生总数的 22.13%；其次是信息技术类，为 14 874 人，占 16.28%。石油化工类专业的毕业生数最少，仅为 61 人，占 0.07%；其次是轻纺食品类，为 318 人，占 0.35%。

从就业人数看，农林牧渔类专业毕业生就业人数最多，为 19 764 人，占就业总人数的 22.48%；其次是信息技术类，为 14 545 人，占 16.54%。石油化工类就业人数最少，为 57 人，占 0.06%；其次是司法服务类，为 220 人，占 0.25%。

各专业大类毕业生就业状况见表 2-8-4。

表 2-8-4

专业类别	毕业生数/人	就业人数/人	就业率/%
能源与新能源类	385	383	99.48
资源环境类	447	440	98.43
交通运输类	7 781	7 647	98.28
医药卫生类	11 062	10 818	97.79
信息技术类	14 874	14 545	97.78
轻纺食品类	318	310	97.48
农林牧渔类	20 221	19 764	97.26
公共管理与服务类	745	724	97.18
旅游服务类	3 809	3 699	97.12
教育类	3 398	3 291	96.85
财经商贸类	7 016	6 768	96.46
加工制造类	7 887	7 597	96.32
土木水利类	4 665	4 490	96.26
其他类	1 662	1 588	95.55
文化艺术类	3 234	3 034	93.82
石油化工类	61	57	93.44
休闲保健类	1 698	1 584	93.29

续表

专业类别	毕业生数/人	就业人数/人	就业率/%
体育与健身类	1 619	973	60.10
司法服务类	476	220	46.22
合计	91 358	87 932	96.25

三、工作举措

【一】切实做好就业指导和创业教育

将就业指导工作贯穿于教学全过程，帮助学生树立正确的择业观、就业观，引导学生找准就业定位。进一步加强学校就业指导机构建设，为毕业生顺利就业提供信息服务和中介服务。主动到企业争取用人订单，邀请企业到学校召开供需见面会。采用校企挂钩直接就业、订单培养定点就业等形式促进就业。加强学校就业指导工作的信息化建设，多渠道收集就业信息。

【二】培养优秀毕业生，保证就业质量

立足区域经济和社会发展趋势，开展专业人才培养模式、教学内容、课程体系改革。充分发挥行业性、区域性职业教育集团化办学、中高职贯通人才培养、中高职衔接、订单培养、校企合作、产教融合的作用，为经济社会发展输送更多技能型人才。进一步做好学生职业技能鉴定工作，让大多数学生毕业时能取得"双证书"。

上海市中等职业学校毕业生就业状况

2013年，上海市中等职业学校毕业生数为39 719人，就业人数为38 852人，就业率为97.82%。与2012年相比，毕业生数和就业率略有下降，但整体基本持平（见表2-9-1）。

表2-9-1

项目	2012年	2013年
毕业生数/人	39 834	39 719
就业人数/人	39 008	38 852
就业率/%	97.93	97.82

一、总体状况

(一) 就业去向

上海市38 852名就业学生中到各类所有制企、事业单位的有21 352人，占全部就业学生的54.96%；合法从事个体经营的有1 342人，占3.45%；升入高一级学校就读的有16 158人，占41.59%。

(二) 产业分布

从事第一产业的毕业生数为35人，占全部就业学生的0.09%；从事第二产业的为7 029人，占18.09%；从事第三产业的为31 788人，占81.82%。与2012年相比，从事第一产业和第三产业人数的比例略有上升，从事第二产业人数的比例稍有下降（见表2-9-2）。

表2-9-2

项目	2012年 就业人数/人	2012年 占就业总人数比例/%	2013年 就业人数/人	2013年 占就业总人数比例/%
第一产业	15	0.04	35	0.09
第二产业	7 283	18.67	7 029	18.09
第三产业	31 710	81.29	31 788	81.82

【三】就业地域

就业地域分为本地、异地和境外。本地就业的毕业生数为 35 605 人，占全部就业学生的 91.64%；异地就业的为 2 994 人，占 7.71%；境外就业的为 253 人，占 0.65%。与 2012 年相比，本地就业比例有所下降，异地就业比例有所升高（见表 2-9-3）。

表 2-9-3

项目	2012 年 就业人数/人	占就业总人数比例/%	2013 年 就业人数/人	占就业总人数比例/%
本地	36 055	92.43	35 605	91.64
异地	2 735	7.01	2 994	7.71
境外	218	0.56	253	0.65

【四】就业渠道

通过学校推荐就业的毕业生数为 30 998 人，占全部就业学生的 79.78%，通过中介介绍就业的为 122 人，占 0.32%；通过其他渠道就业的为 7 732 人，占 19.90%。

与 2012 年相比，2013 年上海市中等职业学校毕业生就业呈现以下特点：

一是直接就业占比下降，升学占比上升。到各类所有制企、事业单位和合法从事个体经营的毕业生人数，共占就业生总数的 58.41%，比 2012 年下降 4.35%；升入高一级学校就读的学生占就业生总数的 41.59%，比 2012 年上升了 4.35%。

二是第三产业依旧是毕业生的主要就业领域。就业于第三产业毕业生所占比例继续保持绝对优势，占就业生总数的 81.82%，比 2012 年略上升了 0.53%，这与上海现代服务业良好发展的客观形势十分吻合。

三是本地就业是毕业生就业首选，异地就业的比例有所上升。2013 年异地就业毕业生比例比 2012 年上升了 0.7%，而本地就业比例虽下降了 0.79%，仍占 91.64% 的高比例。这表明上海市经济保持了高度的人才吸引力，同时随着各地经济尤其是周边经济的强势崛起，异地就业成为越来越多毕业生的新选择。

二、各专业大类就业状况

根据《中等职业学校专业目录（2010 年修订）》确定的 19 个专业类别，各专业大类的就业状况如下：

从专业分类看，就业状况最好的专业是能源与新能源类，就业率达到 99.73%，其次是石油化工类，为98.84%，农林牧渔类、资源环境类、土木水利类、信息技术类、财经商贸类、轻纺食品类、医药卫生类、文化艺术类、其他类、加工制造类就业率都在平均就业率以上。体育与健身类就业率最低，为70.54%。

从毕业生数看，财经商贸类专业毕业生数最多，为8 467人，占毕业生总数的21.32%；其次是加工制造类，为7 254人，占18.26%。毕业生数最少的是司法服务类，为147人，占0.37%；其次是休闲保健类，为163人，占0.41%；教育类专业无毕业生。

从就业人数看，财经商贸类专业就业人数最多，为8 321人，占就业总人数的21.42%；其次是加工制造业，为7 105人，占18.29%。司法服务类就业人数最少，为140人，占0.36%；其次是休闲保健类，为159人，占0.41%；教育类无毕业生。

各专业大类毕业生就业状况见表2-9-4。

表2-9-4

专业类别	毕业生数/人	就业人数/人	就业率/%
能源与新能源类	377	376	99.73
石油化工类	778	769	98.84
农林牧渔类	534	527	98.69
资源环境类	669	660	98.65
土木水利类	1 542	1 518	98.44
信息技术类	3 802	3 738	98.32
财经商贸类	8 467	8 321	98.28
轻纺食品类	506	497	98.22
医药卫生类	3 708	3 640	98.17
文化艺术类	1 899	1 862	98.05
其他类	1 529	1 499	98.04
加工制造类	7 254	7 105	97.95
休闲保健类	163	159	97.55
公共管理与服务类	1 486	1 449	97.51
交通运输类	4 599	4 473	97.26
旅游服务类	2 018	1 949	96.58
司法服务类	147	140	95.24
体育与健身类	241	170	70.54
教育类	0	0	0
合计	39 719	38 852	97.82

三、毕业生职业发展跟踪调查情况

2013 年继续采用第三方电话调查，开展中职校毕业生职业发展跟踪调查，并将调查范围扩大为毕业 1～3 年后的中职学校毕业生，2010—2012 年十大专业毕业生调查样本数为 21 809 人，实际电话调查 5 629 人，有效抽样比例为 26%。

【一】就业情况

电话调查 5 629 人中，工作 4 826 人，占 85.73%；升学 270 人，占 4.80%；其他类型 57 人，占 1.01%；待业 476 人，抽样待业率为 8.46%，较去年调查 7% 的待业率有所上升。在就业毕业生群体中，在国家机关事业单位和国有企业的占 37.53%，在外资或合资企业的占 19.15%，在民营或私营企业的占 42.27%。

【二】薪酬水平

当前中职校毕业生税后月薪在 2 500 元以上的接近 80%（去年调查比例为 66%），尤其是超过 3 500 元的比例占到了抽样就业群体的 40%（去年调查比例为 23%），但也有 1.6% 的毕业生的月薪低于 2013 年度的上海市最低工资水平。

【三】专业对口

中职学校毕业生的行业专业对口情况和岗位专业度情况的分布比例比较一致，近 30% 的认为相关度较高（与去年比较接近），20% 的认为有一定相关度，10% 的认为相关度较低，而认为完全相关的比例则达到了 40%（较去年调查结果有所上升）。

【四】工作稳定性

调查显示，近 44% 的中职学校毕业生目前仍在原单位工作，而 15% 和 22% 的中职学校毕业生分别有过 1 次和 2 次跳槽经历，超过 2 次以上的接近 19%。

【五】工作满意度

本次调查采用 5 分制（5 分最高，1 分最低，下同）评价工作满意度。调查结果显示，得分超过 3 分、等于 3 分和低于 3 分的比例分别为 10%、36% 和 54%。总体来看，当前中职学校毕业生对工作的满意度比较低。在专业技能使用满意度方面，得分超过 3 分、等于 3 分和低于 3 分的比例分别为 30%、29% 和 41%，说明尽管对当前工作满意度不高，但对所学专业在岗位上的使用情况满意度相对有所提高。

【六】专业课程学习收获满意度

得分超过3分、等于3分和低于3分的比例分别为27%、33%和40%，这与专业技能在岗位上使用的满意度分布比较一致。

【七】对母校的总体满意度

得分超过3分、等于3分和低于3分的比例分别为14%、30%和56%，这反映出中职校毕业生工作以后对母校培养的认同度比较低。

此外，本次调查还从录用中职校毕业生人数较多的1 077个用人单位中电话访问到316家，总体上用人单位对中职学校毕业生和中等职业教育的满意度分别为95%和93%（与去年调查水平相当）。

四、工作举措

【一】开展教育教学改革，搭建校企合作平台

上海市教委从2004年起启动深化中等职业教育课程教材改革工作，坚持"就业导向"为办学指导思想，以"学做一天、任务引领"课改理念贯穿教学始终，推进了毕业生就业服务和指导工作。2010年，又开展了中等职业教育专业布局调整工作，专业数由717个调整为621个，建立符合产业调整所需的专业结构、特色鲜明、品牌纷呈的专业体系。

实施校企合作、工学交替，是上海职业教育一项重要改革举措。目前已组建8个行业职教集团、10个区域职教集团，职教集团已成为上海深化职业教育改革、优化办学资源、创新人才培养模式、增强服务社会能力的重要载体，为上海职业教育不断满足经济社会发展对高素质技能型人才的需要提供了有力保证。

【二】强化信息监测、建立就业质量评价体系

2013年，本市在继续完善毕业生就业质量和跟踪调查的基础上，加大对专业的抽样分析和就业状况公告的力度，完善毕业生就业公告制度，开展毕业生就业与人才培养情况调查。调查采用学校跟踪调查和市统计局社情民意调查中心（第三方）调查相结合的方式开展，调查对象将涵盖2013届毕业生和2010、2011和2012届十大专业、进城务工人员随迁子女、"星光计划"技能大赛和全国技能大赛获奖的毕业生，第三方调查有效样本数达到1万个。这项工作的持续开展，不仅有助于政府和学校全面掌握中职学校毕业生的职业发展状况，而且还有助于中职学校合理调整和

优化专业及课程设置，加强职业指导，密切校企合作，提高学生的可持续发展能力。

【三】完善组织机构、健全工作机制，逐步构建科学的创业教育体系

研究制定了支持学生创新、创业实践活动相关的配套政策，研究创业教育活动的基本规律和具体操作办法，做好创业教育的课程设置，建立以培养创新、创业能力为主的创业教育课程体系，同时加强创业教育师资队伍建设。在现有就业指导教师力量的基础上，开展创业教育与创新人才培养的实践与探索，通过申报相关研究课题，鼓励创业教育创新试点工作，使创业教育与传统课堂教学有机结合，相互渗透，逐步建立一支高素质、多元化、专兼职教师队伍。学校加强专业建设，开发创业课程，搭建创业载体，开展创业实践，结合专业建设建立创业基地，将专业实训场所办成教师教学示范的场所、学生创业实践的岗位和校企共赢的平台。

【四】加强就业工作调查研究，促进队伍建设

定期召开分管校长、就业办主任和用人单位座谈会，交流讨论就业服务工作的经验和做法以及用人单位对中职学校人才培养的反馈情况。组织编制《上海市中等职业学校毕业生就业状况与分析》一书、《上海市中等职业学校毕业生职业生涯发展跟踪调查》报告和《上海中职校毕业生十年就业状况回顾（2003—2012）》一书。结合学校地域和行业特色成立了中职学校毕业生就业工作组，每年定期举办就业工作人员专题培训班，为学校搭建工作交流、课题研究、项目申报、资源共享的平台。

2011—2013年连续3年开展中等职业学校职业指导与就业服务特色工作项目创建活动，经过学校互评、专家点评和第三方评估，评选出23个特色项目和40个一般项目，学校获得市教育部门支持的创建活动经费。学校通过就业特色工作项目创建的持续推进，为就业工作领域搭建起互动交流平台，也进一步增强了管理人员队伍的研究能力。

【五】实施"专业奖励"政策，凸显职业教育社会价值

为满足上海经济社会发展和产业结构调整对生产一线紧缺技能型人才的需求，2006年上海市教委出台了一项扶持艰苦、急需专业一线技能型人才培养政策，每年公布一批"奖励专业"目录，选择有条件的部分中职学校开设奖励的专业，对于就读奖励专业的学生由市教委给予补贴每学年学费的奖励（2011年起已纳入中职学校免费教育范围，学生享受免学费、书簿费和助学金），鼓励本市优秀初中毕业生报考奖励专业。实施"专业奖励"政策后，在一定程度上弥补了相关行业急需一线技能型人才需求的缺口，为本市现代服务业、先进制造业提供了一批合格的技能型人才。

【六】加强信息化建设，进一步完善就业服务工作体系

2007年启动了"上海市中等职业学校基本情况数据库"建设，通过三期建设和升级维护，目前已形成了涵盖就业服务、学籍管理、资助帮困等模块的学生事务综合性信息服务平台，实现各中职学校数据上报、市级工作机构统计汇总分析、市教委职能部门监控查询的多功能的学生就业服务和管理工作体系，提升了中职学校学生就业服务体系工作质量，规范了中职学校开展工作的制度和标准，也为上海中等职业教育的发展提供了基于数据库管理系统的决策支持。

五、发展趋势预测

一是毕业生规模将保持稳定。2014年上海中职校毕业生规模预计将与2013年持平。其中普通中等专业学校毕业生所占比例持续减少，其他类职业学校毕业生所占比例持续增加。

二是升学比例将继续上升。就业方式上看，随着上海市深入推行中高职贯通教育模式，2014年预计继续升学的比例仍将持续增加，这也表明随着上海中高职教育模式的推行，职业教育学生成长的"上升渠道"不断拓宽。

三是以现代服务业为主的第三产业就业人数将继续上升。从产业分布上看，第三产业仍将是今后中职毕业生就业的主要领域。其中，第二产业中制造业对应吸纳毕业生的比例近年来持续下降，化工类中职毕业生已经很难满足企业的转型升级发展需求，土建类行业对信息化复合型人才需求比较旺盛；第三产业中旅游、文化、体育、娱乐业、住宿和餐饮业对应吸纳毕业生的比例近年来持续增加，这与近年上海市产业结构的转型升级，特别是传统制造业转型升级和现代服务业加速发展相一致。

四是本地就业仍占主体。从就业地域上看，选择上海本地就业仍是中职毕业生的主流选择，中职毕业生仍将成为继续推动上海本地经济发展的重要力量。

江苏省中等职业学校毕业生就业状况

2013年，江苏省中等职业学校毕业生数为191 689人，就业人数为186 750人，就业率为97.42%。与2012年相比，毕业生数和就业率均有所下降（见表2-10-1）。

表2-10-1

项目	2012年	2013年
毕业生数/人	224 828	191 689
就业人数/人	220 791	186 750
就业率/%	98.20	97.42

一、总体状况

（一）就业去向

江苏省186 750名就业学生中到各种所有制企、事业单位的有128 788人，占全部就业学生的68.96%；合法从事个体经营的有14 400人，占7.71%；升入高一级学校就读的有43 562人，占23.33%。

（二）产业分布

从事第一产业的毕业生数为13 853人，占全部就业学生的7.42%；从事第二产业的为69 157人，占37.03%；从事第三产业的为103 740人，占55.55%。与2012年相比，从事第一、二产业的人数和比例均有所下降；从事第三产业的人数下降，但比例有所提升（见表2-10-2）。

表2-10-2

项目	2012年 就业人数/人	2012年 占就业总人数比例/%	2013年 就业人数/人	2013年 占就业总人数比例/%
第一产业	16 471	7.46	13 853	7.42
第二产业	88 596	40.13	69 157	37.03
第三产业	115 724	52.41	103 740	55.55

(三) 就业地域

就业地域分为本地、异地和境外。本地就业的毕业生数为 148 078 人，占全部就业学生的 79.29%；异地就业的为 38 499 人，占 20.62%；境外就业的为 173 人，占 0.09%。与 2012 年相比，本地就业比例有所上升，异地就业比例略有下降（见表 2-10-3）。

表 2-10-3

项目	2012 年		2013 年	
	就业人数/人	占就业总人数比例/%	就业人数/人	占就业总人数比例/%
本地	172 659	78.20	148 078	79.29
异地	47 958	21.72	38 499	20.62
境外	174	0.08	173	0.09

(四) 就业地点

就业地点分为城区、镇区和乡村。城区就业的毕业生数为 138 642 人，占全部就业学生的 74.24%；镇区就业的为 40 388 人，占 21.63%；乡村就业的为 7 720 人，占 4.13%。

(五) 就业渠道

通过学校推荐就业的毕业生数为 145 224 人，占全部就业学生的 77.76%；通过中介介绍就业的为 6 283 人，占 3.37%；通过其他渠道就业的为 35 243 人，占 18.87%。

与 2012 年相比，2013 年江苏省中等职业学校毕业生就业呈现以下特点：

一是毕业生有所减少；到各种所有制企、事业单位就业的毕业生比例有所下降，合法从事个体经营和升入高一级学校就读的学生比例继续提高。2013 年毕业学生比 2012 年减少 33 139 人，仅为 2012 年人数的 85.26%。2013 年继续升学的毕业生占就业学生总数的 23.33%，比 2012 年增加了 5.14%。这表明，江苏省加快现代职业教育体系建设，推进了中等职业教育与高等职业教育的沟通衔接、协调发展，进一步畅通了技术技能人才成长立交桥。

二是就业于第三产业的毕业生比例呈增长趋势，第三产业仍然是江苏中职毕业生就业的主要领域。就业于第一、二产业的毕业生数及占当年毕业生总数的比例有所下降。值得注意的是，农林牧渔类专业就业率比 2012 年提高了 2.12%，反映出职业教育服务"三农"做贡献的要求得到有效落实。

三是本地就业比例有所增长。2013 年本地就业毕业生比例比 2012 年增长了

1.09%，异地就业比例下降了 1.10%。这说明中职学校的专业结构与区域产业结构更加吻合，中等职业教育为当地经济社会发展提供更大的人力资源支撑，区域经济增长对本地中职毕业生有较强的吸引和消化能力。

四是毕业生从事个体经营的比例增长，创业教育有序推进。2013 年职业学校毕业生从事个体经营的人数达 1.44 万人，占就业毕业生比例达 7.71%，其中相当一部分学生自主创业。江苏省从 2005 年起提出职业学校学生在校创业实践，2006 年省教育厅印发了《江苏省职业教育创业行动计划》，引导和支持职业学校毕业生自主创业。

五是就业质量稳步提升，职教富民成效明显。2013 年江苏省中职毕业生就业平均起薪为 1 892 元，其中 78.34% 的毕业生就业起薪在 1 500 元/月以上，93.74% 的就业毕业生享有三险一金或五险一金等社会保险。

二、各专业大类就业状况

根据《中等职业学校专业目录（2010 年修订）》确定的 19 个专业类别，各专业大类的就业状况如下：

从专业分类看，其他类、教育类的就业率最高，分别为 99.35%、99.20%；农林牧渔类、旅游服务类、土木水利类、轻纺食品类、加工制造类、文化艺术类、公共管理与服务类，都在平均就业率以上；司法服务类的就业率最低，但也保持在 89% 以上。

从对口就业率看，加工制造类的对口就业率最高，为 96.17%；其他类、农林牧渔类、土木水利类、信息技术类，都在平均对口就业率以上；资源环境类的对口就业率最低，仅为 61.84%。

从毕业生数看，加工制造类专业毕业生数最多，为 50 372 人，占毕业生总数的 26.28%；其次是信息技术类，为 30 182 人，占 15.75%。毕业生数最少的是司法服务类，为 107 人，占 0.06%；其次是资源环境类，为 207 人，占 0.11%。

从就业人数看，加工制造类专业就业人数最多，为 49 257 人，占就业总人数的 26.38%；其次是信息技术类，为 29 124 人，占 15.60%。毕业生就业人数最少的是司法服务类，为 96 人，占 0.05%；其次是资源环境类，为 196 人，占 0.10%。

从对口就业人数看，加工制造类专业对口就业人数最多，为 48 441 人，占对口就业总数的 27.49%；其次是信息技术类，为 28 928 人，占 16.42%。对口就业人数最少的是司法服务类，为 77 人，占 0.04%；其次是资源环境类，为 128 人，占 0.07%。

各专业大类毕业生就业状况见表 2-10-4。

表 2-10-4

专业类别	毕业生数/人	就业人数/人	对口就业人数/人	就业率/%	对口就业率/%
其他类	6 269	6 228	5 804	99.35	92.58
教育类	6 588	6 535	5 626	99.20	85.40
农林牧渔类	12 486	12 371	11 865	99.08	95.03
旅游服务类	11 907	11 693	10 696	98.20	89.83
土木水利类	10 683	10 472	10 052	98.02	94.09
轻纺食品类	3 005	2 945	2 564	98.00	85.32
文化艺术类	7 923	7 749	6 711	97.80	84.70
加工制造类	50 372	49 257	48 441	97.79	96.17
公共管理与服务类	2 134	2 081	1 771	97.52	82.99
财经商贸类	27 664	26 940	25 375	97.38	91.73
休闲保健类	1 044	1 016	953	97.32	91.28
石油化工类	2 224	2 155	1 951	96.90	87.72
信息技术类	30 182	29 124	28 928	96.49	95.85
能源与新能源类	798	770	581	96.49	72.81
医药卫生类	7 986	7 610	6 502	95.29	81.42
资源环境类	207	196	128	94.69	61.84
交通运输类	8 875	8 357	7 164	94.16	80.72
体育与健身类	1 235	1 155	996	93.52	80.65
司法服务类	107	96	77	89.72	71.96
合计	191 689	186 750	176 185	97.42	91.91

三、工作举措

（一）思想上高度重视，齐抓共管形成工作合力

江苏省各级党委政府高度重视职业教育，加大职业教育投入，着力提升职业教育人才培养质量，将推进职业院校毕业生就业工作当作惠民工程来抓，统筹有关部门通过政策制定、平台搭建、渠道拓宽、信息指导等方面，优化就业环境、完善就业服务，促进毕业生充分就业和高质量就业。教育行政部门把毕业生就业质量作为衡量职业学校办学水平的重要标志，作为专业建设水平评估的考核指标，作为提升职业教育吸引力的核心内涵，积极谋划新思路、新举措，努力以"出口旺"拉动"入口畅"。各职业学校充分发挥现有资源，不断拓宽就业渠道，创新工作方法，全

面推进就业工作。进一步加大宣传力度，激励用人单位、社会各界从维护社会稳定、帮扶贫困家庭的高度出发，共同为毕业生充分就业想办法、做贡献，特别是鼓励规模以上企业切实担负起社会责任，为职业学校毕业生就业提供便利。

（二）注重人才培养质量，提升学生就业能力

人才培养质量是毕业生就业的生命线，是学生高质量就业的重要保障。

1. 对接产业优化升级，加强职业教育专业建设。适应江苏建设以现代服务业为主体、以战略性新兴产业和先进制造业为支撑、以现代农业为基础的现代产业体系要求，加快调整职业学校专业结构。省教育厅联合省发改委开展职业学校专业结构与产业结构吻合度调研。组织编写出版了《江苏省中等职业教育专业结构与产业结构吻合情况预警报告》，推动各地各校根据地方经济发展需求和产业升级状况，进一步调整专业设置、增设紧缺专业、优化专业结构。支持职业学校面向市场自主开发专业，特别是贴近战略性新兴产业、区域特色产业，创建269个中等职业教育品牌特色专业，推动所有中等职业教育专业达到合格水平，不断提升专业内涵建设和人才培养质量，从"根"上解决学生就业问题。

2. 创新校企合作机制，优化人才培养模式。进一步完善政府主导、行业指导、企业参与、学校主动的校企合作运行机制，落实工学结合、顶岗实习制度，充分拓展校外实习基地的毕业生吸纳能力，以校企合作的零距离，推动实现学生毕业与就业的零距离。全省建立1 200个由行业企业专家和学校专业教师组成的专业建设指导委员会，依据企业需求设置专业，按照企业"订单"组织招生培养，吸引企业参与职业教育全过程，每年"订单培养"规模占招生总量的20%左右。全省建立21个省级职业教育集团，联结起400多家职业院校、1 000多家行业企业，形成校企合作战略联盟，协作开展技术技能型人才培养。常州、南通等市政府出台关于进一步加强职业教育校企合作的意见。南京、无锡、苏州等市遴选确定了一批职业学校学生实习定点企业，推动校企一体办学、共同发展。职业学校每年都组织校企洽谈会，组织联系优质企业进校园招聘，把就业市场引进学校，让学生不出校门就可以与企业通过双向选择签订就业协议，实现就业。

3. 深化课程改革，提高学生实践技能和职业素养。一是对接生产服务现场，优化实践教学环境。江苏省紧跟经济结构调整与产业升级，依据课程改革及实施需要，加快建设融教学培训、技能鉴定、生产与技术服务于一体的实训基地，推动实训基地覆盖所有专业，全省职业学校生均教学仪器设备值达4 800元。实施三轮省级实训基地建设计划，省财政累计投入9亿元，引导地方和职业学校共同建设高水平示范性实训基地，模拟生产服务真实场景，营造现代企业文化，开发和运营"实习产品"，推进学生实训与企业生产紧密结合。全省建成国家级中等职业教育实训基地

118个、省级实训基地317个，高水平示范性实训基地专业覆盖面达25%以上。二是以技能大赛为引导，提升学生专业技能水平。全省普遍建立技能大赛制度，技能大赛已经成为各职业学校体现办学能力、展现学生风采的重要窗口。一方面通过扎实开展技能大赛项目课程改革，人才培养模式进一步优化，人才培养质量不断提升；另一方面通过技能大赛平台，扩大技能型人才培养的社会影响力，为用人单位提供很好的观摩平台和招聘渠道。三是积极组织学生参加科技创新大赛、文明风采大赛等活动，大力培养学生的职业素养。自2006年起，省教育厅、省科技厅、省科协等部门已联合举办六届江苏省职业教育创新大赛，不断激发职业学校学生的科技创新激情，提升科技创新能力。自2004年全国中等职业学校文明风采竞赛活动启动以来，江苏省积极组织省级复赛，参赛学校和学生逐年增多，参赛作品质量稳步提升。江苏省复赛组委会连续多年获得优秀组织贡献奖并于2013年获全国中等职业学校"文明风采"竞赛十年成就奖。

【三】加大就业指导与推荐力度，努力拓宽就业渠道

1. 系统开展就业指导服务工作。江苏省职业学校普遍开设就业指导课程，将就业教育贯穿学生入学到毕业的全过程。新生入学教育时，开展"爱学校、爱专业"的主题教育活动，同时在德育与技能课程中全面融入就业与创业教育。通过邀请职业培训师和用人单位负责人进校开设职业指导讲座，优秀毕业生回校现身宣讲，指导学生认清就业形势，树立正确就业观，做好职业生涯规划与自发展定位。同时积极宣传江苏省现代职业教育体系建设有关政策，鼓励学有余力的学生继续接受高等职业教育。

2. 加大学校推荐就业工作力度。各职业学校普遍设立招生与就业部门，专门负责联系人才市场和用人单位，建立就业推荐网络，多渠道发布毕业生源信息和用人单位信息，做好毕业生推荐就业工作。各职业学校已形成大型招聘会与专场招聘会相结合的校内就业市场体系。各职业学校通过举办校内招聘会，广泛宣传动员，邀请有关企业到学校招聘人才，使校内招聘会成为了学生就业的主要渠道。如常州建设高职校举办2013年学生毕业综合实践暨准就业推荐会，来自省内外近200家企、事业单位前来选聘毕业生，共带来了2 000多个岗位，基本能够满足所有毕业生的就业需求。南京市教育局成立了负责全市职业学校实习管理与就业指导工作的专门机构——南京市职业教育就业指导工作办公室，连续十年举办"中等职业技术人才交流会"，为职业学校毕业生就业搭建平台；扬州市教育局成立职业学校就业与创业指导中心，指导职业学校开展就业推荐工作。

3. 全面深化创业教育，实现更高层次的就业。2006年江苏省启动实施职业教育创业行动计划，鼓励、扶持在校生创业，推进创业知识教育向创业实践转变。与北

京光华慈善基金会合作，引进美国国家创业指导基金会（NFTE）创业课程，每年举办 NFTE 创业教育师资培训班，培养创业教育认证教师，组织学生通过创业课程学习获得结业证书，提高创业能力。全省职业学校普遍开设创业教育课程，积极推进创业教育实践，建设创业基地与创业园区，扶持一批学生开展创业，已呈现零起步的生活性创业、立足专业的经营性创业和走向社会的市场性创业三种形式，通过在校创业实现自身的高质量就业，带动全社会的充分就业。

4. 注重就业工作信息化，努力构建顺畅的就业平台。各地各校通过完善学校就业信息网站和管理系统、开通毕业生就业工作和企业招聘 QQ 群、设置专职就业信息员等多种渠道，畅通毕业生与用人单位之间的信息渠道，提供快捷、便利、高效的就业信息服务。省教育厅在前期充分调研的基础上，组织开发职业学校顶岗实习及就业跟踪管理系统，以进一步加强学生实习与就业的有效衔接及服务。

【四】建立健全就业工作的保障机制

1. 完善毕业生就业指导机构。为了加强校外实习生的管理和毕业生的就业指导工作，各校建立以校领导为组长、相关职能部门参与的毕业生就业工作领导小组，并均单独设立招生就业处（办），具体负责学生的就业指导工作，形成了由招生就业处（办）、专业系部和班主任组成的三级管理网络，在此基础上形成学校三级负责的就业指导责任机制。

2. 加强人员培训和经费保障。主管就业工作的同志一般都是有指导毕业生实习工作经验，和企业有着广泛的联系，对各行业企业用人需求较为了解。各市也联合市发改、人社等部门积极面向全市职业学校的分管校长和部门主任开展职业规划指导专项培训。各职业学校每年均调拨专项经费保障就业工作的正常开展。常州市教育局设立专项就业指导保障经费及就业奖励经费。

3. 强化就业情况跟踪和反馈。建立职业学校毕业生就业工作的跟踪调查制度，及时组织对调研结果进行多角度分析，反馈改进专业建设和课程教学，不断提高人才培养质量。南京市教育局每年抽取全市所有骨干职业学校 15% 的毕业生，2013 年细化为每校抽取 2~3 个专业 100 个学生，电话跟踪回访就业情况，掌握毕业生就业一手的真实资料。

4. 健全系部二级管理和考评激励机制。各职业学校进一步下放管理权限，突出系部的自主管理职能，将毕业生工作常规化、制度化，确保毕业生各项工作的整体有序。各学校建立学生就业工作考评激励机制，将就业质量纳入系部、专业负责人及班主任年度考核指标。

四、发展趋势预测

一是由于初中毕业生源的持续减少,未来几年江苏中职毕业生将持续减少;由于现代职业教育体系的逐步完善,升入高一级学校就读的学生比例将继续上升。

二是由于加快发展先进制造业和现代服务业的产业前景,第三产业将仍然是江苏中职毕业生就业的主要领域。

三是由于江苏经济保持旺盛的发展态势及江苏职业学校主动适应产业结构调整优化专业结构,本地就业比例将继续保持增长势头。

浙江省中等职业学校毕业生就业状况

2013年，浙江省中等职业学校毕业生数为184 667人，就业人数为180 599人，就业率为97.80%。与2012年比，毕业生数略有下降，就业率略有提升（见表2-11-1）。

表 2-11-1

项目	2012 年	2013 年
毕业生数/人	198 563	184 667
就业人数/人	194 015	180 599
就业率/%	97.70	97.80

一、总体状况

（一）就业去向

浙江省180 599名就业学生中到各种所有制企、事业单位就业的学生有103 802人，占全部就业学生的57.48%；合法从事个体经营的有21 089人，占11.68%；升入高一级学校就读的有55 708人，占30.84%。

（二）产业分布

从事第一产业的就业生数为5 019人，占全部就业学生的2.78%；从事第二产业的为52 307人，占28.96%；从事第三产业的为123 273人，占68.26%。与2012年相比，从事第一产业人数及比例有所上升，从事第二产业和第三产业人数及比例有所下降（见表2-11-2）。

表 2-11-2

项目	2012 年 就业人数/人	占就业总人数比例/%	2013 年 就业人数/人	占就业总人数比例/%
第一产业	3 926	2.02	5 019	2.78
第二产业	57 432	29.60	52 307	28.96
第三产业	132 657	68.38	123 273	68.26

（三）就业地域

就业地域分为本地、异地和境外。本地就业的毕业生数为 154 379 人，占全部就业学生的 85.48%；异地就业的为 25 203 人，占 13.96%；境外就业的为 1 017 人，占 0.56%。与 2012 年相比，本地就业和境外就业的比例有所提高，异地就业的比例有所下降（见表 2-11-3）。

表 2-11-3

项目	2012 年 就业人数/人	2012 年 占就业总人数比例/%	2013 年 就业人数/人	2013 年 占就业总人数比例/%
本地	164 640	84.86	154 379	85.48
异地	28 810	14.85	25 203	13.96
境外	565	0.29	1 017	0.56

（四）就业渠道

通过学校推荐就业的毕业生数为 127 959 人，占全部就业学生的 70.85%；通过中介介绍就业的为 3 497 人，占 1.94%；通过其他渠道就业的为 49 143 人，占 27.21%。

与 2012 年相比，2013 年浙江省中等职业学校毕业生就业呈现以下特点：

一是毕业生数下降，升学人数提升。2013 年毕业学生 184 667 人，比 2012 年减少了 13 896 人。2013 年，浙江省进一步加快中高职一体化人才培养，不断拓展学生成长"上升渠道"，升学人数达 55 708 人，占就业学生总数的 30.84%。

二是就业分布合理，第一产业明显增加。从事第三产业的毕业生为 123 273 人，占 68.26%，第三产业是毕业生就业的主要领域；就业于第二产业的人数与 2012 年比有所下降，这与浙江当前产业结构的转型升级和现代服务业加速发展一致。从事第一产业的毕业生数为 5 019 人，占全部就业学生的 2.78%，从事第一产业的毕业生人数的比例呈增长趋势，与浙江扶持第一产业发展相吻合。

三是就业渠道多样化，境外就业有所提升。本地就业的毕业生数为 154 379 人，占全部就业学生的 85.48%，本地就业是学生的首选。由此可知中职学生成为助推浙江地方产业升级的"重要资源"。学校推荐就业的毕业生数为 127 959 人，占全部就业学生的 70.85%，学校推荐仍是就业主渠道。通过其他渠道就业的比 2012 年提升了 4.07%；境外就业 1 017 人，较 2012 年提升了近一倍，学生就业渠道和就业地域在不断扩展。

四是就业率持续走高，就业形势良好。2013 年，浙江中职学校毕业生总数为 184 667 人，就业学生数为 180 599 人，就业率为 97.80%，连续五年持续走高。根据《中等职业学校专业目录（2010 年修订）》确定的 19 个专业类别，浙江省中职学生就业普遍良好。

二、各专业大类就业状况

根据《中等职业学校专业目录（2010年修订）》确定的19个专业类别，各专业大类就业状况如下：

从专业类别看，就业状况最好的专业是加工制造类，就业率达到99.51%；其次是医药卫生类，就业率达到98.72%；财经商贸类、教育类、交通运输类、轻纺食品类、公共管理与服务类的就业率处于平均以上水平；信息技术类、旅游服务类、文化艺术类、土木水利类、资源环境类就业率保持在96%以上。

从毕业生数看，财经商贸类专业毕业生人数最多，为45 557人，占毕业生总数的24.67%；其次是加工制造类，毕业生数为39 127人，占21.19%。毕业生数最少的是资源环境类，为159人，占毕业生总数的0.09%；其次是能源与新能源类，毕业生数为389人，占0.21%。

从就业人数看，财经商贸类专业毕业生就业人数最多，为44 905人，占就业总人数的24.86%；其次是加工制造类，就业人数为38 936人，占21.56%。资源环境类专业就业人数最少，为154人，占就业学生总数的0.09%；其次是能源与新能源类，为369人，占0.20%。

各专业大类毕业生就业状况见表2-11-4。

表 2-11-4

专业类别	毕业生数/人	就业人数/人	就业率/%
加工制造类	39 127	38 936	99.51
医药卫生类	6 274	6 194	98.72
财经商贸类	45 557	44 905	98.57
教育类	11 264	11 097	98.52
交通运输类	12 144	11 938	98.30
轻纺食品类	1 940	1 906	98.25
公共管理与服务类	3 320	3 251	97.92
信息技术类	19 207	18 779	97.77
旅游服务类	15 268	14 868	97.38
文化艺术类	11 333	11 022	97.26
土木水利类	7 905	7 667	96.99
资源环境类	159	154	96.86
体育与健身类	608	582	95.72
石油化工类	718	686	95.54
休闲保健类	820	778	94.88

续表

专业类别	毕业生数/人	就业人数/人	就业率/%
能源与新能源类	389	369	94.86
司法服务类	900	853	94.78
其他类	2 769	2 433	87.87
农林牧渔类	4 965	4 181	84.21
总计	184 667	180 599	97.80

三、工作举措

近年来，浙江省中职学校毕业生一次就业率始终保持在96%以上，专业对口率达到80%，主要采取了以下几项措施。

【一】持续提升职业教育整体水平

"十二五"期间，浙江省实施"中职现代化建设工程"，省财政每年拿出2.3个亿用于中等职业教育，有力地促进中职教育内涵建设和基础能力的快速提升，推动中职学校整体办学水平的提高。目前，在省级及以上重点职业学校（含技工学校）就读的学生已占全省中职学校在校生总数的70%以上。优质职教资源的不断扩大使得中职教育的美誉度进一步提升，吸引力进一步增强，生源质量不断提高。这是保障中职学生高就业率的基本前提。

【二】积极构筑成长"立交桥"

近年来，浙江省致力于拓展职业教育人才培养渠道，将"中高职一体化培养模式改革试点"作为教育改革试点项目，扩大职业教育"3+2"、五年一贯制和单考单招规模，推进"体制机制创新、办学层次合理、中高职衔接贯通"的现代职业教育体系建设，初步构建起中职、高职与本科教育纵向相衔接、与普通教育横向相融通的现代职业教育框架。中职毕业生升入高一级学校的比例不断提高，学生成长"上升渠道"更加通畅。

【三】深入推进专业结构调整

浙江省把专业设置与学校布局调整作为引导职业学校紧贴地方经济社会发展需要、服务产业转型升级的重要抓手。积极鼓励学校增设产业转型升级急需专业，加快培育发展与现代工业、现代农业、现代服务业，特别是与海洋经济、战略性新兴产业相关的专业，加大与区域经济、社会、文化和教育发展需求密切结合的专业建设力度，努力打造一批骨干（示范）专业、新兴专业和特色专业。目前，全省中职学校专业布点 2 120 个，校均专业布点数为 7.94 个，服务一、二、三产业的在校生占比分别为 2.37%、24.29%、73.34%。通过专业设置与学校布局调整，形成了与区域产业转型升级匹配程度高，结构合理、错位发展、特色鲜明的中职教育专业发展新格局，为中职学校创建品牌、办学特色、提升吸引力奠定了基础。

（四）积极推进人才培养模式改革

按照"公共课程＋核心课程＋教学项目"的中职课程新模式，深化专业课程改革，优化专业教学内容、教学手段和教学方法，逐步建立多元课程评价制度，促进中职教育教学水平和人才培养质量的不断提升。2013 年，浙江省职业院校参赛选手再创佳绩，中职组共获得 297 个奖项，获奖总数占全国获奖总数 10.92%，金牌总数占全国金牌总数的 16.70%；较 2012 年增长了近 7%。2011 年，浙江省委、省政府把"深化工学结合、校企合作"作为教育体制改革试点项目，积极推行现代学徒制、双元制等人才培养模式，推行学分制、分层教学制、小班化教学、小组合作学习和毕业生"双证制"等教育教学改革，学生培养与社会需求进一步接轨，受企业欢迎度大大提升。

（五）多方搭建就业平台

一是实施订单培养，学校与企业联合培育，提高人才培养的契合度；二是举办就业洽谈会、校园招聘会，实施双向选择，提高学生就业的满意度；三是做好顶岗实习，提高学生的岗位适应度；四是加强宣传，营造社会各界关注职业教育、关心职业教育的良好环境。

四、发展趋势预测

一是职业教育发展环境将更好。2014 年以后，浙江省以贯彻即将召开的全国职业教育工作会议为契机，积极筹备全省职教会议，争取出台关于进一步加快现代职教体系建设的意见和系列配套文件，为全省职业教育发展创造更加优越的环境，切实提高职业教育的吸引力。

二是中职学生就业形势仍然趋好。中等职业学校毕业生持续保持较高的就业率，反映了我国经济社会发展对中等职业教育培养人才的强劲需求。浙江作为全国经济强省，随着产业的转型升级和经济社会的稳步发展，技能型人才需求仍然很旺盛。据有关部门测算，当前浙江省技能人才缺口达到 700 万人左右，浙江中职学生就业市场仍然是求大于供。

三是学生发展空间更加广阔。随着现代职业教育体系的不断完善，职业教育综合改革的不断深化，中职学生升学渠道更加畅通，就业竞争力进一步增强，学生就业有路、创业有门、升学有道，有更多的选择空间和发展机会。

安徽省中等职业学校毕业生就业状况

2013年，安徽省中等职业学校毕业生数为280 730人，就业人数为274 217人，就业率为97.68%。与2012年相比，毕业生数有较大幅度上升，就业率也有所上升（见表2-12-1）。

表2-12-1

项目	2012年	2013年
毕业生数/人	212 326	280 730
就业人数/人	207 070	274 217
就业率/%	97.52	97.68

一、总体状况

（一）就业去向

安徽省274 217名就业学生中到各种所有制企、事业单位的有203 507人，占全部就业学生的74.21%；合法从事个体经营的有27 917人，占10.18%；升入高一级学校就读的有42 793人，占15.61%。与2012年相比，到各种所有制企、事业单位就业的毕业生比例有所下降（见表2-12-2）。

表2-12-2

项目	2012年 就业人数/人	2012年 占就业总人数比例/%	2013年 就业人数/人	2013年 占就业总人数比例/%
各种所有制企、事业单位	169 481	81.85	203 507	74.21
合法从事个体经营	13 958	6.74	27 917	10.18
升入高一级学校就读	23 631	11.41	42 793	15.61

（二）产业分布

从事第一产业的毕业生数为23 825人，占全部就业学生的8.69%；从事第二产业的毕业生数为 117 995 人，占 43.03%；从事第三产业的毕业生数为 132 397 人，占 48.28%。与 2012 年相比，从事第一产业和第二产业人数的比例均有所上升，从事第三产业人数的比例有所下降（见表 2-12-3）。

表 2-12-3

项目	2012 年 就业人数/人	2012 年 占就业总人数比例/%	2013 年 就业人数/人	2013 年 占就业总人数比例/%
第一产业	13 132	6.34	23 825	8.69
第二产业	88 570	42.77	117 995	43.03
第三产业	105 368	50.89	132 397	48.28

（三）就业地域

就业地域分为本地、异地和境外。本地就业的毕业生数为 167 357 人，占全部就业学生的 61.03%；异地就业的为 106 816 人，占比为 38.95%；境外就业的为 44 人，占 0.02%。与 2012 年相比，本地就业比例有所下降，异地就业比例有所上升（见表 2-12-4）。

表 2-12-4

项目	2012 年 就业人数/人	2012 年 占就业总人数比例/%	2013 年 就业人数/人	2013 年 占就业总人数比例/%
本地	131 481	63.50	167 357	61.03
异地	75 491	36.45	106 816	38.95
境外	98	0.05	44	0.02

（四）就业地点

就业地点分为城区、镇区和乡村。城区就业的毕业生数为 204 429 人，占全部就业学生的 74.55%；镇区就业的为 62 311 人，占 22.72%；乡村就业的为 7 477 人，占 2.73%。城区就业学生占就业学生中的绝大多数。

（五）就业渠道

通过学校推荐就业的毕业生数为 211 459 人，占全部就业学生的 77.11%；通过中介介绍就业的为 20 261 人，占 7.39%；通过其他渠道就业的为 42 497 人，占 15.50%。

与 2012 年相比，2013 年安徽省中等职业学校毕业生就业呈现出以下特点：

一是毕业生显著增加。2013 年毕业的学生为 280 730 人，较 2012 年增加了 68 404 人。到各种所有制企、事业单位就业的毕业生比例减少；合法从事个体经营和升入高一级学校就读的毕业生比例继续提高，2013年继续升学的比例占就业学生总数的15.61%，比2012年上升了4.20%。

二是就业于第一、第二产业的毕业生比例呈增长趋势。就业于第三产业的毕业生占当年毕业生总数的比例有所下降，但第三产业仍是中职毕业生就业的主要领域。

三是本地就业依然是就业学生的主流选择。本地就业的毕业生占全部就业学生的61.03%，中等职业学校为当地输送了大批技术人才。异地就业比例略有上升，2013年比2012年增加了2.50%。

四是专业对口率较高。平均对口就业率达82.08%，资源环境类专业最低也达48.33%，其他专业大类对口就业率均在50%以上。

五是就业学生收入有保障。92.80%的中职毕业生签订了劳动合同，其中，签订了3年以及上劳动合同的有25 468人，占签约人数的11.86%。而2013年安徽省中职毕业生人均月起薪水平为2 048元，超过2012年安徽省城镇居民人均1 752元的可支配收入水平。其中3 000元以上月起薪的有27 228人，占直接就业人数的11.77%；购买三险（五险）一金的人数达直接就业人数的98.42%。

二、各专业大类就业状况

根据《中等职业学校专业目录（2010年修订）》确定的19个专业类别，各专业大类的就业状况如下：

从专业分类看，就业状况最好的专业是司法服务类和加工制造类，就业率均超过98.50%；其次是交通运输类，就业率为98.47%；土木水利类、信息技术类、教育类、能源与新能源类和农林牧渔类专业的就业率处于平均水平以上；除体育与健身类就业率94.91%外，其他专业大类就业率均为95%以上。

从毕业生数看，信息技术类毕业生数最多，为65 950人，占毕业生总数的23.49%；其次是加工制造类，为63 512人，占22.62%。毕业生数最少的是司法服务类，为41人，占毕业生总数的0.01%；其次是石油化工类，毕业生数为1 295人，占0.46%。

从就业人数看，信息技术类专业就业人数最多，为64 812人，占就业总人数的23.64%；其次是加工制造类，就业人数为62 571人，占22.82%。毕业生就业人数最少的是司法服务类专业，为41人，占就业总人数的0.01%；其次是石油化工类，就业人数为1 245人，占0.45%。

从对口就业率看，对口就业率最高的专业是司法服务类，达100%；其次是交通运输类，对口就业率达93.90%；土木水利类和教育类专业，就业率为90%以上；公共管理与服务类、信息技术类、医药卫生类、石油化工类和加工制造类专业的就业率处于全省平均水平以上。对口就业率最低的是资源环境类专业,仅为48.33%。

各专业大类毕业生就业状况见表2-12-5。

表 2-12-5

专业类别	毕业生数/人	就业人数/人	对口就业人数/人	就业率/%	对口就业率/%
司法服务类	41	41	41	100.00	100.00
加工制造类	63 512	62 571	53 479	98.52	84.20
交通运输类	10 650	10 487	10 000	98.47	93.90
土木水利类	8 099	7 971	7 526	98.42	92.93
信息技术类	65 950	64 812	57 467	98.27	87.14
教育类	13 956	13 669	12 578	97.94	90.13
能源与新能源类	3 128	3 061	2 291	97.86	73.24
农林牧渔类	22 515	21 998	13 102	97.70	58.19
其他类	16 155	15 741	12 987	97.44	80.39
轻纺食品类	3 005	2 927	2 248	97.40	74.81
财经商贸类	18 574	17 963	14 970	96.71	80.60
文化艺术类	12 579	12 148	10 515	96.57	83.59
公共管理与服务类	7 618	7 355	6 750	96.55	88.61
休闲保健类	2 042	1 970	1 395	96.47	68.32
医药卫生类	15 799	15 189	13 571	96.14	85.90
石油化工类	1 295	1 245	1 096	96.14	84.63
资源环境类	6 303	6 012	3 046	95.38	48.33
旅游服务类	7 644	7 287	5 977	95.33	78.19
体育与健身类	1 865	1 770	1 400	94.91	75.07
合计	280 730	274 217	230 439	97.68	82.09

从就业质量看,231 424名直接就业学生中,有214 810人签订了劳动合同,占直接就业学生的92.82%。就业学生平均起薪2 048元,其中,月起薪2 000元以上的93 163人,占40.26%。享有各类社会保险的毕业生有227 770人,其中享有三险一金的146 506人,享有五险一金的81 264人,分别占直接就业人数的63.31%和35.11%。取得职业资格证书的有235 539人,占毕业人数的83.90%。

三、工作举措

【一】加强组织领导，工作重心前移

安徽省加强政府统筹职业教育的力度，充分发挥市、县政府在学生就业工作的主导作用，坚持将中职毕业生就业工作摆在突出位置，要求各市（县）教育主管部门和各中职学校以毕业生满意度为标准，提高就业工作的责任感和使命感。各地积极建立激励机制，整合各方资源，建立中职学校学生就业指导中心等就业服务平台，健全学校毕业生就业机构，规范中职学校就业程序，提高和完善服务意识，进一步加强对中职学校学生就业指导，努力形成领导重视、教师关心、企业积极参与的良好就业氛围。

【二】强化政府统筹，拓宽就业渠道

2013年，安徽省与马鞍山市政府联合举办第四届"皖江城市带"职业教育办学模式改革校企对接会，积极为校企联姻牵线搭桥，创建交流互动合作平台。该会主要围绕皖江示范区装备制造业、原材料产业、轻纺产业、高技术产业、现代服务业和现代农业等6大产业开展校企协作对话活动。"皖江城市带"8市教育行政部门与本地区产业集聚的经济开发区签订合作共建框架协议，借力政府拉近校企距离。各地也继续推进校企合作，建立了政府、行业企业、学校为一体的深层次的校企合作机制，吸收企业投资，为学生创业提供原动力。充分利用全国、全省及市级技能大赛和校企合作论坛，实现学校与企业、行业的无缝对接，提高毕业生的就业质量和服务地方经济发展的水平。立足本地企业，主动与生产对接，积极拓宽就业渠道。

【三】适应产业需求，服务地方经济

按照安徽省"十二五"规划和产业发展布局，各地纷纷制定职业教育发展规划，合理调整专业设置和人才培养结构，针对企业需求，有目的地培养学生，全方位实现学校课程设置、人才培养与企业发展、企业文化的高度衔接，使学生能够更快、更好地适应企业、服务企业。目前，安徽省毕业生本地就业率达到61%以上。

【四】强化信息交流，推进就业指导

各地组织召开不同层次、不同范围的中职毕业生供需见面会，建立中职学生就业信息网，与周边发达地区人才信息网实现互联互通、资源共享，为中职毕业生提供就业服务信息。开学之初，各市就通过组织统一的、有针对性的宣讲，集中开展

面向新进学生面对面、点对点的宣传，重点突出职业教育发展成绩，开展入学指导。为使学生对人才观、择业观等有进一步的了解和正确的判断，各地还通过中职学校的就业指导课、招聘会、座谈会、创业之星实例介绍、优秀毕业生演讲等多种活动，转变学生择业观念。

【五】满足多样需求，完善就业服务

各地各校结合不同毕业生的学业实际，积极采取灵活措施，满足多样化的就业需求。对于在校期间能按规定学完全部课程并经技能考试合格的学生，颁发相应职业资格证书。对于符合企业用人条件的学生，学校负责推荐安排，学生与企业双向选择；对于学习基础好又有升入本、专科院校深造愿望的学生，指导其参加对口高考；对于不能升入高校的学生或者一次安置不满意，或者不适应工作环境的学生予以就业推荐调整，直至满意为止。

【六】提高就业质量，加强管理跟踪

各校坚持以人为本，切实加强对用人单位的发展前景、工作环境、安全保障以及严格执行劳动法规等有关规定情况的考察，制定严格的选择标准，确保学生身心健康、工资待遇及发展空间。同时，各校主动掌握就业动态，加强就业跟踪服务工作，及时与企业、学生及家长沟通联系，了解学生在企业的工作、生活情况，帮助他们解决实际问题。有些学校还在毕业生就业相对集中的地区，设立学生就业联络站（办），面对面地为毕业生解决实际困难。

【七】注重内涵建设，增强学校活力

为提高中职毕业生的总体质量，安徽省以"皖江城市带"职业教育办学模式为抓手，不断深化中职学校教育教学模式的改革；督促中职学校加强校际间的沟通联系，建立完善就业信息共享机制和招生就业工作考核激励机制。各地进一步完善制度建设，优化专业设置，完善课程体系建设，深入推进教育教学改革；以各类技能竞赛为动力，结合本地经济发展对各职业工种的需求，打造"技能精英"，为企业人才选拔、学生技能水平提升、强化学生创业信心、推动企业技术革新搭建一个良性互动平台，从而提升中职学校的管理能力、管理水平及社会影响力。

五、发展趋势预测

随着近两年中职招生数字的增加，预计明、后两年安徽省的中职毕业生数较2013年将有一定的增长，服务地方经济社会发展的能力将进一步提升。具体表现在以下几个方面：

一是第二产业、第三产业仍是中职毕业生就业的主方向。安徽省"十二五"规划纲要（2011—2015年）提出，要建设全国重要的先进制造业和现代服务业基地。"大规模、高水平承接产业转移，积极引进带动性强、技术水平高的重大项目，加快自主创新步伐，打造汽车、装备制造、原材料、轻纺、高技术产业基地和皖江物流产业带，着力培育战略性新兴产业，加快提升金融、文化、旅游等现代服务业，做大做强一批行业龙头企业和世界知名品牌"。根据这一规划，交通运输业、加工制造业以及现代服务业将是未来几年安徽省技术技能人才需求的主要方向，其毕业生就业数量及就业率也将持续高于其他专业。

二是城镇就业比例将进一步提升。今后几年，安徽省将进一步深化户籍制度改革，推进城乡一体化，人口将进一步向城镇集中。就业岗位的增多必将促使中职毕业生在城镇就业的比例持续提升。

三是升入高一层次学校继续学习人数比例将持续增长。近两年，安徽省大力推进现代职教体系建设，积极促进中高职衔接，改革中职对口招生考试办法，增加对口招生本科计划，扩大对口招收中职毕业生的本科院校范围，取消对口本科新生预科制，实施高职院校及应用型本科高校面向中职应、往届毕业生自主招生，努力拓宽中职毕业生的升学渠道。随着经济社会发展对技能人才学历要求的提高以及中高职衔接通道的打通，中职毕业生选择继续升学、提升学历层次的人数将较以往进一步增大。

福建省中等职业学校毕业生就业状况

2013 年，福建省中等职业学校全日制毕业生数为 107 205 人，就业人数为 104 700 人，就业率为 97.66%。与 2012 年相比，毕业生数和就业人数均有所下降，就业率略有上升（见表 2-13-1）。

表 2-13-1

项目	2012 年	2013 年
毕业生数/人	120 019	107 205
就业人数/人	116 887	104 700
就业率/%	97.39	97.66

一、总体状况

（一）就业去向

福建省 104 700 名就业学生中到各种所有制企、事业单位就业的毕业生数为 66 756 人，占就业学生数的 63.76%；合法从事个体经营的为 22 725 人，占 21.70%；升入各类高一级学校的为 15 219 人，占 14.54%。

（二）产业分布

从事第一产业的毕业生数为 9 343 人，占就业学生数的 8.92%；从事第二产业的为 23 199 人，占 22.16%；从事第三产业的为 72 158 人，占 68.92%。与 2012 年相比，从事第一产业和第三产业人数的比例有所上升，从事第二产业人数的比例有所下降（见表 2-13-2）。

表 2-13-2

项目	2012 年 就业人数/人	2012 年 占就业总人数比例/%	2013 年 就业人数/人	2013 年 占就业总人数比例/%
第一产业	9 169	7.84	9 343	8.92
第二产业	28 864	24.69	23 199	22.16
第三产业	78 854	67.46	72 158	68.92

【三】就业地域

就业地域分为本地、异地和境外。在本地就业的毕业生数为 81 152 人，占就业学生数的 77.51%；异地就业的为 22 780 人，占 21.76%；境外就业的 768 人，占 0.73%。与 2012 年相比，本地和境外就业比例有所下降，异地就业比例有所升高（见表 2-13-3）。

表 2-13-3

项目	2012 年 就业人数/人	占就业总人数比例/%	2013 年 就业人数/人	占就业总人数比例/%
本地	92 263	78.93	81 152	77.51
异地	23 614	20.20	22 780	21.76
境外	1 010	0.86	768	0.73

【四】就业地点

就业地点分为城区、镇区和乡村。城区就业的毕业学生数为 69 731 人，占就业学生数的 66.60%；镇区就业的为 24 489 人，占 23.39%；乡村就业的毕业生数为 10 480 人，占 10.01%。

【五】就业渠道

通过学校推荐就业的毕业生数为 66 888 人，占就业学生数的 63.89%；通过中介介绍就业的为 3 748 人，占 3.58%；其他渠道就业的毕业生数为 34 064 人，占 32.53%。

与 2012 年相比，2013 年福建省中等职业学校毕业生就业呈现以下特点：

一是毕业生总数减少。2013 年毕业学生比 2012 年减少了 12 814 人，但就业率上升了 0.27%。从福建省各设区市的情况看，莆田、南平、宁德三地毕业生就业率在 98% 以上，福州、泉州、漳州、龙岩等 4 个设区市毕业生就业率在 96%～98%，厦门、三明、莆田、南平、宁德等 5 个设区市毕业生就业率高于全省平均水平。

二是到各种所有制企、事业单位就业是主要去向。进入各种所有制企、事业单位人数的比例，比 2012 年降低了 8.02%，但仍占 63.76%，依然是中职学生毕业后的主要去向。合法从事个体经营与升入高一级学校就读毕业生比例有所上升，分别比 2012 年增加了 5.83% 和 2.19%。

三是第三产业是中职毕业生就业的主要领域，占就业总数的 68.92%。就业于第一、第三产业毕业生比例呈增长趋势，就业于第二产业的毕业生数及占毕业生总数的比例有所下降。

四是本地就业是主流选择，但比例有所下降。本地就业比例虽比 2012 年降低了 1.42%，但仍占据 77.51% 的高比例；而异地就业的比例有所增长，比 2012 年增加了 1.56%，这说明中等职业学校毕业生的就业地有所拓展。

总体上看，福建省中等职业学校的就业率始终保持较高水平并呈逐年提高趋势，且基本保持产业分布较合理、区域分布较均衡的特点，与福建省经济社会发展和产业调整升级对中级层次技能型人才的需求基本相适应。

二、各专业大类就业状况

根据《中等职业学校专业目录（2010 年修订）》确定的 19 个专业类别标准，各专业大类的就业状况如下：

从专业分类看，就业状况最好的专业是司法服务类，就业率 100%；其次是能源与新能源类，就业率为 98.61%。加工制造类、农林牧渔类、石油化工类、公共管理与服务类、旅游服务类、财经商贸类、交通运输类、教育类、休闲保健类、信息技术类处于平均就业率以上。就业率最低是资源环境类，为 90.41%。

从毕业生数看，财经商贸类专业毕业生人数最多，为 19 568 人，占毕业生总数的 18.25%；其次是信息技术类，毕业生数为 15 325 人，占 14.30%。毕业生数最少的是司法服务类专业，为 71 人，仅占毕业生总数的 0.07%；其次是能源与新能源类，毕业生数为 72 人，占 0.07%。

从就业人数看，财经商贸类专业就业人数最多，为 19 177 人，占就业总人数的 18.32%；其次是信息技术类，就业人数为 14 966 人，占 14.29%。就业人数最少的是资源环境类，为 66 人，占就业总人数的 0.06%；其次是司法服务类、能源与新能源类，就业人数均为 71 人，均占 0.07%。

各专业大类毕业生就业状况见表 2-13-4。

表 2-13-4

专业类别	毕业生数/人	就业人数/人	就业率/%	对口就业率/%
司法服务类	71	71	100.00	83.10
能源与新能源类	72	71	98.61	83.33
加工制造类	13 012	12 827	98.58	82.80
农林牧渔类	8 848	8 711	98.45	81.62
石油化工类	507	498	98.22	92.90
公共管理与服务类	1 665	1 634	98.14	82.82
旅游服务类	5 137	5 039	98.09	83.39
财经商贸类	19 568	19 177	98.00	76.10

续表

专业类别	毕业生数/人	就业人数/人	就业率/%	对口就业率/%
交通运输类	5 539	5 422	97.89	84.40
教育类	11 114	10 866	97.77	87.18
休闲保健类	861	841	97.68	88.27
信息技术类	15 325	14 966	97.66	74.22
其他类	1 317	1 285	97.57	51.03
土木水利类	5 305	5 174	97.53	80.08
体育与健身类	397	384	96.73	54.91
文化艺术类	6 288	6 075	96.61	71.53
医药卫生类	9 755	9 362	95.97	91.40
轻纺食品类	2 351	2 231	94.90	69.16
资源环境类	73	66	90.41	42.47
合计	107 205	104 700	97.66	80.08

三、工作举措

【一】加强就业教育指导，引导树立正确就业观

为帮助毕业生更快、更好地适应市场发展的新形势，正确认识和解决就业中可能遇到的各类问题，省教育厅要求各中职学校成立就业工作领导小组，及时开展就业指导教育工作。在就业指导上，要求除了上好每节就业指导课外，还要采取举办报告、讲座等形式，邀请有关领导专家到校进行就业心理专题讲座和就业指导咨询，在毕业生中进行就业形势、政策和程序指导，同时加强了需求信息、就业技巧和就业观念等方面的指导，开设就业专栏，帮助毕业生及时了解就业形势和就业政策，引导毕业生树立正确的择业观念，降低就业期望值，积极做好就业前的思想准备和心理准备。

【二】积极开展就业服务，努力优化就业环境

鼓励各地和中职学校积极培育和发展毕业生就业市场。继续完善和收集各类就业信息，不断提高市场的针对性，并逐步建立起与固定用人单位的经常交流机制。同时，加快毕业生就业工作信息化建设，利用福建中等职业教育和终身教育网、中职校园网、毕业生QQ群、电子邮件等方式定向交流。指导学校通过举办校企合作供需见面会，建立用人单位需求信息登记制度，推进中职学校与企事业单位之间的

良性互动、加强合作，搭建用人单位与中职学校学生间双向交流的平台，创造公开、公平、公正的择业、就业环境，进一步促进中职毕业生充分就业。

（三）发挥顶岗实习功能，提升推荐就业实效

根据用人单位的要求，有计划、有目的地选送毕业生参加顶岗实习，让实习与就业挂钩，有效提高就业率。学生顶岗实习期间，要求中等职业学校掌握每个毕业生的求职动态、意向和签约结果，及时统计学生的意向和签约情况，以便向用人单位推荐时有的放矢。对于就业困难的学生以个别谈话方式，帮助他分析形势、正确评价自己，引导学生保持清醒头脑，理性就业。

（四）建立就业跟踪机制，持续关注毕业生职业成长

印发《关于开展中职毕业生就业情况跟踪调查工作的通知》，探索建立毕业生就业跟踪机制，从关注毕业生就业数量向就业质量转变，加强毕业生就业质量和个人发展的跟踪调查，对毕业生就业岗位、薪酬福利、专业对口、就业稳定率、专业发展、用人单位满意度等内容进行跟踪调查，了解毕业生职业生涯发展和就业质量状况，推进职业学校增强质量意识。要求各市结合本地中职毕业生就业实际，建立完善本市应届毕业生就业情况分析及往届毕业生就业跟踪调查制度，为全省及中职学校开展专业结构调整、教育教学改革以及提高毕业生就业质量提供科学依据。要求中等职业学校与企业建立长久合作关系对毕业生就业进行跟踪管理，全方位跟踪学生实习过程表现，及时给予思想品德教育，着重引导学生培养自我分析、自我完善、自我成长素质。各中职学校建立了长效沟通机制，针对中职毕业生就业流动性大的问题，通过QQ群、微信群、短信、电话等形式与学生长期保持联系，持续关注学生工作动态，积极协调解决毕业生就业中遇到的困难和问题，做好学生就业跟踪服务工作。

四、发展形势预测

一是中职学生就业空间将持续扩大。根据福建省十二届人大二次会议公报，2013年全省经济保持平稳增长，主要经济指标呈现出速度趋稳、结构改善的积极变化，第一、二、三产业分别完成增加值1 936.31亿元、11 315.30亿元和8 508.03亿元，分别增长4.4%、12.9%和9.6%。2014年全省经济将持续健康发展，预期全省生产总值增长10.5%左右，其中农业将长期保持平稳发展，工业发展趋稳向好，电子、机械、石化三大主导产业增加值以及高新技术产业增加值将保持增长趋势，现代服务业加快发展，尤其交通物流业和旅游业将有较快发展，这些良好的经

济发展形势将有力地拓展本地中等职业学校毕业生就业空间。总体而言，2014年就业形势趋好。

二是用人单位需求将保持旺盛态势。据有关部门调研，各用人单位对2014年高校及中职学校毕业生需求同上年基本持平。其中，制造业需求总体持平，略有上升；建筑业、交通运输业企业需求同比下降；房地产业和商务服务业和社会工作需求同比增加；卫生护理、学前教育人才需求仍然保持较高水平。

三是中职毕业生规模将有所减小。2014年福建省中职学校全日制毕业生预计为10.5万人，毕业生总量相比2013年有所减少。其中，与第一产业相关的农林牧渔类专业预计毕业生0.45万人，比2013年减少0.5万人，占毕业生总数的4.4%；与第二产业相关的加工制造类、土木水利类、信息技术类等专业毕业生预计为4.1万人，比2013年减少0.3万人，占39.3%；与第三产业相关的财经商贸类、旅游服务类、医药卫生类及学前教育类等专业预计毕业生5.8万人，比2013年减少0.1万人，占55.2%。

总体来看，2014年福建省用人单位对中职学校毕业生的需求总量较2013年同期基本持平，但行业性需求差异依然存在。制造业、房地产业和商务服务业、医药卫生、学前教育和社会工作需求同比持平或略有增加；建筑业、金融业、交通运输业企业需求有所下降。总体上2014年福建省中职毕业生就业形势将较为平稳，而在对口就业率上仍有较大提升空间。

江西省中等职业学校毕业生就业状况

2013年，江西省中等职业学校毕业生数为121 743人，就业人数为115 787人，就业率为95.11%。与2012年相比，毕业生数有所减少，就业率略有降低（见表2-14-1）。

表2-14-1

项目	2012年	2013年
毕业生数/人	190 751	121 743
就业人数/人	182 988	115 787
就业率/%	95.93	95.11

一、总体状况

（一）就业去向

江西省115 787名就业学生中到各种所有制企、事业单位就业的有95 836人，占就业学生数的82.77%；合法从事个体经营的毕业生数有9 746人，占8.42%；升入各类高一级学校的有10 205人，占8.81%。

（二）产业分布

从事第一产业的毕业生数为7 271人，占就业学生数的6.28%；从事第二产业的为44 023人，占38.02%；从事第三产业的为64 493人，占55.70%。与2012年相比，从事第一产业和第三产业人数的比例有所下降，从事第二产业人数的比例有所上升（见表2-14-2）。

表2-14-2

项目	2012年 就业人数/人	2012年 占就业总人数比例/%	2013年 就业人数/人	2013年 占就业总人数比例/%
第一产业	14 022	7.67	7 271	6.28
第二产业	40 884	22.34	44 023	38.02
第三产业	128 082	69.99	64 493	55.70

（三）就业地域

就业地域分为本地、异地和境外。本地就业的毕业生数为 44 293 人，占就业学生数的 38.26%；异地就业的为 69 845 人，占 60.32%；境外就业的为 1 649 人，占 1.42%。与 2012 年相比，异地就业比例有所下降，本地就业和境外就业比例有所上升（见表 2-14-3）。

表 2-14-3

项目	2012 年 就业人数/人	占就业总人数比例/%	2013 年 就业人数/人	占就业总人数比例/%
本地	51 236	28.00	44 293	38.26
异地	131 752	72.00	69 845	60.32
境外	0	0	1 649	1.42

（四）就业地点

就业地点分为城区、镇区和乡村。城区就业的毕业生数为 87 797 人，占就业学生数的 75.83%；镇区就业的为 24 272 人，占 20.96%；乡村就业的为 3 718 人，占 3.21%。

（五）就业渠道

通过学校推荐就业的毕业生数为 90 369 人，占就业学生总数的 78.05%；通过中介介绍就业的为 8 790 人，占 7.59%；其他渠道就业的为 16 628 人，占 14.36%。

与 2012 年相比，2013 年江西省中等职业学校毕业生就业呈现以下特点：

一是到各种所有制企、事业单位就业和升入各类高一级学校的毕业生比例有所提高；合法从事个体经营的毕业生比例有所下降。2013 年继续升学的人数占就业学生总数的 8.81%，比 2012 年增长了 3.62%，显示出学历提升越来越受到学生的关注和重视。

二是就业于第二产业毕业生的比例呈增长趋势；第三产业依然是中职毕业生就业的主要领域。第二产业就业人数比例增幅显著，这和当地发展相关制造业有一定联系；而就业于第三产业的毕业生数及占当年毕业生总数的比例虽有所下降，但仍是学生就业的主要产业领域。

三是异地就业比例有所下降，本地就业和境外就业有所升高，说明中职毕业生的就业地有所拓展。

二、各专业大类就业状况

根据《中等职业学校专业目录（2010年修订）》确定的19个专业类别，各专业大类的就业状况如下：

从专业分类看，就业状况最好的专业是石油化工类，就业率高达100%；其次是医药卫生类，就业率为98.93%；轻纺食品类、财经商贸类、土木水利类、信息技术类、交通运输类、农林牧渔类、其他类、公共管理与服务类、能源与新能源类、体育与健身类、加工制造类，处于就业率的平均水平以上。教育类最低，仅为83.02%。

从毕业生数看，加工制造类专业毕业生人数最多，为31 492人，占毕业生总数的25.87%；其次是信息技术类，毕业生数为27 662人，占22.72%。毕业生数最少的是资源环境类，为175人，占毕业生总数的0.14%；其次是休闲保健类，毕业生数为288人，占0.24%。

从就业人数看，加工制造类专业毕业生就业人数最多，为29 969人，占就业总人数的25.88%；其次是信息技术类，就业人数为26 893人，占23.23%。毕业生就业人数最少的是资源环境类，为163人，占就业总人数的0.14%；其次是休闲保健类，就业人数为256人，占0.22%。

各专业大类毕业生就业状况见表2-14-4。

表 2-14-4

专业类别	毕业生数/人	就业人数/人	就业率/%
石油化工类	328	328	100.00
医药卫生类	13 972	13 822	98.93
轻纺食品类	1 087	1 067	98.16
财经商贸类	5 538	5 427	98.00
土木水利类	1 806	1 756	97.23
信息技术类	27 662	26 893	97.22
交通运输类	5 076	4 933	97.18
农林牧渔类	4 790	4 622	96.49
其他类	3 434	3 292	95.86
公共管理与服务类	1 570	1 499	95.48
能源与新能源类	1 454	1 385	95.25
体育与健身类	706	672	95.18
加工制造类	31 492	29 969	95.16

续表

专业类别	毕业生数/人	就业人数/人	就业率/%
文化艺术类	4 611	4 374	94.86
旅游服务类	4 006	3 777	94.28
资源环境类	175	163	93.14
司法服务类	2 078	1 864	89.70
休闲保健类	288	256	88.89
教育类	11 670	9 688	83.02
合计	121 743	115 787	95.11

三、工作举措

江西省教育厅根据国家教育规划纲要和教育部《关于进一步深化中等职业教育教学改革的若干意见》精神，坚持以服务为宗旨，以就业为导向，以提高职业教育就业率为目标，按照"坚持三个立足、建立四项机制、做好九个对接"的办学思路开展工作。"三个立足"，即立足本省、立足工业园区、立足江西支柱产业。"四个机制"，即建立政府统筹协调机制，坚持和完善职业教育联席会议制度；建立职业教育集团，形成以行业和专业为主导的集约化办学机制；建立职业教育与行业、企业对话机制，推进职业学校与企业合作办学；建立职业学校工学结合、半工半读制度，形成职业教育与园区企业对接的育人与用工机制。"九个对接"，即产业对接专业，根据产业需求设置专业；企业对接育人，改革人才培养模式；岗位对接课程，全面优化课程结构；车间对接基地，加快校内校外实训基地建设；师傅对接师资，强化"双师型"教师队伍建设；用人对接评估，把企业和用人单位对学生的评价作为学校对学生的重要评价，企业对学校的评价作为上级管理部门对学校的重要评价；生产对接科研，在学校与企业共同建立技术研究和开发中心；工种对接培训，加强企业职工的短期培训；厂长对接班子，加强组织建设。努力促进学校办学与工业园区和企业对接、教育链与产业链的深度融合，促进职业教育为地方经济服务。

【一】 完善机制建设，深化校企合作

"工学结合、校企合作"是由职业教育特点所决定的，是职业院校提高教育教学质量必须采取的有效办学模式。近年来，江西省教育厅在推进校企合作的深度上、提高校企合作的有效性上狠下功夫。为避免校企合作过程中经常出现的企业"时冷时热"现象，江西省努力完善工作机制，从源头上着手解决校企合作难的问题。2009年，出台了《关于鼓励技工院校、职业院校学生到省内工业园区企业就业的意

见》；2010年，开展了"立足产业抓对接，十万学生进园区"的活动；2011年，在全省范围内组织开展职业学校与工业园区干部双向交流挂职工作。2011年，江西省教育厅会同省委组织部、省中小企业局联合下发了《关于做好职业学校与工业园区干部双向交流挂职工作的通知》，在全省范围内开展职业学校与工业园区干部双向交流挂职工作，职业学校的校长到工业园区任主任，工业园区的领导到职业学校任校领导。这项措施使职业学校与工业园区形成了一个利益共同体，使园区企业自觉地参与到学校的人才培养工作中来，也使职业学校更加主动、更加方便地按照企业的要求来科学制定和调整人才培养方案，培养出企业真正需要的合格人才。截止到2013年年底，全省94个工业园区有70%与职业院校开展了干部双向交流挂职工作，推进了职业学校与企业一体化办学模式改革，探索出了一条校企深度合作的新路。这项措施实施以后，根据对148所中职学校的统计，共新增1 017家建立合作关系的园区企业，合作建立了331个实训基地、338个教学工厂（车间）、238个专业教师培训基地，1 413名专业教师到企业定期实习锻炼，617名工程技术人员到学校任兼职教师，新增466个订单班或企业冠名班、125个职业技能培训站，培训企业员工27.4万人，有近20万学生进入园区就业、实习，有效缓解了园区企业结构性、季节性用工难、招工难问题，也有效地推动了职业学校教学工作，提高了人才培养水平。

职业教育就是就业教育，就业率关系到毕业生的切身利益，更是社会评价职业学校办学水平的重要指标。省教育行政部门把提高职业教育就业率作为重要工作目标，先后出台了《中等职业学校毕业生就业情况公示制度》《中等职业学校毕业生就业工作先进单位评选办法》，每年对全省各设区市教育局和中职学校就业工作进行考评，对先进单位进行表彰和奖励并优先安排项目建设资金。中等职业学校毕业生就业率连续六年保持在95%以上。

(三) 服务地方产业，规范专业设置

服务地方经济社会发展，既是职业院校的办学责任，也是职业院校办学的基本依托。为鼓励中等职业学校及时抓住省工业园区大力发展的机遇，牢固树立为经济社会发展服务的使命感，江西省教育厅出台了《江西省中等职业学校专业设置管理办法实施细则》，要求中职学校主动调整办学思路，对接需求设置专业，按照"服务经济，对接产业；服务就业，对接职业；服务终身发展，关注继续学习；坚持改革创新，拓展服务功能"的原则和"一校一产"、"一校一业"、"一校一品"的要求，对全省中等职业学校的专业全部进行了调整，贴近重点产业做强重点专业。调整后，第一产业主要涉及农林牧渔类，设专业32个；第二产业涉及资源环境、能源与新能源、土木水利、加工制造、石油化工、轻纺食品等6个专业类，设专业122个；第

三产业涉及交通运输、信息技术、医药卫生、休闲保健、财经商贸、旅游服务、文化艺术、体育与保健、教育、司法服务、公共管理与服务等 11 个专业类，设专业 167 个。对涉及省重大产业项目的专业，给予了重点扶持和建设；对 10 大战略性新兴产业和传统优势产业相关专业予以重点扶持。

为提高职业学校服务能力和专业建设水平，江西省还安排财政资金，组织实施中职学校精品专业建设计划。5 年来，共投入 9 780 万元，在 142 所学校建设了 114 个精品专业，这些专业覆盖了江西省的所有重点产业和优势特色产业，为进一步壮大省优势产业提供了人才支撑。

【三】重在能力培养，探索教学模式改革

根据职业教育的特点，积极创新职业院校教学模式，努力提高学生实践能力和综合素质是提高职业院校教学质量的关键。近年来，江西省教育厅采取措施鼓励和支持各地中职学校，以建立完善行业、企业、学校共同参与教学的机制，提高学生技能水平为目标，大胆探索，积极创新，涌现出了多种效果良好的新型教学模式，并为进一步探索打下了良好基础。比较典型的有：

1. 新余市试行现代学徒制教学模式改革。这种做法的主要特点是，学校与企业实行"双主体"办学，企业为学生提供学徒岗位、经费资助、双师型教师、就业岗位、开发课程；学校为企业培养合格员工，输送技能型人才，承担科研项目，开发新产品等；校、企法人代表互相兼职，师资双向交流，学生、学徒、员工三位一体，有机统一，校企合作相得益彰，互惠互赢。在教学安排方面，改革传统"2+1"学制，实行学生第 1 年在校学理论，第 2 年理论学习与实训相结合，第 3 年到岗学徒的教学模式。根据企业岗位需要，灵活安排学生学习方式和时间，试行适合职业教育特点的学籍管理制度，以满足企业对紧缺人才的需求。通过学校、企业的深度合作与教师、师傅的联合传授，着力提高技能人才培养质量，探索建立现代人才培养模式，使人才培养能够快速适应产业升级的需要。瑞晶公司、赛维公司等企业已与有关职业院校启动了试点工作，企业吸纳学生到厂学徒，学校引进企业资金、技术、设备等资源到校办厂，引进知名的民间工艺师在校开设"名师工作室"，真正建立起深层次的校企合作关系。这一模式得到了教育部的充分肯定并被列为国家试点，市领导多次在全国会议上做典型经验介绍。

2. 江西省电子信息工程学校试行"新三元制"教学模式改革。"新三元制"是在"德国双元制"基础上提出来的一种新型的职业培训模式，除以前的学校、企业二元素外，另增加了"校内生产性实训车间"这一元素，使学生原先需要在企业完成的大部分培训任务前移至校内生产性实训车间完成，减轻了企业承担的工作量，大幅缩短了企业的培训时间，降低了企业的培训成本，提高了学生去企业实习前的

素质，使学生到企业后很快就能顶岗实习，为企业创造价值，从而大大增强了企业参与校企合作的热情。学校、校内生产性实训车间、企业相互合作共同担负培养人才的任务，校内生产性实训车间按照企业对人才岗位的要求组织教学培训，与企业签订合作培养协议，实现"招生即招工"，学生通过企业面试合格后进入"新三元制"班级，毕业时考核合格的学生直接进入企业工作，考核不合格的学生则由学校另行安排就业。"新三元式现代学徒制"试点班学制为三年，前两年学生在学校学习。第一学年每周安排2天在生产性实训车间由师傅指导进行加工学习，第二学年每周安排3天在生产性实训车间由师傅指导进行加工学习。生产性实训车间按照企业的模式布置，实训课题来自真实的产品，实现"教学生产化，生产教学化"。第三年学生进入合作企业由师傅带领学习，既要完成企业生产任务，又要完成"新三元式现代学徒制"培养方案中规定的课程及学习目标。

3. 突出职业教育与职业资格证书的有效衔接和良性互动。实施职业教育学生培养双证书制度，即"毕业证书＋职业资格证书"，努力促进学历教育与职业资格证书沟通，使中等职业教育更贴近社会需要、贴紧企业需求、贴实职业岗位，推进了职业教育专业教学标准建设和教学方法、评价内容的改革。毕业生中"毕业证书＋职业资格证书"持证率达95%以上。

与此同时，还通过建立技能竞赛制度引导职业院校改进教学工作，目前已形成了"校校有比赛、层层有选拔、省里有大赛"的喜人局面。截止到2013年，已连续举办了十届大赛。如今，中等职业学校职业技能大赛，已成为江西中等职业学校学生和教师锻炼技能、展示风采的舞台，正成为江西中等职业教育具有广泛社会影响力的品牌，成为打造名校、名师、名生的平台。省财政每年安排专项竞赛费用，省教育厅出台了获奖选手免试就读省内高职院校的激励政策。对获得优异成绩的中职学生对口升高职免试推荐、相应指导教师可参加评优；对竞赛中成绩突出的单位，省、市教育行政部门对其实训基地建设、职教经费投入等方面给予政策性倾斜。这些激励性政策有效调动职业院校及其师生的参与热情，有效推进职业院校学生学技术、练本领和整体素养的提高。10年来，广大中职学校师生积极参赛，从2003年111所学校750人参赛，到如今"校校有比赛，层层有选拔"，市级竞赛近万人，省级竞赛近2 000人，很好地践行了"面向经济、面向市场和面向人人的职业教育"和"为了每一个学生的终身发展"的教育理念。大赛赛项设计科学合理，更加贴近市场需求。比赛项目从最初的7个专业11个项目，到如今几乎覆盖中职所有专业大类77个比赛项目，努力打造高素质技能型人才。

四、发展趋势预测

江西省经济社会发展对中等职业教育人才保持强劲需求。一方面，由于产业结构的调整，产生了对专业人才新的类别需求、层次需求和数量需求，像数控技术应用、汽车维修、计算机应用与软件技术、护理等不少行业都出现了人才紧缺的情况；另一方面，在劳动力市场上用工单位需要的大量技术工人短缺，出现了"技工荒"，技术工人、高级技术工人缺口很大。

一是机械制造业、模具设计与制造业人才需求明显增加。考虑到汽车工业的发展将带动汽车维修等相关职业岗位增加，预计机械制造业每年对中职毕业生的需求呈扩大趋势。由于模具设计与制造业生产方式明显向集约方向发展，进一步优化结构，预计今后从业人员将会进一步增加。

二是电子电器制造业和信息产业就业空间将拓宽。随着长江中下游平原制造业发展战略的调整，估计每年新增中职毕业生为 10 000 人左右。信息业的快速发展需要大量增加从事辅助工作的初级人才，未来该行业就业空间将持续拓宽。

三是旅游和餐饮业高技能人才急缺。未来几年，随着江西旅游业的快速发展，年均需求中职毕业生将逐年递增，是第三产业中对中职人才需求最大的行业。

四是服装设计与营销专业人才需求迅猛增长。随着江西轻工业发展的良好势头，近几年对该专业的中职人才的需求正迅猛增长。

五是建筑、房地产业和电梯业需求加大。国家人事部发布的数据显示，建筑、房地产等专业列招聘数量前 10 位，在职位需求中，对大专及以下学历的需求占 50.1%。凭借地产建设势头红火，电梯市场供需两旺，带动电梯安装维修行业，就业前景一片光明。

六是物流业方面，预测未来几年，江西物流业将保持快速增长态势，将为更多中职毕业生求职者提供职位。

山东省中等职业学校毕业生就业状况

2013年，山东省中等职业学校毕业生数为 560 479 人，就业人数为 540 862 人，就业率为 96.50%，与 2012 年相比，毕业生人数和就业率都有所提升（见表 2-15-1）。

表 2-15-1

项目	2012 年	2013 年
毕业生数/人	557 025	560 479
就业人数/人	535 738	540 862
就业率/%	96.18	96.50

一、总体状况

（一）就业去向

山东省 540 862 名就业学生中到各种所有制企、事业单位的有 407 809 人，占全部就业学生的 75.40%；合法从事个体经营的有 76 802 人，占 14.20%；升入高一级学校就读的有 56 251 人，占 10.40%。

（二）产业分布

从事第一产业的毕业生数为 53 546 人，占全部就业学生的 9.90%；从事第二产业的为 261 787 人，占 48.40%；从事第三产业的为 225 529 人，占 41.70%。与 2012 年相比，从事第二产业人数的比例略有下降，从事第一产业和第三产业人数的比例均略有上升，整体持平（见表 2-15-2）。

表 2-15-2

项目	2012 年 就业人数/人	2012 年 占就业总人数比例/%	2013 年 就业人数/人	2013 年 占就业总人数比例/%
第一产业	52 951	9.88	53 546	9.90
第二产业	259 483	48.44	261 787	48.40
第三产业	223 304	41.68	225 529	41.70

（三）就业地域

就业地域分为本地、异地和境外。本地就业的毕业生数为 499 756 人，占全部就业学生的 92.40%；异地就业的为 37 460 人，占 6.93%；境外就业的为 3 646 人，占 0.67%。与 2012 年相比，本地、异地就业比例略有升高，境外就业比例略有下降（见表 2-15-3）。

表 2-15-3

项目	2012 年		2013 年	
	就业人数/人	占就业总人数比例/%	就业人数/人	占就业总人数比例/%
本地	494 927	92.38	499 756	92.40
异地	36 916	6.89	37 460	6.93
境外	3 895	0.73	3 646	0.67

（四）就业渠道

通过学校推荐就业的毕业生数为 492 184 人，占全部就业学生的 91.00%；通过中介介绍就业的为 0 人；通过其他渠道就业的为 48 678 人，占 9.00%。

与 2012 年相比，2013 年山东省中等职业学校毕业生就业呈现以下特点：

一是毕业生数增加；到各种所有制企、事业单位就业和升入高一级学校就读的比例继续提高。2013 年毕业的中职学生比 2012 年增加 3 454 人，增长率为 0.62%。到各种所有制企、事业单位就业的比例比 2012 年增长了 0.96%；继续升学的比例比 2012 年增加了 0.03%。这反映出中职学生更好地满足了山东省就业岗位的需求，也说明山东省致力现代职业教育体系建设，中高职、本科的衔接政策得到优化，继续学习深造的途径初步打通。

二是第二产业仍是中职毕业生就业的主要领域。就业于第二产业的毕业生人数及比例虽有所下降，但仍占 48.40%。就业于第一、第三产业的毕业生比例呈增长趋势，但整体上与 2012 年持平，这说明山东省产业结构比较稳健，中职毕业生就业去向较为稳定。

三是异地就业的比例略有增长，毕业生就业流向日趋合理。2013 年异地就业人员比例比 2012 年增长了 0.04%，而本地就业比例增长了 0.02%，说明中职学生的就业地域有新的拓展，就业流向趋于合理化。

四是毕业生正确的择业观正在逐步形成。随着产业结构调整，近两年加工制造类、农林牧渔类、信息技术类、交通运输类专业毕业生一直保持较高就业比例，各类专业毕业生对口就业率为 75.90%。这说明中职学生能够按照经济社会发展需求和个人特点规划职业生涯，毕业生的择业观越来越贴近个人实际情况。

二、各专业大类就业状况

根据《中等职业学校就业目录（2010 年修订）》确定的 19 个专业类别，各专业大类的就业状况如下：

从专业分类看，就业状况最好的是旅游服务类，就业率高达 98.01%；其次是交通运输类，就业率为 97.36%；加工制造类、信息技术类、土木水利类处于平均水平以上。司法服务类就业情况不理想，就业率仅为 79.90%。

从毕业生数看，加工制造类专业毕业生最多，为 192 014 人，占毕业生总数的 34.26%，其次是信息技术类，毕业生数为 89 235 人，占 15.92%。毕业生数最少的是司法服务类专业，为 781 人，占毕业生总数的 0.14%；其次是休闲保健类，毕业生数为 975 人，占 0.17%。

从就业人数看，加工制造类专业就业人数最多，为 186 803 人，占就业总人数的 34.54%；其次是信息技术类，就业人数为 86 754 人，占 16.04%。毕业生就业人数最少的是司法服务类，就业人数为 624 人，占就业总人数的 0.12%；其次是休闲保健类，就业人数为 910 人，占 0.17%。

各专业大类毕业生就业状况见表 2-15-4。

表 2-15-4

专业类别	毕业生数/人	就业人数/人	就业率/%
旅游服务类	10 040	9 840	98.01
交通运输类	27 141	26 424	97.36
加工制造类	192 014	186 803	97.29
信息技术类	89 235	86 754	97.23
土木水利类	13 871	13 418	96.73
农林牧渔类	55 257	53 257	96.38
教育类	18 134	17 439	96.17
石油化工类	6 767	6 506	96.14
医药卫生类	48 601	46 695	96.08
财经商贸类	48 704	46 707	95.90
体育与健身类	4 883	4 650	95.23
轻纺食品类	8 842	8 394	94.93
公共管理与服务类	2 849	2 702	94.84
能源与新能源类	6 173	5 835	94.52
休闲保健类	975	910	93.33

续表

专业类别	毕业生数/人	就业人数/人	就业率/%
其他类	11 119	10 340	92.99
资源环境类	1 435	1 322	92.13
文化艺术类	13 658	12 242	89.63
司法服务类	781	624	79.90
合计	560 479	540 862	96.50

三、工作举措

(一) 根据人才需求情况，及时进行专业调整

深入调查研究市场对人才培养需求的方向，适时调整专业方向，将专业设置与实际需求、就业安置结合起来。坚持以就业为导向，面向社会、面向市场办学，主动适应市场和社会需要，大力发展面向新兴产业和现代服务业的专业，努力突出职业教育的特色。

(二) 深化教育教学改革，不断提高教学质量

改革人才培养模式和教学内容，改善教学方法，突出能力培养。大力推行校企合作，积极进行"理实一体化"课堂教学改革，加强专业师资队伍建设，提高教师的执教能力和水平。积极组织学校师生参加各级技能大赛，提高师生的技能操作能力，提高学生综合素质，增强学生的就业竞争力。

(三) 创新安置就业形式，加强职业指导工作

通过召开校园招聘会等方式积极做好毕业生就业的信息发布、组织协调和跟踪服务工作，扩大学生的就业选择面。培养学生根据社会经济发展需求和个人特点进行职业生涯设计的能力，端正择业观念，培养创新精神，树立创业意识。提高学生自我认识能力、自我激励能力和自我决策能力，加强适应社会、融入社会的能力训练和职业道德行为的养成，真正实现学校、企业、学生"三赢"。

四、发展趋势预测

一是主要就业方向将会逐步调整。为顺应山东省产业结构调整、经济发展方式的转变，将会有越来越多的学生就业方向逐步由第一产业向第三产业过渡。第一，

加工制造类专业仍有较大的用工市场需求，就业优势突出。目前在山东省呈现出蓬勃发展的态势，根据山东省人力资源市场需求状况调查分析，制造业新增岗位多，所需人才数量增多，尤其是数控车工、电气维修工、流水线装配工等。应进一步加强校企合作育人，缩小与用人单位需求间的距离，及时进行课程内容调整，使学生所学所用更具针对性。第二，旅游服务业蓬勃发展，对中等职业学校毕业生需求量大。近年来，旅游业被山东省委、省政府确定为山东省经济发展的主导产业，伴随着蓝黄两大经济区上升到国家战略，山东的生态旅游、休闲度假旅游等面临着重大发展机遇，旅游服务业是第三产业中对中等职业技术人才培养需求量最大的"客户"。

二是就业渠道将会越来越宽，就业形式灵活化、就业方式多元化将是未来的发展趋向。毕业生自主创业和灵活就业将成为新的亮点，虽然人数不多，但这是一种趋势。同时，伴随着山东省中高职、本科上下衔接贯通的现代职业教育体系的建立，有意升学进入高校就读学生将会持续增多，这既反映了社会对人才的需求动向，同时也是学生终身发展的需要。

三是中等职业学校毕业生就业形势有逆转的趋势。一方面中等职业学校毕业生就业岗位普遍面向生产一线，技能需求偏低、工资待遇偏低，学生就业率较高但就业稳定性偏低。另一方面，如今一些大学生不断降低就业期望值，也开始成为中职毕业生就业的"竞争对手"。2013年，受经济大环境影响，招工、用人单位不如前几年活跃，在数量上有减少的趋势，好的企业在用人方面更加挑剔，很多岗位趋向使用大专生、外地生源，本地生源就业面临外地生源的冲击。

四是涉农专业毕业生就业面临挑战。涉农专业毕业生由于学习难、实习难、创业难，大部分涉农专业基本没有实习实训设备，缺乏创业意识，无明确的创业方向，缺乏创业的资金和技术。同时受传统观念影响，涉农类毕业生多数选择外出打工，实现简单就业，且所从事的工作与所学的涉农专业知识无关，学生拿到涉农专业毕业文凭无用武之地，学的是"农"，但毕业后大都不事"农"事，未来的就业、创业前景面临挑战。

河南省中等职业学校毕业生就业状况

2013年，河南省中等职业学校毕业生数为625 601人，就业人数为610 586人，就业率为97.60%。与2012年相比，毕业生数有所减少，但就业率略有提高（见表2-16-1）。

表 2-16-1

项目	2012 年	2013 年
毕业生数/人	687 786	625 601
就业人数/人	669 960	610 586
就业率/%	97.41	97.60

一、总体状况

（一）就业去向

河南省610 586名就业学生中到各种所有制企、事业单位就业的有464 045人，占76.00%；合法从事个体经营的有54 953人，占9.00%；升入各类高一级学校的有91 588人，占15.00%。

（二）产业分布

从事第一产业的毕业生数为83 040人，占就业学生数的13.60%；从事第二产业的为100 747人，占16.50%；从事第三产业的为426 799人，占69.90%。与2012年相比，从事第一产业和第二产业人数的比例均有所上升，从事第三产业人数的比例有所下降（见表2-16-2）。

表 2-16-2

项目	2012 年 就业人数/人	2012 年 占就业总人数比例/%	2013 年 就业人数/人	2013 年 占就业总人数比例/%
第一产业	81 995	12.24	83 040	13.60
第二产业	69 671	10.40	100 747	16.50
第三产业	518 294	77.36	426 799	69.90

(三) 就业地域

就业地域分本地、异地和境外。本地就业的毕业生数为 418 251 人，占就业学生数的 68.50%；异地就业的为 191 419 人，占 31.35%；境外就业的为 916 人，占 0.15%。与 2012 年相比，本地、境外就业比例有所升高，异地就业比例有所下降（见表 2-16-3）。

表 2-16-3

项目	2012 年 就业人数/人	2012 年 占就业总人数比例/%	2013 年 就业人数/人	2013 年 占就业总人数比例/%
本地	416 474	62.16	418 251	68.50
异地	252 816	37.74	191 419	31.35
境外	670	0.10	916	0.15

(四) 就业渠道

通过学校推荐就业的毕业生数为 421 304 人，占就业学生数的 69.00%；通过中介介绍就业的为 122 117 人，占 20.00%；其他渠道就业的为 67 165 人，占 11.00%。

与 2012 年相比，2013 年河南省中等职业学校毕业生就业呈现以下特点：

一是毕业生数有所降低；升入高一级学校就读的比例有所上升；进入企、事业单位的毕业生占主导位置。2013 年毕业的中职学生比 2012 年减少 62 185 人，减少了 9.04%。2013 年进入企、事业单位的毕业生占就业学生总数的 76.00%，比 2012 年降低了 2.14%；个体经营的比例较 2012 年减少了 3.04%，升学的比例较 2012 年增长了 5.18%。

二是就业于第三产业的人数有所下降，而就业于第二产业的人数比例呈增长趋势，但第三产业仍然是中职毕业生就业的主要领域。2013 年就业于第二产业的毕业生数及占毕业生总数的比例有所上升，比 2012 年增长了 6.10%；第三产业人数比例较 2012 年下降了 7.46%，但仍占就业人数的 69.90%。

三是本地就业的比例有所增长。2013 年本地就业毕业生比例比 2012 年增长了 6.34%，而异地就业比例降低了 6.39%，说明中职学生的就业较好地配合了区域经济的发展，更多地倾向本地就业。

二、各专业大类就业状况

根据《中等职业学校专业目录（2010 年修订）》确定的 19 个专业类别，各专业大类的就业状况如下：

从专业分类看，就业状况最好的是教育类专业，就业率高达 100%；其次是能源与新能源类和加工制造类，就业率分别为 99.63% 和 99.50%；多数专业大类处于就业率的平均水平以上。其他类和司法服务类专业就业率偏低，低于 90%，其中司法服务类的就业率只有 75.01%。

从毕业生数看，信息技术类专业毕业生数最多，为 113 234 人，占毕业生总数的 18.10%；其次是交通运输类，毕业生数为 112 608 人，占 18.00%。毕业生数最少的是司法服务类，毕业生数为 1 877 人，占毕业生总数的 0.30%；其次是休闲保健类，毕业生数为 3 128 人，占 0.50%。

从就业人数看，信息技术类专业就业人数最多，为 112 045 人，占就业总人数的 18.35%；其次是交通运输类，就业人数为 110 356 人，占 18.07%。就业人数最少的是司法服务类，为 1 408 人，占就业总人数的 0.23%；其次是休闲保健类，就业人数为 3 097 人，占 0.51%。

各专业大类毕业生就业状况见表 2-16-4。

表 2-16-4

专业类别	毕业生数/人	就业人数/人	就业率/%
教育类	12 512	12 512	100.00
能源与新能源类	9 134	9 100	99.63
加工制造类	39 412	39 215	99.50
医药卫生类	55 678	55 178	99.10
休闲保健类	3 128	3 097	99.01
石油化工类	9 384	9 290	99.00
土木水利类	25 650	25 394	99.00
资源环境类	50 048	49 548	99.00
文化艺术类	8 758	8 670	99.00
信息技术类	113 234	112 045	98.95
轻纺食品类	15 640	15 405	98.50
交通运输类	112 608	110 356	98.00
公共管理与服务	13 138	12 875	98.00
体育与健身类	5 005	4 905	98.00
农林牧渔类	85 082	83 040	97.60
旅游服务类	9 384	9 102	96.99
财经商贸类	21 896	20 801	95.00
其他类	34 033	28 645	84.17
司法服务类	1 877	1 408	75.01
合计	625 601	610 586	97.60

三、工作举措

近年来，河南省教育厅把"就业拉动"作为发展职教的一个突破口来抓，多措并举，不断促进就业。

【一】逐步完善职业教育毕业生就业工作机制

河南省成立了中等职业学校职业指导与就业服务工作办公室，连续多次召开了全省职业学校职业指导与就业服务工作会议，先后制定并下发了《关于加强职业学校就业指导与就业服务工作的意见》等一系列文件；运用表彰、奖励机制推动工作，授予工作突出的职业学校"职业指导与就业服务示范单位"的称号；建立了"河南职业学校联合人才网"，一大批毕业生通过人才网实现了就业。各省辖市教育行政部门和中职学校也相应成立中职毕业生就业工作领导小组，主管局长和校长任组长，定期召开会议，研究中职学生实习工作和就业工作，督促责任目标的落实和完成情况。每年召开总结表彰交流会，把成功典型推广扩大。

【二】创新办学模式，深化校企合作

开展订单培养、"冠名班"培养等，为学生在校直通就业打好基础。

【三】加强毕业生就业指导和创业教育

在加强职业指导与创业教育的过程中，各类中等职业学校把职业指导与创业教育课列入教学计划，作为必修课开设，计入学分对学生进行系统地职业生涯设计教育；各级教育行政部门和学校举办职业指导与创业教育讲座，开展创业实践活动，召开优秀毕业生报告会，同时强化学生就业前基本技能的针对性教育，提高了学生的岗位技能和择业应聘的能力。

【四】加强就业观念教育

教育学生在市场经济条件下，用人单位的性质变了，就业观念需随之变化。不能恪守传统的"吃皇粮"就业观念，先就业后择业。从中职学生入学教育开始，各校开设职业道德与就业课程，引导学生充分认识自己所学专业的工作性质，务实就业，改变就业观念。临毕业前，由就业指导老师开设专场就业讲座，帮助学生分析就业形势，寻求就业途径，培训应聘技巧，掌握就业程序，从各方面帮助毕业生做好就业前的准备工作。

【五】多种途径拓宽就业渠道

为拓宽毕业生在当地就业的渠道，各级教育行政部门和学校通过举办供需见面会、人才洽谈会，充分利用当地的人才市场、劳动力市场等就业服务机构，开展"订单就业"、"工学交替就业"、"直通车就业"、"创业就业"，各地各学校各显其能，把就业通道变成了"绿色通道"，探索了一批新模式、新经验，架起了就业"立交桥"，对口升学、"3＋2"分段制、五年一贯制、中等职业学校优秀毕业生保送升本科，大大拓宽了毕业生的出路。

四、存在的问题

虽然河南省中职毕业生就业工作取得了一定的成绩，但由于多种原因，中职毕业生就业工作还存在着以下主要问题：

一是中职毕业生就业待遇不够高。从近几年就业安置工作的情况来看，中职学生就业现状可以用"中职学生就业率高，但就业待遇不够高"来描述。随着劳动力市场竞争的日益激烈，进一步提高毕业生的就业待遇已成为中职学校发展中必须解决的问题。

二是专业设置与产业结构、经济社会发展吻合度不够紧密。有些学校对社会人才需求缺乏准确的预测，其专业设置、教学内容、学校管理方面与社会需求不吻合。有些学校专业设置落后于时代的发展，有的专业不能学以致用。有的学校轻视技能训练，一味地强调理论教学，造成学生毕业后缺乏动手技能，影响实习就业。

三是中职毕业生外流现象突出。从当前来看，中职毕业生大多数被送往珠三角、长三角、环渤海等经济发达地区就业，再加上学生就业观念滞后，中职学生中绝大多数来自农村，为毕业后户口不再返回农村，极力加入到城市待业人口的大军中。同时，学生的期望值过高，往往不顾目前的客观环境，择业过程中过分强调个人选择，希望在大城市找到工作轻松、效益较好、有较大发展前途的单位，而不愿意留在当地发展，致使地方职业学校培养的人才不能很好地为当地的社会经济发展服务。

四是创业教育不足。从学生的就业质量和用人单位对中职学生的意见反馈来看，中职学生的就业、创业教育还存在以下问题。第一，学生的职业意识较差。到用工单位后，不能尽快进入"角色"，找不到"上班的感觉"，服从意识缺失，纪律散漫，撒娇任性，没有吃苦耐劳的品质。第二，学生的职业归属感不强。好高骛远，对自己的学识和能力没有客观正确的认识，盲目"跳槽"，甚至擅自离岗，造成用工单位的员工流失率高，影响了校企合作渠道的扩展，造成社会对中职学生的负面评价。第三，学生缺少应有的职业责任感。在实习中和就业后，许多学生对自己的未来缺乏信心,只是被动劳动,缺乏进取心和上进心,缺乏爱岗敬业的精神,不能真正体会到劳动和创造的光荣和快乐,缺少远大目标这一人生的原动力。

五、发展形势预测

一是毕业生就业率将逐步提高。随着各级政府对职业教育的投入逐步加大,办学条件逐步改善,职业教育服务经济社会的能力不断加强和技术工人的经济收入、社会地位的逐步提高,加上职业教育宣传力度的不断加大,社会特别是家长对职业教育的逐步认可,今后几年,就读中职教育的学生数量会逐年增加,毕业生将会呈现逐年增加的趋势,就业率也将逐步提高。

二是毕业生就业质量将逐步提高。国家的职业教育近几年已由数量的扩张转到质量的提高。随着国家对职业教育投入的不断加大,各级各类职业教育的办学条件将会逐步得到改善,实训条件将越来越好,工学结合、校企合作、订单培养等办学模式将不断完善和提高,学生能真正学到一技之长,动手能力越来越强,工厂企业和社会认可度也会不断提高,服务经济社会的能力将不断提高,中职毕业生将成为社会主义建设不可或缺的力量。

三是中职教育的层次和质量得到加强。随着国家现代化进程的加快,经济社会对中等职业教育的质量和层次都有了更高的要求。传统的职业教育和低层次、低学历的职业教育已不适合社会发展的需要。社会和科技的发展,需要尽快建立现代职教体系,培养出较高层次的、各行各业急需的、既有理论知识又有动手能力的技术人才,以适应社会主义现代化建设的需要。

四是职业道德教育将推动就业形势趋好。行业企业需要技能与道德俱佳的人才,要使中职毕业生成为社会有用之人和受社会欢迎的人,必须坚定不移地加强道德教育,培养广大中职毕业生成为既有一技之长又具有健全人格、心理健康、高尚道德情操,为社会不断释放正能量的一个群体。

湖北省中等职业学校毕业生就业状况

2013年，湖北省中等职业学校毕业生数为192 481人，就业人数为186 322人，就业率为96.80%。与2012年相比，毕业生数有所下降，就业率有所提升（见表2-17-1）。

表 2-17-1

项目	2012 年	2013 年
毕业生数/人	272 883	192 481
就业人数/人	263 332	186 322
就业率/%	96.50	96.80

一、总体状况

（一）就业去向

湖北省186 322名就业学生中到各种所有制企、事业单位的有161 285人，占全部就业学生的86.56%；合法从事个体经营的有12 730人，占6.83%；升入高一级学校就读的有12 307人，占6.61%。

（二）产业分布

从事第一产业的毕业生数为8 747人，占全部就业学生的4.69%；从事第二产业的为79 597人，占42.72%；从事第三产业的为97 978人，占52.59%。与2012年相比，从事第一产业、第二产业和第三产业人数的比例持平（见表2-17-2）。

表 2-17-2

项目	2012 年		2013 年	
	就业人数/人	占就业总人数比例/%	就业人数/人	占就业总人数比例/%
第一产业	12 362	4.69	8 747	4.69
第二产业	112 496	42.72	79 597	42.72
第三产业	138 474	52.59	97 978	52.59

(三) 就业地域

就业地域分为本地、异地和境外。本地就业的毕业生数为 83 483 人，占全部就业学生的 44.81%；异地就业的为 102 747 人，占 55.14%；境外就业的为 92 人，占 0.05%。与 2012 年相比，本地、异地和境外就业比例持平（见表 2-17-3）。

表 2-17-3

项目	2012 年 就业人数/人	占就业总人数比例/%	2013 年 就业人数/人	占就业总人数比例/%
本地	117 988	44.81	83 483	44.81
异地	145 214	55.14	102 747	55.14
境外	130	0.05	92	0.05

(四) 就业渠道

通过学校推荐就业的毕业生数为 133 450 人，占全部就业学生的 71.62%；通过中介介绍就业的为 37 628 人，占 20.20%；通过其他渠道就业的为 15 244 人，占 8.18%。

与 2012 年相比，2013 年湖北省中等职业学校毕业生就业呈现以下特点：

毕业生数显著减少，2013 年毕业的学生比 2012 年减少 80 402 人，仅为 2012 年人数的 70.53%。2012 年和 2013 年，至各种所有制企、事业单位就业，合法从事个体经营和升学的毕业生比例基本一致，毕业生就业情况较为稳定。从产业分布、就业地域等发方面看，就业人数均有所减少，但比例与 2012 年持平，毕业生在产业分布和就业地域等方面的比例保持了相对稳定。

二、各专业大类就业状况

根据《中等职业学校专业目录（2010 年修订）》确定的 19 个专业类别，各专业大类的就业状况如下：

从专业分类看，就业状况最好的专业是信息技术类，就业率达至 99.36%；其次是石油化工类，就业率为 99.12%；教育类、加工制造类、旅游服务类、财经商贸类、土木水利类、交通运输类的处于平均就业率以上，就业率明显上升；轻纺食品类、文化艺术类就业率保持在 88% 以上，但低于 90%。就业率最低的为休闲保健类，仅为 67.62%。

从毕业生数看，信息技术类专业毕业生人数最多，为 47 017 人，占毕业生总数的 24.43%；其次是加工制造类，毕业生数为 41 609 人，占 21.62%。毕业生数最少的是资源环境类专业，为132人，占毕业生总数的0.07%；其次是休闲保健类，毕业生数为244人，占0.13%。

从就业人数看，信息技术类专业就业人数最多，为46 715人，占就业总人数的25.07%；其次是加工制造类，就业人数为41 187人，占22.11%。毕业生数最少的是资源环境类，为123人，占就业总人数的0.07%；其次是休闲保健类，就业人数为165人，占0.09%。

各专业大类毕业生就业状况见表2-17-4。

表 2-17-4

专业类别	毕业生数/人	就业人数/人	就业率/%
信息技术类	47 017	46 715	99.36
石油化工类	908	900	99.12
加工制造类	41 609	41 187	98.98
教育类	8 520	8 346	97.96
财经商贸类	11 669	11 404	97.73
旅游服务类	6 953	6 790	97.66
土木水利类	4 327	4 221	97.55
交通运输类	10 545	10 266	97.35
其他类	3 095	2 994	96.74
公共管理与服务类	3 727	3 593	96.40
司法服务类	342	320	93.57
资源环境类	132	123	93.18
能源与新能源类	453	422	93.16
医药卫生类	25 513	23 713	92.94
农林牧渔类	20 299	18 803	92.63
体育与健身类	641	591	92.20
轻纺食品类	1 275	1 139	89.33
文化艺术类	5 212	4 630	88.83
休闲保健类	244	165	67.62
合计	192 481	186 322	96.80

三、发展形势预测

预计未来几年，湖北省中职学校毕业生就业形势总体较好，就业率可以保持在96%以上。就业需求较大的专业主要为制造业和服务业，尤其是第三产业对服务型技能人才的需求会进一步加大。同时，未来学生就业待遇期望值会进一步提升，当前企业提供的薪酬水平有待进一步提高。

湖南省中等职业学校毕业生就业状况

2013年，湖南省中等职业学校毕业生数为266 950人，就业人数为258 757人，就业率为96.93%，对口就业率为65.77%。与2012年相比，毕业生数有所上升，就业率有所下降（见表2-18-1）。

表 2-18-1

项目	2012 年	2013 年
毕业生数/人	260 034	266 950
就业人数/人	252 533	258 757
就业率/%	97.12	96.93

一、总体状况

【一】就业去向

湖南省258 757名就业学生中，到各种所有制企、事业单位的有206 152人，占全部就业学生的79.67%；合法从事个体经营的有30 875人，占11.93%；升入高一级学校就读的有21 730人，占8.40%。

【二】产业分布

从事第一产业的毕业生数为19 060人，占全部就业学生的7.36%；从事第二产业的为86 938人，占33.60%；从事第三产业的为152 759人，占59.04%。与2012年相比，从事第一产业人数的比例有所上升，从事第二产业和第三产业人数的比例均略有下降（见表2-18-2）。

表 2-18-2

项目	2012 年 就业人数/人	2012 年 占就业总人数比例/%	2013 年 就业人数/人	2013 年 占就业总人数比例/%
第一产业	14 262	5.65	19 060	7.36
第二产业	87 087	34.49	86 938	33.60
第三产业	151 184	59.87	152 759	59.04

（三）就业地域

就业地域分为本地、异地和境外。本地就业的毕业生数为114 203人，占全部就业学生的44.13%；异地就业的为144 075人，占55.68%；境外就业的为479人，占0.19%。与2012年相比，本地就业比例略有上升，异地及境外就业比例稍有下降（见表2-18-3）。

表 2-18-3

项目	2012年 就业人数/人	2012年 占就业总人数比例/%	2013年 就业人数/人	2013年 占就业总人数比例/%
本地	110 615	43.81	114 203	44.13
异地	141 404	55.99	144 075	55.68
境外	514	0.20	479	0.19

（四）就业地点

就业地点分为城区、镇区和乡村。城区就业的毕业生数为189 745人，占全部就业学生的73.33%；镇区就业的为59 476人，占22.99%；乡村就业的为9 536人，占3.68%。

（五）就业渠道

通过学校推荐就业的毕业生数为205 134人，占全部就业学生的79.28%；通过中介就业的为19 845人，占7.67%；通过其他渠道就业的为33 778人，占13.05%。

与2012年相比，2013年湖南省中等职业学校毕业生就业呈现以下特点：

一是毕业生数稳中有增。2013年毕业的学生比2012年增加了6 916人，增长了2.66%。与2012年相比，2013年就业率略有下降，但整体基本持平。

二是去向多元，升学比例提高。全省的258 757名就业学生中，到各种所有制企、事业单位的有206 152人，占全部就业学生的79.67%，成为中职学生就业的主要去向。升入高一级学校就读的有21 730人，占8.40%，与2012年相比增加了1.43%。这表明随着中高职衔接的有序推进，中等职业学校学生成长渠道进一步被打通。

三是分布稳定合理，第三产业居首。2013年进入第一产业的中职毕业生有19 060人，占全部就业学生的7.36%，与2012年相比增长了1.71%；进入第三产业的有152 759人，占59.04%，第三产业仍然是中职学生的首选。这与湖南加快推进"四化两型"建设密切相关。近年来，全省中等职业学校对接湖南产业发展，加大了专业结构调整力度，中职毕业生就业的产业分布也主动适应了全省产业转型升级的需求。

四是本地就业分布不平衡，就业渠道多样化。2013年，中职毕业生在本地就业的比例比2012年上升了0.32%；异地就业的比例比2012年下降了0.31%，但仍占全部就业人数的55.68%。这表明，异地就业是中职毕业生的主要趋势，本地就业吸引力在逐步增强，但分布十分不平衡，其中在城区就业的就有189 745人，占73.33%。

五是学校推荐为主，就业渠道进一步拓宽。2013年中职毕业生通过学校推荐就业的占79.28%，说明学校推荐仍是就业主渠道。但通过其他渠道就业的人数比例比2012年增加了3.1%，说明毕业生就业渠道有所拓宽。

二、各专业大类就业状况

根据《中等职业学校专业目录（2010年修订）》确定的19个专业类别，各专业大类的就业状况如下：

从专业分类来看，就业状况最好的教育类专业，就业率达到98.12%；其次是土木水利类，就业率为97.53%；休闲保健类、信息技术类、交通运输类、旅游服务类、加工制造类、资源环境类处于平均就业率以上；石油化工类就业率最低，但也保持在91%以上。

从对口就业率来看，对口就业状况最好的专业是轻纺食品类，对口就业率达到79.09%；其次是教育类，对口就业率为78.44%；休闲保健类、石油化工类、旅游服务类、医药卫生类、加工制造类、土木水利类处于平均对口就业率以上；对口就业率最低的为资源环境类，对口就业率为0。

从毕业生数看，信息技术类毕业生数最多，为62 575人，占毕业生总数的23.44%；其次是加工制造类，毕业生数为55 488人，占20.79%。毕业生最少的是司法服务类、其他类专业，本年度没有毕业生；其次是能源与新能源类，毕业生数仅为66人，占毕业生总数的0.02%。

从就业人数看，信息技术类专业就业人数最多，为60 914人，占就业总人数的23.54%；其次是加工制造类，就业人数为53 969人，占20.86%。就业人数最少的是司法服务类、其他类专业，本年度没有毕业生就业；其次是能源与新能源类，就业人数为63人，仅占就业总人数的0.02%。

各专业大类毕业生就业状况见表2-18-4。

表 2-18-4

专业类别	毕业生数/人	就业人数/人	对口就业人数/人	就业率/%	对口就业率/%
教育类	19 788	19 415	15 521	98.12	78.44
土木水利类	6 034	5 885	3 989	97.53	66.11
休闲保健类	562	548	435	97.51	77.40
信息技术类	62 575	60 914	41 080	97.35	65.65
交通运输类	13 579	13 213	7 595	97.30	55.93
旅游服务类	19 360	18 831	14 219	97.27	73.45
加工制造类	55 488	53 969	38 748	97.26	69.83
资源环境类	98	95	0	96.94	0
农林牧渔类	22 282	21 554	12 424	96.73	55.76
医药卫生类	16 824	16 253	12 093	96.61	71.88
文化艺术类	12 311	11 884	5 964	96.53	48.44
财经商贸类	25 490	24 338	14 911	95.48	58.50
能源与新能源类	66	63	22	95.45	33.33
公共管理与服务类	6 334	6 000	4 072	94.73	64.29
轻纺食品类	3 731	3 527	2 951	94.53	79.09
体育与健身类	1 885	1 770	1 131	93.90	60.00
石油化工类	543	498	405	91.71	74.59
司法服务类	0	0	0	0	0
其他类	0	0	0	0	0
合计	266 950	258 757	175 560	96.93	65.77

三、就业质量

【一】职业资格证书

全部毕业生中，164 957 人获得职业资格证书，占毕业学生总数的 61.79%；101 993 名毕业生未获得职业资格证书，占 38.21%。就业的毕业生中也有部分未持有相应职业资格证书。

【二】就业起薪

全部直接就业学生的平均起薪为1 940元。就业毕业生中起薪高于3 000元的人数为26 707人，占直接就业人数的11.27%；起薪介于2 001元到3 000元（含）之间的人数为70 205人，占29.62%；起薪介于1 501元到2 000元（含）之间的人数为77 887人，占32.86%。毕业生起薪在1 500元以上的合计174 799人，占到73.75%。起薪介于1 000元到1 500元（含）之间的人数为57 551人，占24.28%；起薪低于1 000元的人数为4 677人，仅占1.97%。

【三】劳动合同

湖南省219 698名就业学生签订了劳动合同，占全部直接就业学生总数的92.69%。其中，签订1年以内期限就业合同的人数为99 281人，占直接就业人数的41.89%；签订1~2年（含）期限就业合同的为65 885人，占27.80%；签订2~3年（含）期限就业合同的为34 584人，占14.59%；签订3年以上就业合同的为18 848人，占7.95%；未签订就业合同的为18 429人，占7.78%。

【四】社会保险

湖南省79.01%的就业学生享有社会保险。其中，享有三险一金的人数为131 220人，占直接就业总人数的55.36%；享有五险一金的人数为56 067人，占到23.65%。

四、各市州就业状况

湖南省各市州就业状况见图2-18-1至图2-18-3。

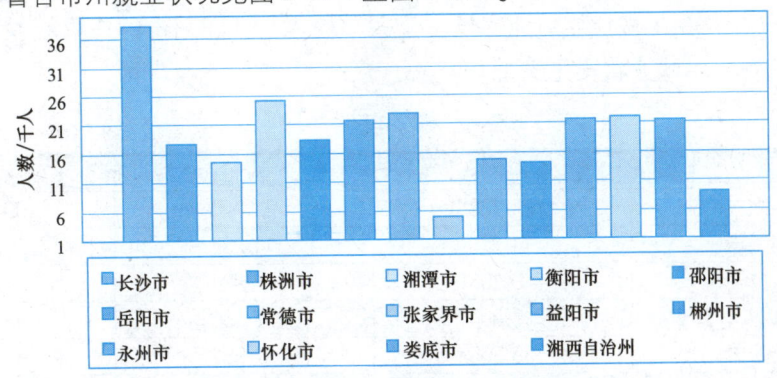

图2-18-1 各市州中等职业学校毕业生数

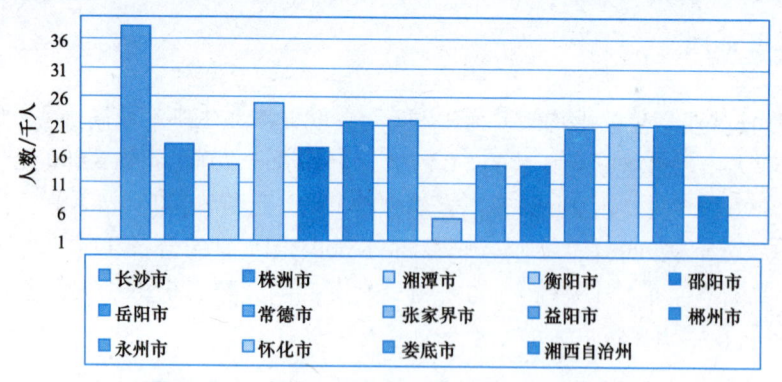

图 2-18-2　各市州中等职业学校毕业生就业人数

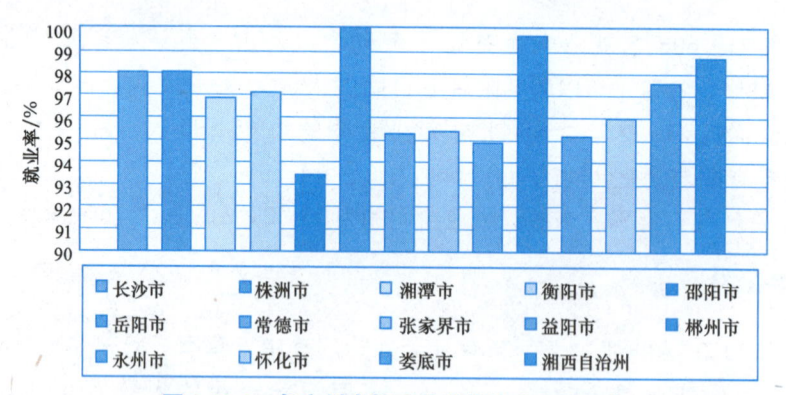

图 2-18-3　各市州中等职业学校毕业生就业率

从各市州情况来看，岳阳市、郴州市、湘西自治州、株洲市、长沙市等就业率超过 98%，其中，岳阳市 100%、郴州市 99.68%、湘西自治州 98.67%、株洲市 98.05%、长沙市 98.03%。除以上 5 个市州外，娄底市、衡阳市 2 个市州的毕业生就业率高于全省平均水平。湘潭市、怀化市、张家界市、常德市、永州市、益阳市、邵阳市等 7 个市州的毕业生就业率低于全省平均水平，邵阳市的毕业就业率最低为 93.31%。各市州就业状况见表 2-18-5。

表 2-18-5

市州名称	毕业生数/人	就业人数/人	就业率/%
岳阳市	21 728	21 728	100.00
郴州市	14 278	14 232	99.68
湘西自治州	9 105	8 984	98.67
株洲市	17 804	17 456	98.05
长沙市	38 305	37 552	98.03
娄底市	21 472	20 955	97.59
衡阳市	25 274	24 540	97.10

续表

市州名称	毕业生数/人	就业人数/人	就业率/%
湘潭市	14 553	14 095	96.85
怀化市	22 001	21 120	96.00
张家界市	4 943	4 715	95.39
常德市	22 812	21 728	95.25
永州市	21 604	20 559	95.16
益阳市	14 806	14 050	94.89
邵阳市	18 265	17 043	93.31
合计	266 950	258 757	96.93

五、工作举措

（一）做好就业工作成为各级政府统一认识

从省政府常务会关于全省职业教育工作情况的专题会，到省教育厅将大中专院校毕业生就业工作纳入重要议事日程，全省各市州教育局、广大中等职业学校坚持把大中专毕业生就业工作作为"一把手"工程，主要领导担任毕业生就业工作领导小组负责人，定期召开毕业生就业工作专题会议，确保就业工作良好有序开展。全省职业院校认真贯彻落实党的十八大有关"加快转变经济发展方式"、"加快发展现代职业教育"的精神，从"劳务输出主导型"向"服务地方产业主导型"、从"规模扩张型"向"内涵提升型"转型发展，对接产业（行业），工学结合，提升质量，推动职业教育深度融入产业链，以卓有成效的职业教育就业工作服务经济社会发展，更好地满足长株潭"两型"改革试验区、湘南国家级承接产业转移示范区、武陵山连片贫困地区、环洞庭湖生态经济圈开发建设对技能性人才培养培训的迫切需求，全面促进湖南"四化两型"建设。

（二）加强就业指导课程建设

全省各级各类中等职业学校认真贯彻落实教育部《关于制定中等职业学校教学计划的原则意见》的有关规定，将《职业生涯规划》《职业道德与法律》等就业指导课程作为必修课，总学时达到72学时以上，并将就业指导课程开设情况纳入了中等职业学校教学常规检查评估。为进一步加强就业指导课程的教学研究，在2013年全省职业院校教育教学改革研究项目中，加大了对就业指导课程教改研究项目的支持力度，分别给予专项经费支持。为引导广大中等职业学校学生树立正确的成才观、就业观，科学合理规划三年的中职生活，全省广大中等职业学校采用多种形式积极举办职业生涯规划大赛，普及职业生涯规划知识，提升学生求职就业技能。2013年全国第十届中等职业学校"文明风采"大赛职业生涯规划设计项目的省级复赛，经过层层选拔推荐，各地共推荐了908件作品参赛，比2012年增加了108件。

【三】扎实推进创新创业教育

正在研制的《湖南省中等职业学校专业教学标准》，要求各地各中等职业学校把创新创业教育纳入专业课程体系，主动结合各专业对应的职业岗位特点，在教学内容中吸收创新创业教育内容，并把学生的创新创业意识纳入中等职业学校学生毕业标准。举办全省职业院校创业导师培训班，面向180多名创业教育教师开展了为期4天的专门培训，有效提升了就业指导教师创新创业教育能力。举办了2013年湖南黄炎培职业教育奖创业规划大赛，全省共有184个创业项目报名参赛，通过市级初赛、省级复赛、半决赛，决出16个项目入围总决赛。省教育厅将向有关产业园区及"风头企业"推荐大赛的优胜者，由园区及企业选择性给予获奖项目创业资助，包括优先优惠入驻各地创业园区，获得一定创业基金。

【四】大力开拓毕业生就业市场

积极举办各类招聘活动，积极举办中等职业学校就业服务月。各市州教育局联合当地人社、经信、国资等部门和高等学校，举办区域性、行业性招聘会，还积极指导辖区内的国家中等职业教育改革发展示范学校举办校园专场招聘活动，组织用人企业在校园内进行人才招聘，为毕业生提供便利服务。同时，认真做好全省技术技能人才预测分析，湖南省多家行政部门和省机械、冶金、轻工、石化等行业企业联合开展专题调研，重点了解战略性新兴产业和战略性支柱产业的现状和发展趋势，行业企业技术技能型人才现状及未来几年的需求，引导全省各市州和广大中等职业学校及时做好就业指导。

【五】深化校企合作，拓展就业渠道

近年来，全省广大中等职业学校坚持面向市场、面向行业企业，积极创新人才培养模式，为合作企业开展订单培养。一是扎实推进职业教育集团化办学，先后成立了30家省级职教集团，加盟合作单位共2 298家。2013年全省职教集团内校企合作开展订单培养、企业员工培训、学生顶岗实习等各项指标比2008年增长了4倍以上。二是积极推动中等职业学校与行业企业对话协作。各市州教育局以区域为单位，积极举办中等职业学校与产业园区、企业对话、对接活动，推动企校双方签订合作协议，促使企校合作逐步发展到实习实训基地共建，联合开展应用技术研究、产品开发、生产工艺攻关，实现共生发展，推动中职学生到合作单位就业。在2013年中等职业学校与企业（园区）联合发展大会上，岳阳市32所中等职业学校与市内外

120 余家知名企业、岳阳市 10 家工业园区签订校企合作、学生就业合作协议 280 份。

【六】创新就业服务平台

完善就业宣传平台。各市州教育局大中专毕业生就业指导中心通过政策咨询、专题讲座、发放服务指南等方式，将就业政策及时传递给每一名毕业生。同时，广大中等职业学校通过校园电视、广播、网络、报纸等媒体重点宣传就业创业案例和优秀毕业生典型。全省广大中等职业学校充分利用湖南"职教新干线"机构平台和校园网站，设立毕业生就业专门空间或栏目，一方面通过网络学习空间对毕业生进行职业道德、劳动法规、劳动纪律等方面的职前教育；另一方面通过就业专栏发布毕业生信息和用人企业招聘信息。健全就业服务平台。为进一步维护中等职业学校毕业生的合法权益，各市州和广大中等职业学校逐步健全了本地、本校毕业生就业跟踪服务机制。永州市要求全市各中等职业学校在学生就业比较密集的长三角、珠三角等地设立毕业生就业办事处，安排专人负责考察就业推荐企业，指导毕业生就业并做好跟踪服务。湘西自治州切实加强就业服务和信息沟通，全州各中等职业学校积极为毕业生提供档案管理，提供劳动合同、社保合同和劳动保障事务代理服务。

六、发展趋势预测

一是毕业生总量预计下降。随着应届初中毕业生源的下降，今后三年全省中等职业学校毕业生总数较 2013 年将会略有下降，但下降幅度不大。每年毕业生总数预计将稳定在 25 万人左右。

二是产业分布基本不变。根据学生专业结构情况预测，2014 年全省中等职业学校毕业生中，从事第一产业的毕业生总人数比例将与 2013 年基本持平；从事第二产业的毕业生总人数比例将会提高，其中就业人数最多的仍将是加工制造和信息技术这两大类专业的毕业生；从事第三产业的毕业生总人数比例仍将最高，将稳定在全省中等职业学校毕业生就业总人数的 50% 以上。

三是就业地域中本地比例将提高。湖南省正在加快推进长株潭"两型"改革试验区、湘南国家级承接产业转移示范区、武陵山连片贫困地区和环洞庭湖生态经济圈建设，各地陆续出台了一系列吸引本地中职毕业生就业的优惠政策。广大中等职业学校主动适应产业发展对技术技能型人才的迫切需求，正在从"劳务输出主导型"向"服务地方产业主导型"转型发展。因此，今后三年，全省中等职业学校毕业生本地就业比例将会逐年提高，且逐步向工业园区、城镇集中。

广东省中等职业学校毕业生就业状况

2013年广东省中等职业学校毕业生数为347 682人，就业人数为340 150人，就业率为97.83%，对口就业率为82.30%。与2012年相比，毕业生减少了50 755人，就业率降低了0.15%（见表2-19-1）。

表2-19-1

项目	2012年	2013年
毕业生数/人	398 437	347 682
就业人数/人	390 393	340 150
就业率/%	97.98	97.83

一、总体状况

（一）就业去向

广东省340 150名就业学生中到各种所有制企、事业单位的有262 418人，占全部就业学生的77.15%；合法从事个体经营的有41 972人，占12.34%；升入各类高一级学校就读的有35 760人，占10.51%。

（二）产业分布

在第一产业就业的有25 523人，占全部就业学生的7.51%；从事第二产业的为79 132人，占23.26%；从事第三产业的有235 495人，占69.23%。与2012年相比，从事第一产业和第三产业人数的比例有所上升，从事第二产业人数的比例有所下降（见表2-19-2）。

表2-19-2

项目	2012年 就业人数/人	2012年 占就业总人数比例/%	2013年 就业人数/人	2013年 占就业总人数比例/%
第一产业	21 620	5.54	25 523	7.51
第二产业	104 445	26.75	79 132	23.26
第三产业	264 328	67.71	235 495	69.23

【三】就业地域

就业地域分为本地、异地和境外。本地就业的有 259 976 人，占全部就业学生的 76.43%；异地就业的为 79 837 人，占 23.47%；境外就业的为 337 人，占 0.10%。与 2012 年相比，本地就业比例大幅下降，异地就业比例显著上升（见表 2-19-3）。

表 2-19-3

项目	2012 年 就业人数/人	占就业总人数比例/%	2013 年 就业人数/人	占就业总人数比例/%
本地	370 230	94.84	259 976	76.43
异地	19 805	5.07	79 837	23.47
境外	358	0.09	337	0.10

【四】就业地点

就业地点分为城区、镇区和乡村。城区就业的有 245 295 人，占就业学生总数的 72.11%；镇区就业的有 75 931 人，占 22.32%；乡村就业的有 18 924 人，占 5.57%。

【五】就业渠道

通过学校推荐就业的为 256 946 人，占全部就业学生的 75.54%；通过中介介绍就业的为 22 163 人，占 6.51%；通过其他渠道就业的为 61 041 人，占 17.95%。

二、各专业大类就业状况

根据《中等职业学校专业目录（2010 年修订）》确定的 19 个专业类别，各专业大类的就业状况如下：

从专业分类看，就业状况最好的专业大类是石油化工类，就业率达到 99.23%；其次是休闲保健类，就业率为 99.02%；加工制造类、教育类、资源环境类、其他类、财经商贸类、文化艺术类的就业率处于平均水平以上；除了司法服务类就业率仅 93.11%，其他专业大类均在 96% 以上。

从对口就业率上看，对口就业状况最好的是医药卫生类，对口就业率达到了 92.15%；其次是教育类，对口就业率为 90.05%；休闲保健类、司法服务类、土木水利类、旅游服务类、农林牧渔类、加工制造类、石油化工类的对口就业率处于平均水平以上。对口就业率最低的是资源环境类，为 72.03%；其次是公共管理与服务类，为 72.21%。

中国中等职业学校毕业生就业状况分析报告（2013年）

从毕业生数看，财经商贸类的毕业生数最多，为 75 865 人，占毕业生总数的 21.82%；其次是信息技术类，毕业生数为 59 981 人，占 17.25%。毕业生数最少的是能源与新能源类，为 299 人，占毕业生总数的 0.09%；其次是石油化工类，毕业生数为 780 人，占 0.22%。

从就业人数看，财经商贸类的就业人数最多，为 74 336 人，占就业总人数的 21.85%；其次是信息技术类，就业人数为 58 242 人，占 17.12%。就业人数最少的是能源与新能源类，为 289 人，占就业总人数的 0.08%；其次是石油化工类，就业人数为 774 人，占 0.23%。

各专业大类毕业生就业状况见表 2-19-4。

表 2-19-4

专业类别	毕业生数/人	就业人数/人	就业率/%	对口就业率/%
石油化工类	780	774	99.23	83.59
休闲保健类	1 118	1 107	99.02	89.62
加工制造类	51 275	50 734	98.94	84.25
教育类	25 696	25 369	98.73	90.05
资源环境类	826	812	98.31	72.03
其他类	7 889	7 752	98.26	77.42
财经商贸类	75 865	74 336	97.98	78.81
文化艺术类	13 222	12 946	97.91	80.37
轻纺食品类	3 920	3 833	97.78	81.89
农林牧渔类	19 551	19 112	97.75	84.67
医药卫生类	34 159	33 339	97.60	92.15
交通运输类	21 997	21 429	97.42	82.76
信息技术类	59 981	58 242	97.10	76.45
旅游服务类	13 160	12 775	97.07	86.44
土木水利类	6 465	6 262	96.86	86.81
能源与新能源类	299	289	96.66	77.26
体育与健身类	968	935	96.59	78.20
公共管理与服务类	9 495	9 158	96.45	72.21
司法服务类	1 016	946	93.11	88.88
合计	347 682	340 150	97.83	82.30

三、就业质量

【一】就业合同

在直接就业学生中，签订 1 年及以内合同期限的毕业生最多，为 143 303 人，占直接就业总人数的47.08%；其次为1~2（含）年合同期限的为75 191人，占24.70%；2~3（含）年合同期限的为40 387人，占13.27%；3年以上合同期限的为15 437人，占5.07%。有30 072名就业学生未签订就业合同，占9.88%。

【二】就业起薪

广东省中职毕业生的平均月薪为1 973元，其中薪酬为1 501~2 000元/月的最多，为128 143人，占直接就业学生人数的42.10%；其次为2 001~3 000元/月，有102 595人，占33.70%，两者合计占就业学生的3/4。1 000元及以下的有6 454人，占2.12%。

【三】社会保险

在全部就业学生中，享有三险一金的毕业生有157 921人，占46.43%；享有五险一金的有79 357人，占23.33%。

【四】职业资格证书

在全部毕业学生中，已取得职业资格证书的毕业生有264 933人，占全省中等职业学校毕业生人数的76.20%；未取得职业资格证书的毕业生有82 749人，占23.80%。

四、各地就业状况

各地就业状况见图2-19-1至图2-19-5。

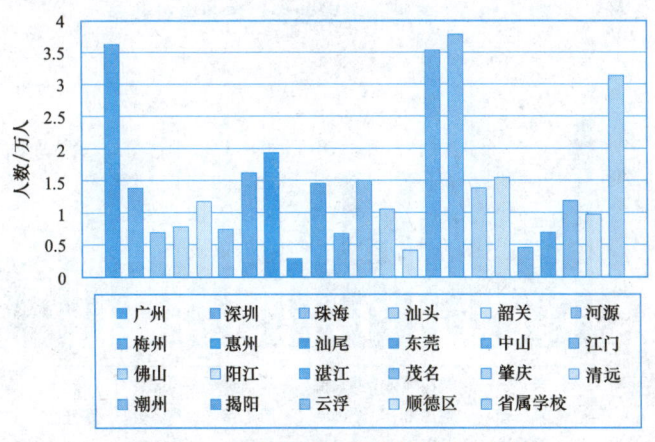

图2-19-1 各地中等职业学校毕业生数

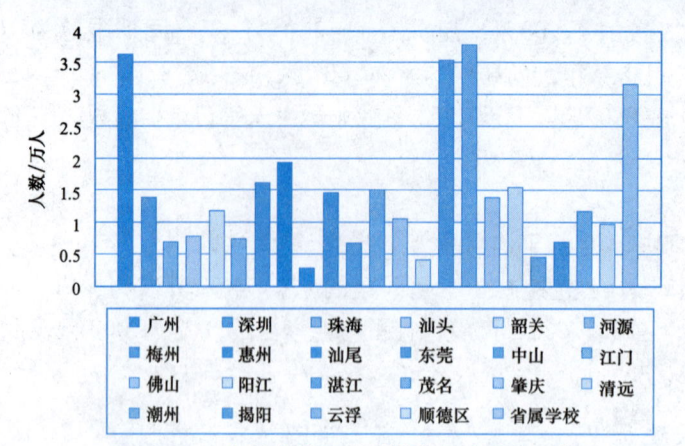

图 2-19-2　各地中等职业学校毕业生就业人数

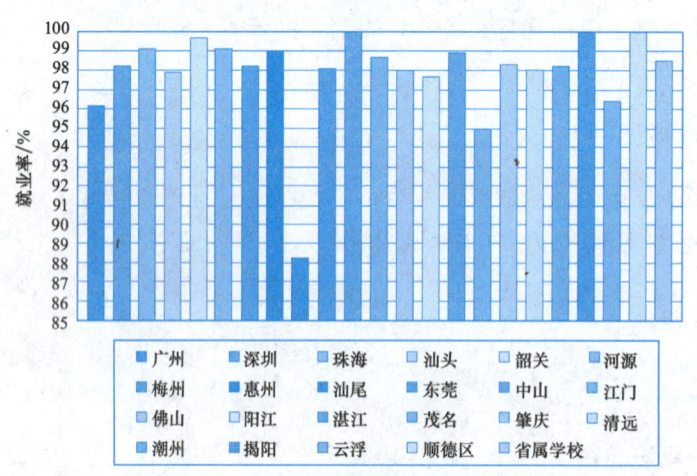

图 2-19-3　各地中等职业学校毕业生就业率

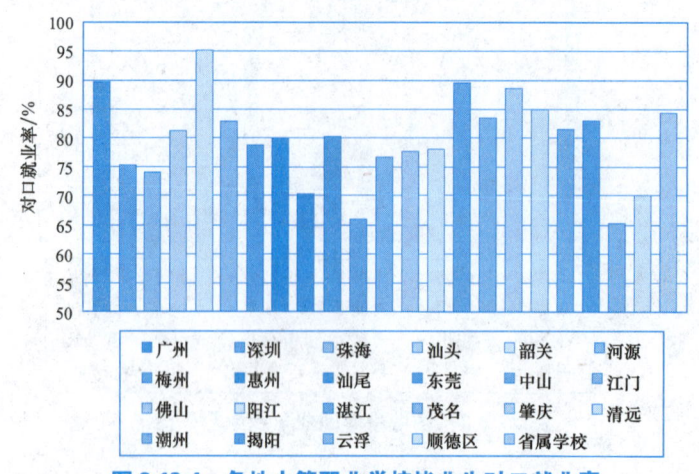

图 2-19-4　各地中等职业学校毕业生对口就业率

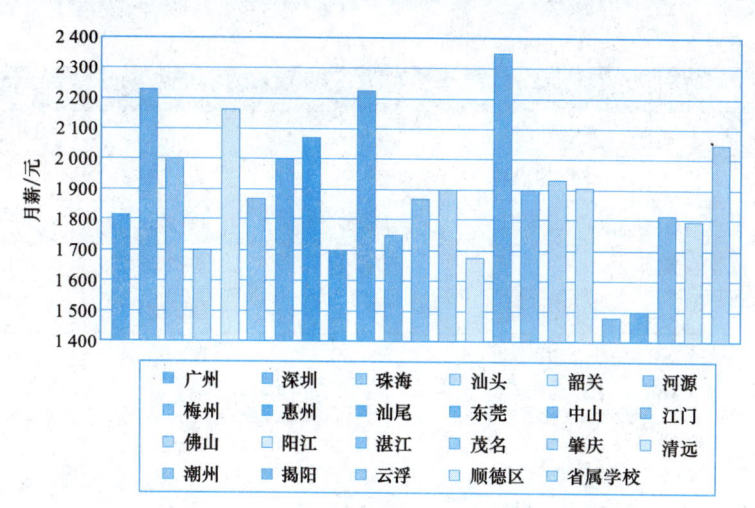

图 2-19-5　各地中等职业学校毕业生平均月薪

从各地情况看，顺德区、中山、揭阳、韶关、珠海、河源等就业率超过 99%，其中顺德区 99.99%、中山 99.94%、揭阳 99.84%、韶关 99.77%、珠海 99.16%、河源 99.14%。除以上 6 个地区外，惠州、湛江、江门、省属学校、肇庆、深圳、梅州、潮州、清远、东莞、佛山、汕头的毕业生就业率高于全省平均水平。其余 6 个地区除了汕尾，其他毕业生就业率在 95% 以上，汕尾只有 88.27%。

从对口就业率看，韶关的对口就业率最高，为 95.03%，其次是广州，为 89.66%，第三是湛江，为 89.49%。肇庆、清远、省属学校、茂名、河源、揭阳、潮州、汕头、东莞的对口就业率在 80% 以上。对口就业率较低的是云浮、中山和顺德区，分别为 65.34%、66.04% 和 69.98%。

从薪酬情况看，平均月薪最高的是湛江，为 2 350 元，其次是深圳，为 2 232 元，第三是东莞，为 2 230 元。韶关、惠州、省属学校、梅州、珠海的平均月薪也达到了 2 000 元（含）以上。平均薪酬较低的是潮州、揭阳和阳江，分别是 1 480 元、1 500 元、1 680 元。

各地区毕业生就业状况见表 2-19-5。

表 2-19-5

地区	毕业生数/人	就业人数/人	就业率/%	对口就业率/%	平均月薪/元
顺德区	9 837	9 836	99.99	69.98	1 800
中山	6 714	6 710	99.94	66.04	1 755
揭阳	7 044	7 033	99.84	82.98	1 500
韶关	11 882	11 855	99.77	95.03	2 163
珠海	6 941	6 883	99.16	73.87	2 000

续表

地区	毕业生数/人	就业人数/人	就业率/%	对口就业率/%	平均月薪/元
河源	7400	7 336	99.14	83.00	1 877
惠州	19 564	19 362	98.97	79.83	2 075
湛江	35 667	35 268	98.88	89.49	2 350
江门	15 200	15 000	98.68	76.59	1 869
省属学校	31 873	31 423	98.59	84.22	2 053
肇庆	14 091	13 858	98.35	88.58	1 939
深圳	14 102	13 864	98.31	75.31	2 232
梅州	16 595	16 301	98.23	78.85	2 000
潮州	4 630	4 547	98.21	81.51	1 480
清远	15 736	15 442	98.13	84.83	1 910
东莞	14 786	14 507	98.11	80.31	2 230
佛山	10 645	10 431	97.99	77.69	1 901
汕头	7 972	7 809	97.96	81.35	1 700
阳江	4 196	4 102	97.76	78.10	1 680
云浮	12 208	11 773	96.44	65.34	1 823
广州	37 702	36 242	96.13	89.66	1 816
茂名	39 871	37 897	95.05	83.47	1 900
汕尾	3 026	2 671	88.27	70.29	1 700
合计	347 682	340 150	97.83	82.30	—

五、就业特点

与2012年相比，2013年广东省中等职业学校毕业生就业呈现以下特点。

（一）去向多元化，毕业生择业趋于理性

2013年广东省中等职业学校毕业生到各种所有制企、事业单位就业的比例，比2012年增加了1.42%；合法从事个体经营就业的比2012年减少1.69%；升入各类高一级学校就读的增加了0.27%。这说明在当前严峻的就业形势下，毕业生择业趋于追求稳定，有较大风险的个体经营人数减少。

(二) 产业分布合理，适应经济转型需求

进入第一产业就业的比例，比 2012 年增加了 1.97%；从事第二产业的，比 2012 年减少了 3.49%；从事第三产业的增加了 1.52%。从事第一产业和第三产业人数的比例均有所提高，第二产业比例下降。这与广东省产业结构转型升级和社会主义新农村的发展相一致，说明广东省中职毕业生就业的产业分布合理，很好地适应了当前的产业结构转型升级。

(三) 就业地域多样化，学校推荐仍是主要渠道

2013 年广东省中职毕业生在本地就业的有 259 976 人，占全部就业毕业生的 76.43%，但比 2012 年减少 18.41%；异地就业的比例增加了 18.40%。这说明毕业生择业不再局限于本地，就业地域分布逐渐多样化。学校推荐仍是毕业生就业的主要渠道，但与 2012 年相比减少了 4.32%；中介介绍和其他渠道的比例有所增加，毕业生就业渠道有所扩宽。

(四) 毕业生就业权益有所保障，薪酬接近高职

广东省中职就业学生中，超过九成的毕业生与用人单位签订劳动合同，至少购买三险一金的比例为 69.76%。平均月薪为 1 973 元，与广东省 2013 年高职毕业生的平均月薪 2 225 元比，只差 252 元。

(五) 地区发展仍不均衡，差距明显

地区就业率中，顺德区 99.99% 最高，而汕尾只有 88.27%，两者相差 11.72%；对口就业率中，韶关的对口就业率最高，为 95.03%，云浮的最低，为 65.34%，两者相差 29.69%；平均薪酬方面，最高的是湛江，为 2 350 元，而潮州只有 1 480 元，两者相差 870 元。

六、工作举措

2013 年，广东省教育系统积极贯彻落实教育部有关中等职业学校（以下简称"中职学校"）毕业生就业的各项措施，在确保就业率基本稳定的前提下，以提升就业质量为目标做好中职学校毕业生就业工作。

(一) 高度重视中职学校毕业生就业工作

广东省教育系统高度重视中职学校毕业生就业工作，积极推进毕业生就业工作

"一把手工程"，确保机构、人员、经费"三到位"。各中等职业学校建立党政一把手负总责、亲自抓，学校就业指导部门组织实施，全体教职工共同关心支持的工作机制，充分发挥学校就业指导机构的作用，共同做好毕业生就业工作。各级各类中职学校设立毕业生就业指导服务机构，配备相应的就业工作专职人员，并根据工作实际，配备相应的兼职人员，保证必要的就业工作经费，真正做到毕业生就业工作"三到位"。

【二】积极拓宽就业信息渠道

一是积极发挥广东省毕业生就业市场的综合服务功能，统筹、协调全省各类中职学校的校园招聘活动。据统计，共举办全省分科类、分行业以及分区域的招聘会和校内小型招聘会约5 000场。二是广泛收集就业需求信息，为毕业生择业提供更多机会。针对2013年毕业生就业形势仍较为严峻的特点，为尽可能多的收集就业信息，采取派人联系、挂钩定点、发函致信、上门推荐等方法收集就业需求信息；通过校企合作，校企对接，与招聘单位建立了广泛的联系；利用现代化手段，通过各学校毕业生就业网发布毕业生信息和征集需求信息。三是深入搭建校企合作平台，建立稳固的就业基地。为校企合作建立起良好产学关系，实现毕业生与工作岗位的有效对接。在企业设立实习基地，安排毕业生集中顶岗实习，实行"订单式"人才培养模式，为学生提供一个良好的实践平台。这些措施极大地拓宽了学校毕业生的就业信息渠道，为毕业生择业提供更多机会。

【三】切实加强就业指导课程建设

一是积极推进就业指导课列入必修课的工作。当前，广东省有近60%中职学校已将就业课列入必修课。同时，指导各中职学校选订高质量、针对性强、具有广东特色的教材，并纳入学校的日常教学体系。二是努力打造一支高素质的师资队伍。加强就业指导教师队伍建设，提高中职学校毕业生就业指导水平。建立健全中职学校毕业生就业工作队伍建设的相关管理制度，明确机构设置和人员编制，制定中职学校就业工作人员执业资格培训规划。目前，约75%中职学校已将就业指导教师列入教师培养计划。三是建立合理的就业指导课程建设机制。中等职业学校结合实际，建立负责课程建设的教研室（组），具体负责课程的开发与管理。学校给予了课程建设较大的支持，在教师培训、评先评优、精品课程、优质课程建设等方面公平对待。

【四】努力提升就业服务质量

一是深化人才培养模式改革。各中职学校深入推进校企合作，积极探索适合学校实际、符合专业特点的工学结合培养模式，探索推行理论教学与实践教学融通合一，能力培养与工作岗位对接合一，实习实训与顶岗工作、教学做合一的一体化教学模式，推广按需施教的"订单式"、工学一体的"校企双制"、校际合作的"三段式"等技能人才培养模式，有条件的专业已实现"入学即就业"。二是加强中职学生职业指导。对中职学生进行全过程、全方位、全员的职业道德、职业意识、职业生涯等教育，通过生涯指导、教学教导、思想引导，帮助学生稳定就业，逐步提升毕业生的稳定就业率。三是加强就业反馈机制建设。各中职学校采取校企座谈会、问卷调查等方式，深入了解学生就业满意度和专业对口率。同时，将就业与专业相挂钩，用品牌专业、特色专业推进毕业生高质量就业。

七、发展趋势预测

通过实地调研、召开座谈会、问卷调查等形式，预测2014年全省中职学校毕业生就业形势有所好转，但就业形势依然严峻。

（一）就业形势有所好转

2014年广东经济走势仍将保持稳定向好的发展态势：一是国内外经济形势有向好的迹象，为广货扩大销量带来机遇。二是广东转型升级步伐加快，经济结构继续优化，经济质量有所提高，经济发展后劲进一步增强。三是广东经济运行内在动力仍比较强劲。当前，CPI（消费者物价指数）和PPI（生产者物价指数）等价格指数有稳中上升的趋势，表明市场需求在缓慢趋旺。四是广东珠三角规划纲要和促进粤东西北振兴发展决定等重大战略的实施，为广东经济持续健康发展注入强大动力。这些将直接带动中职毕业生整体就业形势向好。

（二）就业形势依然严峻

一是中职学校毕业生就业结构矛盾依然突出。广东省是人口大省，也是劳动力资源大省，每年均接收大量中职学校毕业生就业，就业压力较大。二是经济下行压力大，使得中职学生流动频率降低，新招聘人数减少，部分企业用工需求下降。三是中职学校毕业生就业能力与用人单位要求也存在一定差距，企业倾向招聘有经验的社会人员。四是中职学校毕业生在择业时比较盲目，期望值过高，往往只是根据兴趣、爱好、工种技术含量高、待遇理想等来选择职业，并带有一定的从众心理；同时，面临与大专生、本科生同台竞争，不能发挥中职学生的优势特点，以致面试的成功率较低。

八、就业工作挑战和展望

2013年,广东省中等职业学校毕业生就业工作取得了一定的成绩,但也存在就业观念偏差、就业竞争力不强、就业质量不高、就业反馈机制不完善等问题。广东省教育系统将认真总结中职毕业生就业工作经验,加强学生就业指导,拓宽就业信息渠道,提升毕业生就业质量,推进就业反馈长效机制建设。

【一】加强对中职学校就业指导课程进行科学建设

一是加强符合中职学校实际的就业指导理论研究和实践操作。如何尽快缩短就业指导的供给能力和学生日益增长的要求之间的差距,成为学校和就业指导工作者必须尽快解决的问题。应在中职学校中构建适应社会需要的就业指导体系,逐步推进在整个中职学习期间的就业指导,并且在就业指导的同时,推进对学生的人生观教育,提高学生对素质教育、能力培养的认同度和参与的积极性。同时,应根据中职学生就业低龄化的特点,帮助其尽快完成角色转换。二是规范中职学校就业指导教材。统一全省中职学校的就业指导教材,增加实践性、趣味性和针对性的内容,侧重对学生心理、个性、能力等方面的培养,并加入一些就业技巧指导,提高学生选择适合自己职业的能力,避免盲目性和踏入择业的误区,从而更好地找到实现中职学校毕业生自身人生价值的舞台。

【二】为中职学校开放统一的就业指导服务平台

向中职学校毕业生开放高校毕业生电子信息服务平台。将现有的高校毕业生就业工作信息管理平台对中职学校毕业生开放,打造优质、高效的毕业生网上求职招聘信息服务平台。将原有分散的中职学校毕业生资料以及企业用人信息进行收集、发布和更新,最大限度地发挥就业信息网站的作用。同时,逐步对中职学校毕业生开放网络招聘和视频招聘平台,为毕业生降低求职成本、拓展就业渠道提供积极有效的服务。

【三】进一步加强中职学校毕业生就业信息统计工作

切实做好中职学校毕业生就业信息的收集、统计和上报工作,不断探索并完善中职学校毕业生统计工作的长效机制。通过对学校专职就业指导教师、班主任、辅导员等基层就业工作人员的管理与培训,确保相关工作人员思想上要充分认识就业统计工作的严肃性和严谨性,提高严格执行国家政策的自觉性和使命感;业务上要熟悉就业统计工作的相关要求和规定,熟练使用广东省毕业生就业管理系统。建立并完善毕业生就业状况监测机制,动态跟踪监测毕业生就业状况。

广西壮族自治区中等职业学校毕业生就业状况

2013年，广西壮族自治区中等职业学校毕业生数为140 878人，就业人数为137 168人，就业率97.37%，连续5年保持96%以上。与2012年相比，毕业生数和就业率均有所上升（见表2-20-1）。

表2-20-1

项目	2012年	2013年
毕业生数/人	130 349	140 878
就业人数/人	126 412	137 168
就业率/%	96.98	97.37

一、总体状况

【一】就业去向

广西137 168名就业学生中进入各种所有制企、事业单位的有103 879人，占75.73%；合法从事个体经营的有21 141人，占15.41%；升入各类高一级学校的有12 148人，占8.86%。与2012年相比，合法从事个体经营和升入各类高一级学校就读的人数和比例均有所上升，进入各种所有制性质企、事业单位的人数和比例有所下降（见表2-20-2）。

表2-20-2

项目	2012年		2013年	
	就业人数/人	占就业总人数比例/%	就业人数/人	占就业总人数比例/%
各所有制企、事业单位	103 851	82.15	103 879	75.73
合法从事个体经营	13 515	10.69	21 141	15.41
升入高一级学校	9 046	7.16	12 148	8.86

中国中等职业学校毕业生就业状况分析报告（2013年）

【二】产业分布

从事第一产业的毕业生数为 14 275 人，占全部就业人数的 10.41%；从事第二产业的为 39 749 人，占 28.98%；从事第三产业的为 83 144 人，占 60.61%。与 2012 年相比，从事第一产业人数的比例有所上升，从事第二产业和第三产业人数的比例有所下降（见表 2-20-3）。

表 2-20-3

项目	2012 年 就业人数/人	2012 年 占就业总人数比例/%	2013 年 就业人数/人	2013 年 占就业总人数比例/%
第一产业	8 814	6.97	14 275	10.41
第二产业	37 302	29.51	39 749	28.98
第三产业	80 296	63.52	83 144	60.61

【三】就业地域

就业地域分为本地、异地和境外。本地就业的毕业生有 80 420 人，占全部就业人数的 58.63%；异地就业的有 56 375 人，占 41.10%；境外就业的有 373 人，占 0.27%。与 2012 年相比，本地和境外就业比例有所上升，异地就业比例有所下降（见表 2-20-4）。

表 2-20-4

项目	2012 年 就业人数/人	2012 年 占就业总人数比例/%	2013 年 就业人数/人	2013 年 占就业总人数比例/%
本地	69 749	55.18	80 420	58.63
异地	56 463	44.66	56 375	41.10
境外	200	0.16	373	0.27

【四】就业渠道

通过学校推荐就业的毕业生数有 101 988 人，占全部就业人数的 74.35%；通过中介介绍就业的有 11 256 人，占 8.21%；通过其他渠道就业的有 23 924 人，占 17.44%。与 2012 年相比，通过中介介绍和其他渠道实现就业的比例有所增长，学校推荐就业人数的比例有所下降。（见表 2-20-5）

表 2-20-5

项目	2012 年		2013 年	
	就业人数/人	占就业总人数比例/%	就业人数/人	占就业总人数比例/%
学校推荐	99 998	79.11	101 988	74.35
中介介绍	7 386	5.84	11 256	8.21
其他渠道	19 028	15.05	23 924	17.44

与 2012 年相比，2013 年广西壮族自治区中等职业学校毕业生就业呈现以下特点：

一是去向多元化，升学比例提高。2013 年升入高一级学校的学生为 12 148 人，比 2012 年增加了 3 102 人。通过不断优化中高职衔接政策，扩大了高等职业院校招收中职毕业生的规模，进一步打通了中职毕业生的升学通道。

二是产业分布合理，第三产业仍是就业主阵地。2013 年广西中职毕业生有 83 144 人进入第三产业，占就业总人数的 60.61%，所占比例过半。与 2012 年相比，随着当前产业结构的转型升级和现代服务业加速发展，第三产业仍是当前就业的主要阵地。

三是本地就业是毕业生的就业首选。2013 年在本地就业的人数达到 80 420 人，占 58.63%，比 2012 年提高了 3.45%。随着当地经济社会发展，对技术技能人才的需求进一步加大，吸引了更多的毕业生留在本地就业。同时也反映出学校在专业人才培养上注重服务区域经济发展的特点。

四是就业渠道多样，学校推荐仍是主流。2013 年通过学校推荐就业的有 101 988 人，占全部就业人数的 74.35%。学校推荐仍然是实现就业的主要渠道，但通过其他渠道实现就业的人数及比例均在增长，毕业生就业渠道有所拓宽。

二、各专业大类就业状况

根据《中等职业学校专业目录（2010 年修订）》确定的 19 个专业类别，各专业大类的就业状况如下：

从专业分类看，2013 年就业状况最好的前三个专业类别是农林牧渔类、石油化工类、教育类，就业率均达到 98% 以上；其次是轻纺食品类、加工制造类、交通运输类、文化艺术类，就业率均处于平均水平以上。体育与健身类就业率最低，为 83.23%。

从毕业生数看，2013 年毕业生数最多的是加工制造类，为 30 715 人，占毕业生总数的 21.80%；其次是信息技术类，毕业生数为 23 901 人，占 16.97%。毕业生数最少的是石油化工类，为 70 人，占毕业生总数的 0.05%；其次是资源环境类，毕业生数为226人，占0.16%。

从就业人数看，加工制造类专业毕业生就业人数最多，为30 043人，占就业总人数的21.90%；其次是信息技术类，为23 234人，占16.94%。毕业生就业人数最少的是石油化工类，为69人，占就业总人数的0.05%；其次是资源环境类，就业人数为211人，占0.15%。

各专业大类毕业生就业状况见表2-20-6。

表 2-20-6

专业类别	毕业生数/人	就业人数/人	就业率/%
农林牧渔类	13 174	13 007	98.73
石油化工类	70	69	98.57
教育类	4 575	4 508	98.54
轻纺食品类	1 348	1 319	97.85
加工制造类	30 715	30 043	97.81
交通运输类	14 847	14 521	97.80
文化艺术类	5 475	5 352	97.75
公共管理与服务类	3 611	3 511	97.23
信息技术类	23 901	23 234	97.21
财经商贸类	14 779	14 350	97.10
医药卫生类	17 536	16 949	96.65
旅游服务类	4 603	4 433	96.31
能源与新能源类	428	411	96.03
土木水利类	2 774	2 658	95.82
休闲保健类	299	285	95.32
其他类	1 384	1 315	95.01
司法服务类	465	436	93.76
资源环境类	226	211	93.36
体育与健身类	668	556	83.23
合计	140 878	137 168	97.37

三、工作举措

（一）进一步转变思想观念，抓专业技能培养

坚持以服务为宗旨、以就业为导向，加强与企业的沟通和联系。通过改革与创新，不断拓宽就业渠道，全面提高毕业生质量。要求学校重视对学生的基本素质、敬业和团队合作精神的培养，狠抓毕业生职业素质和特长培训，把培养适合企业需要的技能型人才作为推进学校发展和专业改革的重要依据。

（二）深入推进校企合作的人才培养模式，出台支持政策

探索建立政府引导、校企互动、行业协调的校企合作运行机制，促进职业教育教学与区域经济社会发展和产业的紧密结合。通过引进校企合作办学，依托各专业教育集团实现学校、行业、企业共同参与办学，实现教育资源的共享，为学生提供了实习实训和就业机会，实现学校、行业企业、社会、学生共赢。

（三）优化中等职业学校专业设置

各设区市教育局、区直中职学校办学主管部门加强对所属中等职业学校具有专业设置资格专业的管理，进一步做好本区域专业布局结构调整，优化专业设置，促进中等职业学校专业设置更好地适应当地产业对技术技能人才的需求。

（四）重视就业教育

从入学开始，加强对学生人生观教育、职业道德教育、法制教育和职业生涯规划的教育。自 2010 年起，已连续 3 年对全日制中职新生免费发放《同学你好——广西中等职业学校新生入学读本》，正确引导新生认识职业教育，了解职校生活，增强自信心和自豪感，规划好自己的职业生涯，更好地投入职校学习和生活。

四、发展趋势预测

一是职教布局优化和结构调整将提升学生就业竞争力。通过围绕"两区一带"主体功能区划，调整完善职业院校区域布局，突出办学特色。围绕"十二五"规划提出的加快发展"14+10"现代工业、以旅游和商贸为龙头的现代服务业、特色农业、民族文化产业，重点建设一批职业教育示范特色专业及实训基地，实现重点专业对重点产业的全覆盖，提高职业学校培养人才服务区域产业发展的能力，极大地提升中职学生的就业竞争力。

二是中职和高职衔接将开拓中职学生就业新平台。通过实施多种形式的中高职一体化人才培养方案，扩大高职院校招收中职毕业生、本科院校招收中职毕业生规模，进一步构建人才成长"立交桥"，为中职学生毕业就业提供新的平台。

海南省中等职业学校毕业生就业状况

2013年，海南省中等职业学校毕业生数为42 120人，就业人数为41 076人，就业率为97.52%。与2012年相比，毕业生数有所减少，但就业率有所上升（见表2-21-1）

表2-21-1

项目	2012年	2013年
毕业生数/人	44 360	42 120
就业人数/人	42 555	41 076
就业率/%	95.93	97.52

一、总体状况

（一）就业去向

海南省41 076名就业学生中到各种所有制企、事业单位的有32 479人，占全部就业学生的79.07%；合法从事个体经营的有6 525人，占15.89%；升入高一级学校就读的有2 072人，占5.04%。

（二）产业分布

从事第一产业的毕业生数为8 931人，占全部就业学生的21.74%；从事第二产业的为6 229人，占15.17%；从事第三产业的为25 916人，占63.09%。与2012年相比，从事第一产业人数的比例明显上升，从事第二产业和第三产业人数的比例均有所下降（见表2-21-2）。

表2-21-2

项目	2012年 就业人数/人	2012年 占就业总人数比例/%	2013年 就业人数/人	2013年 占就业总人数比例/%
第一产业	5 892	13.85	8 931	21.74
第二产业	7 588	17.83	6 229	15.17
第三产业	29 075	68.32	25 916	63.09

(三) 就业地域

就业地域分为本地、异地和境外。本地就业的毕业生数为 32 976 人，占全部就业学生的 80.28%；异地就业的为 8 088 人，占 19.69%；境外就业的为 12 人，占 0.03%。与 2012 年相比，本地就业比例有所下降，异地和境外就业比例有所上升（见表 2-21-3）。

表 2-21-3

项目	2012 年 就业人数/人	2012 年 占就业总人数比例/%	2013 年 就业人数/人	2013 年 占就业总人数比例/%
本地	35 745	83.36	32 976	80.28
异地	7 079	16.63	8 088	19.69
境外	1	0.01	12	0.03

(四) 就业渠道

通过学校推荐就业的毕业生数为 27 020 人，占全部就业学生人数的 65.78%；通过中介介绍就业的为 2 653 人，占 6.46%；通过其他渠道就业的为 11 403 人，占 27.76%。

与 2012 年相比，2013 年海南省中等职业学校毕业生就业呈现以下特点：

一是毕业生数有所降低；升入高一年级就读的比例有所上升；进入企、事业单位仍在毕业生就业中占主导位置。相对而言，个体经营人数有所下降，而选择继续升学的中职毕业生人数明显提高，比 2012 年的 1 334 人增加了 738 人，增长了 1.90%。

二是就业于第一产业的毕业生比例呈增长趋势，但第三产业依然是毕业生就业的主要领域。2013 年就业于第三产业的毕业生数及占毕业生总数的比例均有所下降，相比 2012 年减少了 5.23%；第一产业就业人数比例较 2012 年上升了 7.89%。这说明海南省中职毕业生就业顺应了全省近年来大力发展热带特色现代农业的需求。

三是本地就业为中职毕业生就业的主要方向。2013 年本地就业的毕业生比例比 2012 年下降了 3.08%，异地就业比例上升了 3.06%，但本地就业依然是中职毕业生的主要选择。

二、各专业大类就业状况

根据《中等职业学校专业目录（2010 年修订）》确定的 19 个专业类别，各专业大类就业状况如下：

从专业分类看，就业状况最好的专业是农林牧渔类，就业率达到 99.76%；其次是土木水利类，就业率为99.25%；旅游服务类、财经商贸类、交通运输类、体育与健身类、加工制造类、石油化工类等的就业率处于平均水平以上；其他类就业率最低，仍保持在72%以上。

从毕业生数看，农林牧渔类专业毕业生数最多，为8 808人，占毕业生总数的20.91%；其次是旅游服务类，毕业生数为8 297人，占19.70%。毕业生数最少的是资源环境类，本年度没有毕业生；其次是司法服务类，毕业生数为9人，占0.02%。

从就业人数看，农林牧渔类专业就业人数最多，为8 787人，占就业总人数的21.39%；其次是旅游服务类，就业人数为8 192人，占19.94%。毕业生就业人数最少的是资源环境类，本年度没有毕业生；其次是司法服务类，就业人数为7人，占0.02%。

各专业大类毕业生就业状况见表2-21-4。

表2-21-4

专业类别	毕业生数/人	就业人数/人	就业率/%
农林牧渔类	8 808	8 787	99.76
土木水利类	402	399	99.25
旅游服务类	8 297	8 192	98.73
财经商贸类	3 499	3 446	98.49
交通运输类	4 068	3 986	97.98
体育与健身类	198	194	97.98
加工制造类	3 783	3 702	97.86
石油化工类	293	286	97.61
公共管理与服务类	512	499	97.46
轻纺食品类	253	246	97.23
休闲保健类	1 054	1 020	96.77
能源与新能源类	91	88	96.70
信息技术类	4 129	3 991	96.66
文化艺术类	858	828	96.50
医药卫生类	4 223	4 068	96.33
教育类	764	704	92.15
司法服务类	9	7	77.78
其他类	879	633	72.01
资源环境类	0	0	0
合计	42 120	41 076	97.52

三、工作举措

（一）搭建校企合作平台，提升中职服务海南省经济和社会发展能力

举办中等职业教育与产业对话论坛，进一步加深海南省中职学校校企合作深度。各中职学校与企业共建专业，与企业共同制定和完善人才培养方式。选派教师到企业实践，先后组建了旅游、护理、机电等9类职教集团，为校企合作建立了良好的体制机制。

（二）培养产业发展急需、紧缺的高技能型人才

以人才一体化培养为核心，以层次纵向贯通为目标，推进各层次职业教育（含中职、高职和应用型本科等）的衔接，打通和拓宽各级各类技术技能人才的成长空间和发展通道，做好中职毕业生分流工作。

（三）坚持"以就业为导向"，明确人才培养目标

要求学校成立就业工作指导机构，为就业工作推进提供组织上的保证，形成课堂教学与职业指导相结合，实践活动与职业素养相结合，就业推荐与创业引导相结合的就业工作体制。

（四）提振职业指导课程教学，加强对学生进行就业指导

加强对毕业生进行就业形势、就业政策、就业观念、就业定位、就业心态和诚信等方面的教育，提升学生职业化意识，帮助毕业生提高就业竞争力，引导学生早定位，树立良好的就业和择业观，提升学生职业化意识，做好自己的职业生涯规划。

四、发展趋势预测

一是从就业去向来看，随着海南省职业教育人才培养及招生试点项目方案的推行，今后中职毕业生升入高一级学校就读的比例将有较大幅度的提高。

二是由于政策的支持，随着海南省"村官班"办学模式招生规模的巩固，农林牧渔类专业毕业生的就业人数仍将在就业毕业生中占较大比重。

三是针对海南省旅游服务业发展较好、从业人员缺口大的特点，旅游服务类和休闲保健类专业的毕业生在选择职业时能实现较高的对口就业率。

重庆市中等职业学校毕业生就业状况

2013年,重庆市中等职业学校毕业生数为112 518人,就业人数为110 635人,就业率为98.33%。与2012年相比,毕业生数有所减少,就业率基本持平(见表2-22-1)。

表 2-22-1

项目	2012 年	2013 年
毕业生数/人	126 368	112 518
就业人数/人	124 523	110 635
就业率/%	98.54	98.33

一、总体状况

(一)就业去向

重庆市110 635名就业学生中到各种所有制企、事业单位的有87 045人,占全部就业学生的78.68%;合法从事个体经营的有8 421人,占7.61%;升入高一级学校就读的有15 169人,占13.71%。

(二)产业分布

从事第一产业的毕业生数为6 455人,占全部就业学生的5.84%;从事第二产业的为47 866人,占43.26%;从事第三产业的为56 314人,占50.90%(见表2-22-2)。

表 2-22-2

项目	2012 年		2013 年	
	就业人数/人	占就业总人数比例/%	就业人数/人	占就业总人数比例/%
第一产业	9 538	7.66	6 455	5.84
第二产业	76 541	61.47	47 866	43.26
第三产业	38 444	30.87	56 314	50.90

（三）就业地域

就业地域分为本地、异地和境外。本地就业的毕业生数为 94 025 人，占全部就业学生的 84.99%；异地就业的为 16 578 人，占 14.98%；境外就业的为 32 人，占 0.03%。与 2012 年相比，本地就业比例有所下降，异地就业比例有所升高（见表 2-22-3）。

表 2-22-3

项目	2012 年		2013 年	
	就业人数/人	占就业总人数比例/%	就业人数/人	占就业总人数比例/%
本地	110 240	88.53	94 025	84.99
异地	14 283	11.47	16 578	14.98
境外	0	0	32	0.03

（四）就业渠道

通过学校推荐就业的毕业生数为 94 921 人，占全部就业学生的 85.80%；通过中介介绍就业的为 4 672 人，占 4.22%；通过其他渠道就业的为 11 042 人，占 9.98%。

二、各专业大类就业状况

根据《中等职业学校专业目录（2010 年修订）》确定的 19 个专业类别，各专业大类的就业状况如下：

从专业分类看，就业状况最好的专业是医药卫生类，就业率达到 99.84%；其次是公共管理与服务类，就业率为 99.73%；信息技术类、休闲保健类、农林牧渔类、轻纺食品类、旅游服务类、加工制造类、能源与新能源类等 9 个大类专业就业率处于平均水平以上，比 2012 年增加 5 个；就业率最低的是石油化工类，为 82.81%，与 2012 年就业率最低的其他类 76.16% 相比，有较大提高，整体就业率更加趋于均衡。

从毕业生数看，加工制造类专业毕业生数最多，为 29 880 人，占毕业生总数的 26.56%；其次是信息技术类，毕业生数为 21 699 人，占 19.28%。毕业生数最少的是休闲保健类，为 313 人，占 0.28%；其次是司法服务类，毕业生数为 383 人，占 0.34%。

从就业人数看，加工制造类就业人数最多，为 29 398 人，占就业总人数的 26.57%；其次是信息技术类，就业人数为 21 524 人，占 19.45%。就业人数最少的是休闲保健类，为310人，占就业总人数的0.28%；其次是司法服务类，就业人数为373人，占0.34%。

各大类专业毕业生就业状况见表2-22-4。

表2-22-4

专业类别	毕业生数/人	就业人数/人	就业率/%
医药卫生类	8 219	8 206	99.84
公共管理与服务类	732	730	99.73
信息技术类	21 699	21 524	99.19
休闲保健类	313	310	99.04
农林牧渔类	7 591	7 498	98.77
轻纺食品类	1 453	1 433	98.62
旅游服务类	7 412	7 299	98.48
加工制造类	29 880	29 398	98.39
能源与新能源类	1 080	1 062	98.33
其他类	1 658	1 630	98.31
交通运输类	4 643	4 561	98.23
财经商贸类	7 593	7 439	97.97
土木水利类	4 385	4 282	97.65
教育类	11 037	10 772	97.60
司法服务类	383	373	97.39
文化艺术类	2 465	2 377	96.43
资源环境类	636	613	96.38
体育与健身类	664	569	85.69
石油化工类	675	559	82.81
合计	112 518	110 635	98.33

三、工作举措

【一】加强职业指导

各中职学校均开设了就业指导和职业生涯课，并纳入人才培养方案，同时加强毕业生职业生涯教育和引导，帮助毕业生树立正确的择业就业观念，掌握扎实的就业技能，加强毕业生的职业生涯设计指导，逐步提高中职毕业生的就业率。

【二】加强创业教育

通过加强中职毕业生创业教育，改善中职毕业生外部创业环境等措施，激发中职毕业生自主创业热情，提高创业能力。2013年自主创业学生数较往年有一定的增长。

【三】加强校企合作

各中等职业学校从专业调整、课程改革、教材选用和师资培训等方面主动和企业对接。将教学计划、课程设置、课时安排与实际情况相结合，主动适应企业发展需要。深入推进校企合作，大量开展"订单"培养，举办企业"冠名班"，积极开展"现代学徒制"试点，实现招生即招工。

【四】建立毕业生召回制度

不少中职学校建立了对毕业生就业后的跟踪服务制度，对被用人单位解除合同的毕业生实行召回制度，采取多种方式帮助其免费提升就业创业能力，并重新联系用人单位解决就业或帮助其自主创业。

【五】健全就业网络，拓宽就业渠道

目前，重庆市大部分中职学校同相关工业园区联系密切，均建立了相应的沟通联系机制。各中职学校还进一步加强了就业信息平台建设，通过网络等技术，加强与用工密集地区、企业的沟通联系，及时发布就业需求信息，有效促进毕业生就业。

四、发展趋势预测

一是毕业生总量将略有增加。2014年，预计重庆市将有中职毕业生11.90万人，比2013年增长5.7%。

二是经济发展前景不明朗，就业工作面临挑战。当今世界经济正在进行深度调整，金融危机的影响仍在继续，全球经济相对脆弱，发展前景不太明朗，存在下行风险。随着外贸环境日趋复杂，在全国经济进入由高速增长步入中速增长换挡的特殊时期，经济增长速度变缓将使重庆市就业工作的开展面临挑战。

三是经济增速减缓，就业压力增大。据预测，2014年，全国经济增速将低于8%，重庆市经济增速将会保持稳健增长态势，预计在12%左右，略低于2013年14%的增长幅度。经济增速的减缓，将使就业工作面临不小的困难，就业中总量压力和结构性矛盾依旧比较突出，新老问题交汇、内外问题交织，使得就业工作面临着诸多问题和挑战，就业压力增大。

四川省中等职业学校毕业生就业状况

2013年，四川省中等职业学校毕业生数为252 848人，就业人数为244 312人，就业率为96.62%，连续8年保持在96%以上。与2012年相比，毕业生数有所增加，就业率有所下降（见表2-23-1）。

表 2-23-1

项目	2012年	2013年
毕业生数/人	250 121	252 848
就业人数/人	243 195	244 312
就业率/%	97.23	96.62

一、总体状况

（一）就业去向

四川省244 312名就业学生中到各种所有制企、事业单位的有194 796人，占就业学生数的79.73%；合法从事个体经营的为22 864人，占9.36%；升入各类高一级学校的有26 652人，占10.91%。

（二）产业分布

从事第一产业的毕业生数为16 563人，占就业学生数的6.78%；从事第二产业的为90 803人，占37.17%；从事第三产业的为136 946人，占56.05%。与2012年相比，从事第一产业人数的比例有所下降，从事第二产业和第三产业人数的比例有所上升（见表2-23-2）。

表 2-23-2

项目	2012年		2013年	
	就业人数/人	占就业总人数比例/%	就业人数/人	占就业总人数比例/%
第一产业	21 960	9.03	16 563	6.78
第二产业	88 281	36.30	90 803	37.17
第三产业	132 954	54.67	136 946	56.05

(三) 就业区域

就业区域分为本地、异地和境外。本地就业的毕业生数为 126 569 人，占就业学生数的 51.80%；异地就业的为 116 916 人，占 47.86%；境外就业的为 827 人，占 0.34%。与 2012 年相比，本地就业比例略有下降，异地就业比例略有上升（见表 2-23-3）。

表 2-23-3

项目	2012 年 就业人数/人	占就业总人数比例/%	2013 年 就业人数/人	占就业总人数比例/%
本地	128 415	52.80	126 569	51.80
异地	114 567	47.11	116 916	47.86
境外	213	0.09	827	0.34

(四) 就业渠道

通过学校推荐就业的毕业生数为 194 486 人，占就业学生数的 79.61%；通过中介介绍就业的为 13 026 人，占 5.33%；其他渠道就业的为 36 800 人，占 15.06%。

与 2012 年相比，2013 年四川省中等职业学校毕业生就业情况呈现以下特点：

一是毕业生数有所增加；各种所有制企、事业单位仍然是中职毕业生主要就业方向，但绝对数有所下降，相对而言，个体经营和升入高一级学校人数均有较大幅度上升。2013 年毕业的学生比 2012 年增加 2 727 人，增加 0.46%。2013 年个体经营、升入高一级学校的比例分别占就业学生总数的 9.36% 和 10.91%，比 2012 年分别增加了 3.89% 和 2.27%。

二是就业于第一产业的人数有所下降；第三产业仍然是中职毕业生就业的主要领域，且毕业生人数的比例有所增长。2013 年第一产业就业人数的比例较 2012 年下降 2.25%，第三产业就业人数的比例较 2012 年增长 1.38%。这与四川现代服务业保持较快发展、工业平稳增长的形势一致。

三是就业地选择多样化趋势明显。境外就业的比例有较大幅度增长，2013 年境外就业人数及占就业学生总数比例均为 2012 年的近 4 倍，说明四川省中职学生培养质量得到明显提高。本地就业比例比 2012 年下降了 1.00%，异地就业比例上升了 0.75%，说明就业地选择的多样化趋势进一步加快，较 2012 年更为明显。

二、各专业大类就业状况

根据《中等职业学校专业目录（2010 年修订）》确定的 19 个专业类别，各专业

大类的就业状况如下：

从专业分类看，就业状况最好的专业是其他类，就业率为100%；其次是交通运输类，就业率为98.28%；信息技术类、体育与健身类、土木水利类、加工制造类、财经商贸类，处于就业率的平均水平以上；旅游服务类、能源与新能源类、公共管理与服务类、轻纺食品类、医药卫生类、司法服务类、教育类就业率也都达到了95%以上；石油化工类、休闲保健类专业就业率在90%以下。

从毕业生数看，毕业生数最多的是加工制造类，为49 350人，占毕业生总数的19.52%；其次是信息技术类，毕业生数为47 625人，占18.84%。毕业生数最少的是司法服务类，为203人，占毕业生总数的0.08%；其次是资源环境类，毕业生数为551人，占0.22%。

从就业人数看，就业学生数最多的是加工制造类，为47 933人，占就业总人数的19.62%；其次是信息技术类，就业人数为46 680人，占19.11%。就业学生人数最少的是司法服务类，为193人，占就业总人数的0.08%；其次是资源环境类，就业人数为521人，占0.21%。

从对口就业率看，对口就业状况最好的是能源与新能源类，对口就业率达到83.20%；医药卫生类、交通运输类和司法服务类，对口就业率分别达到82.57%、82.28%、81.77%；旅游服务类、公共管理与服务类、财经商贸类，也处于对口就业率的平均水平以上；信息技术类、加工制造类、文化艺术类、土木水利类、农林牧渔类对口就业率都达到了70%以上；休闲保健类、体育与健身类对口就业率在50%以下。

各专业大类毕业生就业状况见表2-23-4。

表2-23-4

专业类别	毕业生数/人	就业人数/人	就业率/%	对口就业人数/人	对口就业率/%
其他类	6 148	6 148	100.00	3 980	64.74
交通运输类	17 775	17 469	98.28	14 626	82.28
信息技术类	47 625	46 680	98.02	35 581	74.71
体育与健身类	1 122	1 093	97.42	481	42.87
土木水利类	14 239	13 857	97.32	10 465	73.50
加工制造类	49 350	47 933	97.13	36 824	74.62
财经商贸类	16 852	16 336	96.94	12 801	75.96
旅游服务类	14 346	13 850	96.54	11 337	79.03

续表

专业类别	毕业生数/人	就业人数/人	就业率/%	对口就业人数/人	对口就业率/%
能源与新能源类	2 791	2 680	96.02	2 322	83.20
公共管理与服务类	5 325	5 111	95.98	4 131	77.58
轻纺食品类	2 936	2 809	95.67	1 976	67.30
医药卫生类	34 360	32 810	95.49	28 371	82.57
司法服务类	203	193	95.07	166	81.77
教育类	17 304	16 446	95.04	12 061	69.70
资源环境类	551	521	94.56	280	50.82
文化艺术类	5 378	5 052	93.94	3 984	74.08
农林牧渔类	13 461	12 637	93.88	9 587	71.22
石油化工类	2 450	2 158	88.08	1 684	68.73
休闲保健类	632	529	83.70	272	43.04
合计	252 848	244 312	96.62	190 929	75.51

三、就业质量

【一】就业合同

在 217 660 名直接就业学生中，签订了就业合同的有 175 641 人，占 80.70%。其中，签订 1 年及以内就业合同的为 91 004 人，占直接就业学生数的 41.81%；签订 1~2（含）年就业合同的为 48 415 人，占 22.24%；签订 2~3（含）年就业合同的为 23 212 人，占 10.67%；签订 3 年以上就业合同的为 13 010 人，占 5.98%。未签订就业合同的为 42 019 人，占 19.30%。

【二】就业起薪

217 660 名直接就业学生的平均起薪为 1 766 元/月，享有三险一金的为 93 180 人，占 42.81%；享有五险一金的为 69 604 人，占 31.98%。其中，起薪在 1 000 元/月及以下的为 7 639 人，占 3.51%；起薪在 1 001~1 500 元/月的为 49 490 人，占 22.74%；起薪在 1 501~2 000 元/月的为 71 628 人，占 32.91%；起薪在 2 001~3 000 元/月的为 64 095 人，占 29.45%；起薪在 3 000 元/月以上的为 24 808 人，占 11.39%。

四、工作举措

（一）高度重视，强化就业指导

四川省各地各校高度重视学生就业工作，专门成立了负责指导学生就业的领导小组和工作机构，研究解决就业工作重大问题，协调动员各方力量确保学生就业工作顺利进行。一是深入调查，做好就业分析。确保学生毕业后能有效就业，提前开展学生就业预测分析工作，及时掌握学生就业意向，做好毕业生就业促进工作。二是积极搭建用人单位和毕业生双向选择平台，并逐渐使招聘活动专业化、经常化、便捷化；收集企业用人需求信息和拓宽就业渠道和市场。三是指导学校贯彻"依靠行业、面向社会"的就业原则，统一认识，加强领导，组织有序，确保毕业生就业工作各个环节的顺利进行。

（二）强化意识，加强就业教育

倡导"德育为先，技能为重，素质为本"的职教育人理念，引导学生树立正确的就业择业观。在学生中广泛开展诚信敬业、爱岗敬业、择业创业、文明修养、知恩感恩等教育。鼓励校企多方位、多层次合作，如举办企业"冠名班"、设立奖学金，将优秀的企业文化引入校园，对中职学生广泛进行职业企业文化熏陶。指导学校广泛开展创业培训，对在校生采取了多种形式的就业指导教育，并贯穿学生学习的各个阶段，为毕业生就业打好基础。通过举办技能大赛、演讲比赛、征文比赛等活动，提升中职学生专业技能、综合素质。有的市州还在中等职业学校学生技能大赛中设立创业方案设计项目，在中职学生的学习生涯中营造创业氛围，培养学生的创业设计能力，为推进毕业生就业工作做好基础工作。

（三）校企合作，拓宽就业渠道

通过实习与毕业生就业推荐相结合的方法，根据用人单位的规模层次，有目的地选送符合用人单位录用标准的学生参加顶岗实习，既在实习中锻炼了学生，又让用人单位在实习中认可了学生。在实习过程中，实行实习指导教师制度，并与每一家合作企业都签订了合作协议，明确双方责任和义务，有效确保了学生的顶岗实习工作，基本实现由学校实习指导教师与企业共同管理学生的目标。学校时刻掌握实习学生思想动态，定期对学生进行心理疏导和思想教育，定期到企业回访，定期与学生实习单位人力资源部门联系沟通。实习指导教师到企业驻地跟踪管理，班主任经常与实习学生通过电话、短信、QQ 群等方式保持联系，妥善处理学生在实习中遇到的有关问题，维护学生合法权益，帮助学生从顶岗实习岗位顺利过渡到就业岗位。

【四】政策引导，积极推进就业工作

一是全面开展"认清就业形势、转变就业观念"专项教育活动，帮助"9+3"学生树立"先就业后择业""行行出状元"的就业观念，引导他们合理规划职业生涯。二是充分发挥学校主渠道作用，探索"9+3"学生顶岗实习、订单培养的体制机制，为学生量身定做职业规划，开展针对性培养，努力提升就业能力。三是多渠道开拓就业岗位。省委、省政府成立"9+3"学生就业工作协调小组，并制定了促进"9+3"学生就业的意见，出台了鼓励企业吸纳、单位选聘、高职招录、自主创业等一系列促进就业的政策措施。目前，两届"9+3"毕业生就业率均高于全省普通中职学生平均就业率。

贵州省中等职业学校毕业生就业状况

2013 年，贵州省中等职业学校毕业生数为 100 223 人，就业人数为 95 636 人，就业率为 95.42%。与 2012 年相比，毕业生数显著增加，就业率略有下降（见表 2-24-1）。

表 2-24-1

项目	2012 年	2013 年
毕业生数/人	63 020	100 223
就业人数/人	60 775	95 636
就业率/%	96.44	95.42

一、总体状况

（一）就业去向

贵州省 95 636 名就业学生中到各种所有制企、事业单位的有 65 278 人，占就业学生总数的 68.26%；合法从事个体经营的有 14 266 人，占 14.92%；升入高一级学校就读的有 16 092 人，占 16.82%。

（二）产业分布

从事第一产业的毕业生数为 13 950 人，占全部就业学生的 14.59%；从事第二产业的为 29 172 人，占 30.50%；从事第三产业的为 52 514 人，占 54.91%。与 2012 年相比，从事第三产业人数的比例略有下降，从事第一产业和第二产业人数的比例稍有上升（见表 2-24-2）。

表 2-24-2

项目	2012 年 就业人数/人	2012 年 占就业总人数比例/%	2013 年 就业人数/人	2013 年 占就业总人数比例/%
第一产业	8 165	13.43	13 950	14.59
第二产业	18 202	29.95	29 172	30.50
第三产业	34 408	56.62	52 514	54.91

（三）就业地域

就业地域分为本地、异地和境外。本地就业的毕业生数为 57 563 人，占全部就业学生的 60.19%；异地就业的为 38 002 人，占 39.74%；境外就业的为 71 人，占 0.07%。与 2012 年相比，本地就业比例大幅上升，异地就业比例明显下降（见表 2-24-3）。

表 2-24-3

项目	2012 年 就业人数/人	2012 年 占就业总人数比例/%	2013 年 就业人数/人	2013 年 占就业总人数比例/%
本地	29 802	49.04	57 563	60.19
异地	30 973	50.96	38 002	39.74
境外	0	0	71	0.07

（四）就业渠道

通过学校推荐就业的毕业生数为 60 953 人，占全部就业学生的 63.74%；通过中介介绍就业的为 7 894 人，占 8.25%；通过其他渠道就业的为 26 789 人，占 28.01%。

与 2012 年相比，2013 年贵州省中等职业学校毕业生就业呈现以下特点：

一是毕业生数显著增加，企、事业单位仍然是中职学生的主要就业方向。2013 年到各种所有制企、事业单位的比例为 68.26%，比 2012 年减少 11.79%；个体经营和升入高一级学校就读比例略有提高，就业去向多元化趋势进一步加强。

二是第三产业仍然是中职毕业生就业的主要领域。2013 年就业于第三产业的毕业生比例略有下降，但仍然占 54.91%。

三是本地就业的比例大幅提升。2013 年本地就业毕业生比例比 2012 年增长了 11.15%，这反映出贵州经济社会发展提速明显，本地就业吸引力和吸纳力增强。

二、各专业大类就业状况

根据《中等职业学校专业目录（2010 年修订）》确定的 19 个专业类别，各专业大类的就业状况如下：

从专业大类看，就业状况最好的专业是能源与新能源类，就业率达 98.52%；其次是医药卫生类，就业率为 97.49%；石油化工类、土木水利类、文化艺术类、司法服务类、交通运输类、其他类、教育类、加工制造类的就业率均超过了平均水平；休闲保健类就业率最低，仅为 87.78%。

中国中等职业学校毕业生就业状况分析报告（2013年）

从毕业生数看，加工制造类专业毕业生数最多，为14 578人，占毕业生总数的14.55%；其次是信息技术类，毕业生数为13 528人，占13.50%。毕业生数最少的是司法服务类，为752人，占毕业生总数的0.75%；其次是石油化工类，毕业生数为831人，占0.83%。

从就业人数看，加工制造类专业就业学生数最多，为13 965人，占就业总人数的14.60%；其次是信息技术类，就业人数为12 660人，占13.24%。就业人数最少的是司法服务类，为728人，占就业总人数的0.76%；其次是休闲保健类，就业人数为754人，占0.79%。

各专业大类毕业生就业状况见表2-24-4。

表2-24-4

专业类别	毕业生数/人	就业人数/人	就业率/%
能源与新能源类	1 486	1 464	98.52
医药卫生类	12 651	12 334	97.49
石油化工类	831	810	97.47
土木水利类	5 597	5 441	97.21
文化艺术类	2 337	2 263	96.83
司法服务类	752	728	96.81
交通运输类	5 517	5 314	96.32
其他类	3 874	3 725	96.15
教育类	7 960	7 650	96.11
加工制造类	14 578	13 965	95.80
农林牧渔类	7 639	7 267	95.13
财经商贸类	7 260	6 893	94.94
旅游服务类	6 770	6 422	94.86
资源环境类	3 246	3 055	94.12
信息技术类	13 528	12 660	93.58
轻纺食品类	1 903	1 758	92.38
体育与健身类	950	872	91.79
公共管理与服务类	2 485	2 261	90.99
休闲保健类	859	754	87.78
合计	100 223	95 636	95.42

三、工作举措

【一】加强顶层设计，打造就业体系

贵州省人民政府加强中职就业顶层设计，公布了《贵州省现代职业教育体系建设规划》（简称《规划》），提出以"改善条件，扩大规模，合理布局，加快普及"为重点，初步形成现代职业教育体系框架。职业教育发展条件得到改善，办学规模大幅扩大，吸引能力明显增强，基本满足人民群众"学有所教"的需求。职业院校布局基本合理，各层次、各类型的职业教育加快发展，专业设置更加科学，中高等职业教育紧密衔接，集团化办学、产教融合、校企合作机制基本建立，职业教育发展达到全国平均水平。

【二】调整职业教育空间布局

推进职业教育布局结构调整，整合教育资源，扩大办学规模。以贵阳（含贵安新区）为中心，打造职业教育核心发展区，以8个市（州）区域性中心城市为支撑，建设职业教育重点推进区，以县城为节点，发展职业教育基础网络，形成核心带动、中心辐射、覆盖城乡、功能完善的职业教育空间格局。

四、发展趋势预测

当前，贵州省职业教育迎来了前所未有的发展机遇，也面临诸多挑战。

一是国家新一轮西部大开发的深入实施。全省工业化、城镇化的进程加快，"5个100工程"的加速推进，教育"9+3"计划的全面实施，既对技术技能人才的培养输送提出了更高要求，也为职业教育的发展创造了良好条件和大好机遇，将极大地拓展中职学生就业范围。

二是贵州省《规划》提出到2020年，以"优化结构，提高质量，特色发展，突出效益"为重点，基本建成具有贵州特色的现代职业教育体系。职业教育体系的层次、结构和布局科学合理，技术技能人才的供需结合更加紧密，职业教育服务全省产业发展的能力显著增强，竞争力不断提高，发展职业教育的体制机制更加完善，职业教育水平进一步提高。

可以预期，随着贵州省现代职业教育体系构建的步伐不断加快，教育"9+3"计划的不断深入推进，贵州省中等职业学校毕业生数将持续增加，在保持较高就业率的同时，不断提高就业质量，为贵州省经济社会发展提供更好更多的技术技能型人才支持。

云南省中等职业学校毕业生就业状况

2013年，云南省中等职业学校毕业生数为181 392人，就业人数为174 107人，就业率95.98%，对口就业率77.56%。与2012年相比，毕业生数有较大幅度增加，就业率稍有降低（见表2-25-1）。

表 2-25-1

项目	2012 年	2013 年
毕业生数/人	162 754	181 392
就业人数/人	157 491	174 107
就业率/%	96.77	95.98

一、总体状况

（一）就业去向

云南省174 107名就业学生中到各种所有制企、事业单位的有102 983人，占就业学生的59.15%；合法从事个体经营的有37 311人，占21.43%；升入高一级学校就读的有33 813人，占19.42%。

（二）产业分布

从事第一产业的毕业生数为41 121人，占全部就业学生的23.62%；从事第二产业的为43 663人，占25.08%；从事第三产业的为89 323人，占51.30%。与2012年相比，从事第三产业人数的比例大幅增加，从事第一产业及第二产业人数的比例显著减少（见表2-25-2）。

表 2-25-2

项目	2012 年		2013 年	
	就业人数/人	占就业总人数比例/%	就业人数/人	占就业总人数比例/%
第一产业	42 060	26.71	41 121	23.62
第二产业	52 588	33.39	43 663	25.08
第三产业	62 843	39.90	89 323	51.30

【三】就业地域

就业地域分为本地、异地和境外。本地就业的毕业生数为 100 782 人，占全部就业学生的 57.89%；异地就业的为 73 008 人，占 41.93%；境外就业的为 317 人，占 0.18%。与 2012 年相比，本地就业比例稍有降低，异地就业比例有所增加（见表 2-25-3）。

表 2-25-3

项目	2012 年		2013 年	
	就业人数/人	占就业总人数比例/%	就业人数/人	占就业总人数比例/%
本地	94 265	59.85	100 782	57.89
异地	62 834	39.90	73 008	41.93
境外	392	0.25	317	0.18

【四】就业渠道

通过学校推荐就业的毕业生数为 119 701 人，占全部就业学生的 68.75%；通过中介介绍就业的为 13 732 人，占 7.89%；通过其他渠道就业的为 40 674 人，占 23.36%。

与 2012 年相比，2013 年云南省中等职业学校毕业生就业呈现以下特点：

一是毕业生人数有所增加。2013 年毕业生数为 181 392 人，就业率为 95.98%，比 2012 年增加了 18 638 人。在近几年适龄学生数减少的客观形势下，云南省中等职业学校学生数稳步增加，说明云南省这几年在政策、资金、人力等方面的大力投入，推动职业教育发展取得明显效果。

二是升入高一级学校就读的比例提高。2013 年云南省中职毕业生合法从事个体经营的有 37 311 人，占 21.43%；升入高一级学校就读的有 33 813 人，占 19.42%。与 2012 年相比，合法从事个体经营的人数有所降低，降幅为 1.16%；升入高一级学校读书的比例增加了 1.05%。这表明，云南省中职与高职衔接得到进一步优化，学生再深造的渠道进一步打通。

三是第三产业就业人数大幅增加。与 2012 年相比，2013 年进入第一产业就业人数的比例减少了 3.09%，进入第二产业就业的比例减少了 8.31%，而进入第三产业人数大幅增加，比 2012 年增加了 11.40%。这与当前云南省产业结构的调整升级走势相吻合。

四是学校推荐就业仍占主导地位。2013 年学校推荐就业毕业生比例占 68.75%，相比 2012 年，学校推荐就业及通过其他渠道就业的比例有所增加，中介介绍相对减少。总体来看，中职学生就业仍然以学校推荐为主。

二、各专业大类就业状况

根据《中等职业学校专业目录（2010年修订）》确定的19个专业类别，各专业大类的就业状况如下：

从专业分类看，就业状况最好的是体育与健身类，就业率达到100%；其次是加工制造类，就业率为98.98%；土木水利类、其他类、教育类、财经商贸类、能源与新能源类、轻纺食品类、交通运输类、医药卫生类、资源环境类、石油化工类、文化艺术类的就业率都在全省平均水平以上；信息技术类、司法服务类、旅游服务类、农林牧渔类、公共管理与服务类及休闲保健类就业率则低于全省平均水平，其中休闲保健类就业率最低，为90.08%。

从毕业生数看，农林牧渔类毕业生数最多，为68 355人，占毕业生总数的37.68%；其次是信息技术类，毕业生数为23 082人，占12.72%。体育与健身类毕业生数最少，为4人；其次是公共管理与服务类，毕业生数为17人，占0.01%。

从就业人数看，农林牧渔类毕业生就业人数最多，为64 343人，占就业总人数的36.96%；其次是信息技术类，就业人数为22 064人，占12.67%。毕业生就业人数最少的是体育与健身类，为4人；其次是公共管理与服务类，就业人数为16人，占0.01%。

各专业大类毕业生就业状况见表2-25-4。

表 2-25-4

专业类别	毕业生数/人	就业人数/人	就业率/%
体育与健身类	4	4	100.00
加工制造类	12 066	11 943	98.98
土木水利类	6 773	6 700	98.92
其他类	3 011	2 971	98.67
教育类	837	824	98.45
财经商贸类	10 015	9 845	98.30
能源与新能源类	1 121	1 098	97.95
轻纺食品类	292	286	97.95
交通运输类	15 277	14 952	97.87
医药卫生类	20 685	20 096	97.15
资源环境类	374	363	97.06
石油化工类	61	59	96.72
文化艺术类	5 394	5 186	96.14

续表

专业类别	毕业生数/人	就业人数/人	就业率/%
信息技术类	23 082	22 064	95.59
司法服务类	267	255	95.51
旅游服务类	13 499	12 866	95.31
农林牧渔类	68 355	64 343	94.13
公共管理与服务类	17	16	94.12
休闲保健类	262	236	90.08
合计	181 392	174 107	95.98

三、工作举措

（一）打造多种渠道，开拓就业市场

云南省借助职校就业信息网点建设项目及"完善中等职业教育学生就业服务体业系"试点项目，有力推动职业学校学生安置就业工作；与云南人才市场合作，举办人才洽谈会。利用东部地区 10 个职教集团对口帮扶滇西 10 州市职业教育及产业发展的机会，积极推进东部与西部、城市与农村之间学校联合办学，合理提升广大学生享受优质职教资源的范围和机会，提升学生整体素质，扩宽就业范围。学校组织企业到校进行人才推介，通过立足本地、面向全省、辐射全国、放眼世界促就业，不断拓展就业领域。

（二）坚持深化人才培养模式改革，不断增强毕业生就业竞争力

中职学校人才培养质量直接影响到毕业生的就业质量及就业率。云南省大力加强以市场为导向的人才培养模式改革，积极推动教学改革，优化人才培养方案，培养学生专业基础知识、动手能力、综合素质，引导并鼓励学生拥有多种职业资格证，不断提高毕业生就业竞争力。

（三）积极探索校企合作模式，促进就业

积极探索"订单式"及"工学交替"等联合办学人才培养模式，为拓宽毕业生就业渠道打牢基础。云南省鼓励学校与企业在专业设置、教学、实习、就业等方面开展多形式的合作，实现校企无缝对接，深化校企合作，建立企业稳定优质的员工输送来源和学校稳定的学生实习基地。学校与企业签订协议，按照学校教学要求、企业岗位能力要求，共同制定人才培养目标、培养方案，教学与企业员工培训同步

进行，学生毕业后直接进入企业工作，促进毕业生就业。

【四】规范顶岗实习及学生实习责任险管理，拓宽就业渠道

通过顶岗实习岗前培训、专人负责管理、签订顶岗实习协议及实习情况跟踪等，加大顶岗实习管理力度，从而提高就业率。加强落实中职学校学生实习险、学校校责险，解决学校及学生后顾之忧，就业推荐工作渠道相对拓宽。

【五】加大就业指导力度，提高自主就业能力

全省各中职学校通过开设就业指导课程及就业指导讲座，帮助学生转变就业观念，掌握就业技巧，增强就业能力。指导学生制定《职业生涯规划设计书》，同时重视学生就业指导细节，从量体裁衣、合理推荐、跟踪服务、重复推荐、细心服务、主动出击等方面做好指导工作。

四、发展趋势预测

云南省把大力发展职业教育作为富民强滇重要举措来抓，经过几年的不懈努力，实现了突破性的发展。近几年，中职学校学生规模持续保持与普通高中规模大体相当。中职学生的就业观念、就业定位和就业渠道都得到较大改观。目前看，中职毕业生就业将有以下趋势：

一是将持续保持较高就业率。随着国家政策不断向支持职业教育发展倾斜，云南省积极响应国家政策，加快职业教育改革步伐，加大资金、人力等投入支持中等职业教育发展。中职学校也主动以市场为导向开设了社会需求量大、有特色的热门专业，未来一段时间，在技能型人才短缺情况下，云南省中职毕业生将一直保持着较高的就业率。

二是专业发展将更加合理。由于国家产业结构的调整，产生了对专业人才新的类别需求和数量需求，相关的行业人才需求紧缺。各中职学校顺应社会发展需求，不断改变办学思路，调整专业设置及招生方向。可以预测，未来的几年各专业类别毕业生人数及就业率将发生改变，更加趋于合理，适应社会发展。

三是就业渠道将更加多样化。随着信息化的发展，各种新媒体的出现，中职学生可以通过人才市场、社会中介、网络信息、学校推荐、校企合作、东西部合作和亲戚朋友推荐等多形式就业，这将逐步打破学生以学校推荐为主的就业现状。

四是对口就业率将进一步提高。随着产教融合、校企结合及按需培养等办学思路的不断更新转变，各学校学生培养方式不断优化，社会各行业对中职学生的认可度不断提升，学生毕业直接进入对口行业工作更加顺畅，对口就业率将会得到进一

步提高。

　　五是就业观和择业观将更加明确。随着学校就业指导课程的不断开展，加强了学生的思想教育，对学生的道德观、人生观、价值观进行指导，帮助中职毕业生在就业过程中清楚认识形势，调整就业期望，努力使自己就业意向与社会需求吻合。

　　六是升入高职学校比例将进一步提高。2013年，云南省规定在校中职学生获得国家级和省级技能大赛个人一、二、三等奖的学生，凭获奖证书可直接面试进入到相关高等职业院校学习，云南省中职学生升高职教育渠道得到较大拓宽。随着云南省职业教育体系的建立和完善，中等职业学校学生毕业后选择参加高职及应用本科再深造的渠道将更加顺畅，中职毕业生升入高一级学校的比例将进一步提高。

西藏自治区中等职业学校毕业生就业状况

2013年，西藏自治区中等职业学校毕业生数为9 411人，就业人数为8 668人，就业率为92.11%。与2012年相比，毕业生数显著增加，就业率显著提升（见表2-26-1）。

表2-26-1

项目	2012年	2013年
毕业生数/人	6 412	9 411
就业人数/人	4 987	8 668
就业率/%	77.78	92.11

一、总体状况

（一）就业去向

西藏8 668名就业学生中到各种所有制企、事业单位的有6 296人，占全部就业学生的72.63%；合法从事个体经营的有1 169人，占13.49%；升入高一级学校就读的有1 203人，占13.88%。

（二）产业分布

从事第一产业的毕业生数为1 492人，占全部就业学生的17.21%；从事第二产业的为2 819人，占32.52%；从事第三产业的为4 357人，占50.27%。与2012年相比，从事第一产业和第二产业人数的比例均有较大幅增加，从事第三产业人数的比例明显下降（见表2-26-2）。

表2-26-2

项目	2012年 就业人数/人	2012年 占就业总人数比例/%	2013年 就业人数/人	2013年 占就业总人数比例/%
第一产业	375	7.52	1 492	17.21
第二产业	287	5.75	2 819	32.52
第三产业	4 325	86.73	4 357	50.27

【三】就业地域

就业地域分为本地、异地和境外。本地就业的毕业生数为 8 040 人，占全部就业学生的 92.75%；异地就业的为 628 人，占 7.25%；境外就业的为 0 人。与 2012 年相比，本地就业比例有所下降，异地就业比例略有上升（见表 2-26-3）。

表 2-26-3

项目	2012 年		2013 年	
	就业人数/人	占就业总人数比例/%	就业人数/人	占就业总人数比例/%
本地	4 662	93.48	8 040	92.75
异地	326	6.52	628	7.25
境外	0	0	0	0

【四】就业渠道

通过学校推荐就业的毕业生数为 6 589 人，占全部就业学生的 76.01%；通过中介介绍就业的为 1 268 人，占 14.63%；通过其他渠道就业的为 811 人，占 9.36%（见表 2-26-4）。

表 2-26-4

项目	2012 年		2013 年	
	就业人数/人	占就业总人数比例/%	就业人数/人	占就业总人数比例/%
学校推荐	2 981	59.78	6 589	76.01
中介介绍	36	0.72	1 268	14.63
其他渠道	1 970	39.50	811	9.36

与 2012 年相比，2013 年西藏自治区中等职业学校毕业生就业呈现以下特点：

一是毕业生数有所增加；升入高一级学校就读的比例有所减少，进入各种所有制企、事业单位仍在毕业生就业中占主导位置。2013 年毕业的中职学生比 2012 年增加 2 999 人，增幅为 48.83%。2013 年进入各种所有制企、事业单位的就业学生比例较 2012 年增加了 11.93%；个体经营的学生比例较 2012 年增加 7.92%；升入高一级学校就读的较 2012 年减少 19.85%。

二是毕业生就业主要集中在第三产业，从事第一产业、第二产业的人数有所增加。2013 年就业于第二产业的毕业生数及占当年毕业生总数的比例增加明显，比 2012 年增加了 26.77%；第一产业就业人数比例较 2012 年增加了 9.69%；第三产业就业人数与 2012 年基本持平，但比例降幅较大，不过仍占全部就业学生的 50.27%，依然是毕业生就业的主要去向。

三是学校推荐就业和中介介绍就业的比例有所上升，学校推荐就业为主要渠道。2013年通过学校推荐就业的学生数为 6 589 人，占全部就业学生的 76.01%，比 2012 年上升了 16.23%；通过中介就业的比例上升了 13.91%；通过其他渠道就业的比例下降了 30.14%。

二、各专业大类就业状况

根据《中等职业学校专业目录（2010 年修订）》确定的 19 个专业类别，各专业大类的就业状况如下：

从专业分类看，就业状况最好的是教育类，就业率达到 99.75%，其次是旅游服务类，就业率为 99.23%；医药卫生类、交通运输类、农林牧渔类的就业率都处于平均水平以上；就业情况最差的是其他类，就业率仅为 29.32%。

从毕业生数看，农林牧渔类专业毕业生数最多，为 2 700 人，占毕业生总数的 28.69%；其次是医药卫生类，毕业生数为 2 000 人，占 21.25%。毕业生数最少的是轻纺食品类、石油化工类、司法服务类专业，本年度没有毕业生；其次是资源环境类和能源与新能源类，毕业生数均为 60 人，各占 0.64%。

从就业人数看，农林牧渔类专业毕业生就业人数最多，为 2 654 人，占就业总人数的 30.62%；其次是医药卫生类，就业人数为 1 858 人，占 21.44%。毕业生就业人数最少的是轻纺食品类、石油化工类、司法服务类专业，本年度无毕业生就业；其次是资源环境类和能源与新能源类，就业人数均为 50 人，各占 0.58%。

各专业大类毕业生就业状况见表 2-26-5。

表 2-26-5

专业类别	毕业生数/人	就业人数/人	就业率/%
教育类	790	788	99.75
旅游服务类	260	258	99.23
农林牧渔类	2 700	2 654	98.30
交通运输类	350	330	94.29
医药卫生类	2 000	1 858	92.90
加工制造类	400	366	91.50
土木水利类	500	456	91.20
休闲保健类	250	224	89.60
信息技术类	1 200	1 058	88.17
体育健身类	180	150	83.33
公共管理与服务类	120	100	83.33

续表

专业类别	毕业生数/人	就业人数/人	就业率/%
资源环境类	60	50	83.33
能源与新能源类	60	50	83.33
文化艺术类	200	160	80.00
财经商贸类	150	110	73.33
其他类	191	56	29.32
轻纺食品类	0	0	0
石油化工类	0	0	0
司法服务类	0	0	0
合计	9 411	8 668	92.11

三、工作举措

为不断提高西藏中职毕业生就业率，发挥中职教育在经济社会发展中的积极作用，西藏中职教育坚持以服务为宗旨，以市场为导向，以就业为目标，以校企合作为特色的办学方向，拓宽思路，整合资源，创新机制，建立和完善适应社会主义市场经济体制，满足全区经济社会和产业发展需要，形成市场需求和劳动就业紧密结合、校企合作、工学结合、结构合理、专业特色鲜明、学历教育和非学历教育并举的职业教育与职业技能培训服务体系。

【一】加强毕业生就业指导和创业教育

在加强职业指导与创业教育的过程中，各级教育行政部门和学校举办职业指导与创业教育讲座，开展创业实践活动，召开优秀毕业生报告会，同时加强学生就业前基本技能的强化教育，提高了学生的岗位技能和择业应聘的能力。

【二】加强就业宣传，强化服务指导

大力宣传"市场引导、双向选择、自主择业"的就业政策，引导学生树立正确的就业意识和择业观念。

【三】多种途径拓宽就业渠道

为拓宽毕业生在当地就业的渠道，各级教育行政部门和学校紧密联系当地政府部门、人力资源管理部门，通过举办供需见面会、人才洽谈会，充分利用当地的人才市场、劳动力市场等就业服务机构，开展"订单就业"、"工学交替就业"和"创

业就业"等多种促进就业的活动。

（四）引导学生参加顶岗实习和社会实践锻炼

将学校理论学习和实习实践结合起来，更好地推动学生接触社会，正确认知并了解市场需求，有针对性地进行顶岗实习，参加社会实践。

四、发展趋势预测

一是社会对中职毕业生认同感增强，就业机会将更多。由于就业政策宣传的加强、就业市场需求的多元化变化和中职学校办学能力的加强，未来西藏中职毕业生及家长择业观念将有所转变，用人单位也将逐步接受中职毕业生就业。

二是随着中职毕业生对学历提升需求的增强，升入高职学校的人数将逐年递增。今后将进一步拓宽对口高职升学渠道，畅通中高职有效衔接，满足学生升学需求，带动更多的中职毕业生通过取得更高学历，不断提升自身文化知识和专业技术水平，获取更多更好的就业机会。

三是社会经济发展推动就业前景将更好。随着西藏经济社会的发展，未来第三产业将是中职毕业生的主要就业方向。其中旅游、农村医药卫生、畜牧防疫、民族手工艺制作、市政工程施工、加工制造等专业的毕业生就业前景将更好。

陕西省中等职业学校毕业生就业状况

2013 年，陕西省中等职业学校毕业生数为 123 167 人，就业人数为 119 312 人，就业率为 96.87%，对口就业率为 52.79%。与 2012 年比，毕业生数略有所减少，就业率略有提升（见表 2-27-1）。

表 2-27-1

项目	2012 年	2013 年
毕业生数/人	131 924	123 167
就业人数/人	127 401	119 312
就业率/%	96.57	96.87

一、总体状况

(一) 就业去向

陕西省 119 312 名就业学生中到各种所有制企、事业单位就业的有 80 771 人，占就业生人数的 67.70%；合法从事个体企业经营的为 22 115 人，占 18.53%；升入各类高一级学校的为 16 426 人，占 13.77%。

(二) 产业分布

从事第一产业的人数为 18 981 人，占就业人数的 15.91%；从事第二产业的为 41 729 人，占 34.97%；从事第三产业的为 58 602 人，占 49.12%。与 2012 年相比，从事第一产业和第二产业就业人数的比例明显上升，从事第三产业就业人数的比例显著下降（见表 2-27-2）。

表 2-27-2

项目	2012 年 就业人数/人	2012 年 占就业总人数比例/%	2013 年 就业人数/人	2013 年 占就业总人数比例/%
第一产业	8 471	6.65	18 981	15.91
第二产业	38 576	30.28	41 729	34.97
第三产业	80 354	63.07	58 602	49.12

(三) 就业地域

就业地域分为本地、异地和境外。本地就业的毕业生数为 82 388 人，占就业总人数的 69.05%；异地就业的为 36 711 人，占 30.77%；境外就业的为 213 人，占 0.18%。与 2012 年相比，本地就业比例显著上升，异地就业比例明显下降（见表 2-27-3）。

表 2-27-3

项目	2012 年		2013 年	
	就业人数/人	占就业总人数比例/%	就业人数/人	占就业总人数比例/%
本地	58 280	45.75	82 388	69.05
异地	68 776	53.98	36 711	30.77
境外	345	0.27	213	0.18

(四) 就业地点

就业地点分为城区、镇区和乡村。城区就业的毕业生数为 83 498 人，占就业总人数的 69.98%；镇区就业的为 29 789 人，占 24.97%；乡村就业的为 6 025 人，占 5.05%。

(五) 就业渠道

通过学校推荐就业的毕业生数为 82 695 人，占就业总人数的 69.31%；通过中介介绍就业的为 9 312 人，占 7.80%；通过其他渠道就业的为 27 305 人，占 22.89%。

与 2012 年相比，2013 年陕西省中等职业学校毕业生就业呈现以下特点：

一是到各种所有制企、事业单位就业人数的比例下降，但其仍是中职毕业生的首选。直接进入企、事业单位就业人数占就业总人数的 67.70%，比 2012 年减少了 14.55%，但仍然是毕业生就业的首先去向。合法从事个体经营的毕业生数呈上升趋势，比 2012 年高出 10.74%；升入各类高一级学校就读的人数也有所上升。中职毕业生就业去向多元化趋势明显。

二是毕业生就业主要分布于第二产业和第三产业。2013 年从事第二、第三产业就业总人数为 100 331 人，占到了就业总人数的 84.09%。第二产业就业人数的比例比 2012 年上升了 4.69%，而第三产业的比例下降了 13.95%。

三是异地就业逐年减少，本地就业成为主要选择。随着陕西省经济社会发展，产业结构不断调整升级，毕业生选择在本地就业的人数比例为 69.05%，比 2012 年增加了 23.30%，而到异地就业的只占 30.77%。

四是一次性就业率较高，就业对口率相对偏低。2013 年就业率为 96.87%，平均对口就业率为 52.79%，对口就业率与 2012 年相比基本持平。

五是城区和镇区是中职毕业生就业的绝对选择，农村就业吸引力不强。2013 年到城区和镇区就业的毕业生占到了就业人数的 94.95%，而到农村就业的毕业生只有 5.05%。

六是毕业生就业待遇相对较低，稳定性相对较差。享有社会保险的就业人数为 59 791 人，仅占就业总人数的 50.11%；就业半年之内，就业流失率和调换企业以及工作岗位的概率极高。

二、各专业大类就业状况

根据《中等职业学校专业目录（2010 年修订）》确定的 19 个专业类别，各专业大类的就业状况如下：

从专业分类看，司法服务类就业率最高，为 96.91%；其次是休闲保健类，就业率为 96.89%；加工制造类、财经商贸类、交通运输类、信息技术类、石油化工类、医药卫生类、能源与新能源类、教育类就业率处于平均水平以上；旅游服务类、文化艺术类、土木水利类、公共管理与服务类、轻纺食品类、体育与健身类就业率均在 96.80% 以上。农林牧渔类、资源环境类和其他类就业率低于平均水平，但在 94.00% 以上。

从毕业生数看，加工制造类毕业生数最多，为 20 680 人，占毕业生总人数的 16.79%；其次是医药卫生类，毕业生数为 19 320 人，占 15.69%。毕业生数最少的是司法服务类，为 324 人，占毕业生总人数的 0.26%；其次是体育与健身类，毕业生数为 942 人，占 0.76%。

从就业人数看，加工制造类就业人数最多，为 20 033 人，占就业总人数的 16.79%；其次是医药卫生类，就业人数为 18 715 人，占 15.69%。就业人数最少的是司法服务类，为 314 人，占就业总人数的 0.26%；其次是体育与健身类，就业人数为 912 人，占 0.76%。

从对口就业率看，加工制造类对口就业率最高，为 77.11%；财经商贸类、交通运输类、信息技术类、石油化工类、医药卫生类、旅游服务类、公共管理与服务类和资源环境类，对口就业率也都高于平均水平；对口就业率最低的是休闲保健类，仅为 21.95%。

各专业大类毕业生就业状况见表 2-27-4。

表 2-27-4

专业类别	毕业生数/人	就业人数/人	就业率/%	对口就业人数/人	对口就业率/%
司法服务类	324	314	96.91	136	41.98
休闲保健类	2 570	2 490	96.89	564	21.95
加工制造类	20 680	20 033	96.87	15 947	77.11
财经商贸类	6 087	5 896	96.87	3 811	62.61
交通运输类	6 667	6 458	96.87	3 855	57.82
信息技术类	15 482	14 997	96.87	8 824	57.00
石油化工类	3 161	3 062	96.87	1 757	55.58
医药卫生类	19 320	18 715	96.87	10 261	53.11
能源与新能源类	3 583	3 471	96.87	1 581	44.13
教育类	8 590	8 321	96.87	2 138	24.89
旅游服务类	4 202	4 070	96.86	2 355	56.04
文化艺术类	3 313	3 209	96.86	1 723	52.01
土木水利类	5 163	5 001	96.86	1 816	35.17
公共管理与服务类	1 452	1 406	96.83	889	61.23
轻纺食品类	1 356	1 313	96.82	711	52.43
体育与健身类	942	912	96.81	309	32.80
其他类	8 001	7 663	95.78	2 163	27.03
农林牧渔类	10 960	10 738	94.69	5 388	49.16
资源环境类	1 314	1 243	94.60	800	60.88
合计	123 167	119 312	96.87	65 028	52.79

三、工作举措

【一】强化财政投入，着力提升职业教育整体水平

陕西省坚持以项目带动为主，全面提升职业教育整体办学实力。省级财政每年投入 2 个多亿，启动实施了"民生八大工程"、"职业教育基础能力提升工程"、"现代农业职教发展工程示范县建设"、"示范性职教集团建设"、"专业实训基地建设"和"示范专业建设"等职业教育项目。目前，陕西省已成功申请创建国家中等职业教育改革发展示范学校 34 所、省级示范性中职学校 57 所；建设中央财政支持的职业教育实训基地 161 个、省级专业实训基地 104 个、省级示范专业 214 个、精品课

程 200 门、行业和区域性职教集团 23 个；在省级以上示范校和重点规划支持的职业学校就读的学生已占全省中职学校在校生总数的 70% 以上。学校办学实力得到了整体提升，优质职教资源不断扩大，办学水平不断提高，服务区域经济社发展能力不断提升，职业教育的社会影响力和吸引力进一步增强，这为中职学生就业率不断提升提供了坚强保障。

【二】推动资源整合，实施特色办学

近年来，陕西省始终坚持加强政府统筹，推动职业教育资源整合，突出职业学校办学特色。2012 年，针对目前中等职业学校生源减少、部分县级职教中心办学困难的问题，陕西省制定了重点支持和规划支持 51 所县级职教中心及重点专业建设的规划，2013 年又专门下发了《陕西省教育厅关于加强统筹整合中等职业教育资源的实施意见》，明确要求以市级政府统筹为主，统筹规划区域职业学校布点和专业布局，突出建设重点，实现资源共享，促进职业教育规模、质量、效益协调发展，要以服务市域经济社会发展为中心，紧贴市域经济社会发展和产业结构转型升级对技术技能人才需求，进行区域职业教育资源整合，按照区域产业发展需要，对职业学校进行重新规划和布局。每所职业学校根据学校实际，确定 3~5 个特色专业，以特色专业带动学校特色发展，提升职业学校服务地方经济社会发展的能力。

【三】深化教育教学改革，提高人才培养质量

坚持以国家中职改革发展示范校建设为抓手，提升学校内涵建设，深入推动人才培养模式、课程、教学方法及手段、人才培养评价体系改革，积极推行学做一体化教学模式和现代学徒制的双元人才培养模式，不断提高中职学校技术技能人才培养水平和质量。以职业教育集团化办学为平台，深入推动校企合作，使企业、学校、科研院所、行业协会之间，在人才需求、专业设置、人才培养模式、课程设置、教育教学、实习就业等方面进行全过程、全方位合作，实现行业企业与职业院校优势互补、资源共享，促使职业院校与行业企业"零距离对接"。学生的基础理论课和专业理论课由学校负责完成，学生的上岗实习、顶岗实习在企业完成，使职业院校培养的毕业生技术技能紧贴行业企业生产岗位实际要求，毕业后即上岗。教育改革受到家长、学生、企业和社会的充分肯定和认可，极大提升了毕业生的就业质量和稳定性。

【四】多渠道搭建就业平台，推动毕业生就业工作

为进一步推动陕西省中职毕业生高质量就业，各地、各中职学校积极探索毕业生就业有效模式，多渠道搭建就业平台，推进学生顺利就业。一是省教育厅依托省

职教学会，成立了陕西省职教毕业生就业指导服务中心，专门指导、协调和服务全省中职毕业生就业工作，同时负责定期发布全省职业院校毕业生和企业招募信息，实现了毕业生就业和企业招募信息的及时有效对接，架起了陕西省中职毕业生就业的信息桥梁。二是省教育厅不定期组织全省地市教育行政部门和职业院校赴外地参加不同层次、不同类别的毕业生就业洽谈会，同时各地市、各职业院校也邀请相关企、事业单位特别是建立了校企合作的单位到校，召开校企合作及毕业生就业推介会，让学生、家长与招聘单位进行双向选择交流。三是以职业教育集团化办学为载体，推动一些高新产业园、行业企业与职业院校建立人才定向培养基地，实行订单培养。目前，陕西省中职毕业生就业"立交桥"已基本建立。近年来，陕西省毕业生就业率一直保持在96%以上，就业对口率不断提升，就业稳定不断增强，就业工作得到了家长和社会的高度赞扬。

【五】加强毕业生就业宣传，营造就业社会氛围

近年来，陕西省高度重视中职毕业生就业宣传工作。一方面，通过电视、报纸和网络等多种形式，对优秀毕业生的就业和创业事迹进行宣传报道；另一方面，将优秀毕业生请回学校，为在校学生现场做报告，全面宣传中职毕业生为经济社会发展、为家庭和家乡脱贫致富所做的贡献，充分体现中职毕业生在国家经济社会建设中发挥的作用和力量，引起了家长、企业和社会的广泛关注，为行业企业和社会各界关心和支持职业教育发展，为中职毕业生就业营造良好的社会氛围。

尽管近些年来陕西省中职学生持续保持高就业率，但还存在就业稳定性较低、就业竞争力不强、就业管理机制相对欠缺等问题。今后，将在政府、学校、企业三个层面共同推进体制机制建设，进一步加大校企合作力度，提升人才培养质量，推进中职学生高质量就业和可持续发展。

四、发展趋势预测

从我国经济、社会发展看，随着工业化、城镇化、信息化、农业现代化步伐不断加快，陕西省未来中职学校毕业生就业形势将继续向好，表现在：

一是从长三角、珠三角、环渤海经济圈的工业发展看，全国各地用工数量将持续增加，陕西省同样如此。根据统计部门资料显示，2015—2020年，每年需要补充的中职毕业生将超过为50万人左右，陕西省中职学校毕业生未来的就业虽有压力，但整体就业环境相对宽松。

二是从中职毕业生就业率看，毕业生将处于供不应求状态。随着陕西省产业结构的转型升级，新兴产业将会不断出现，加上第二、三产业的蓬勃发展，这对中职

毕业生的需求数量将持续增长，对中职毕业生技术技能水平的要求进一步提高，为中职毕业生就业将创造更多机会和更加广阔的空间。

三是从陕西省经济、社会发展看，本地就业比例将逐年加大。陕西省传统装备制造、航空制造、能源化工、现代旅游服务业等支柱产业不断转型升级，对技术技能人才需求进一步增强；加上国家新一轮西部大开发战略的实施和承接东部产业向西部转移的历史机遇，政府不断培育和发展新兴支柱产业，高科技、新能源、信息技术、汽车制造、现代文化等系列新兴产业将蓬勃发展，必将产生大量技术技能人才岗位；同时伴随城镇化建设步伐的加快，与之相配套的城市功能服务又将产生大批新的用工需求。纵观各种因素，未来陕西省中职毕业生将以满足本省经济社会发展对技术技能人才需求为主，异地就业将会进一步减少。

总体来讲，中职毕业生未来就业形势是好的，但是就业稳定性和就业质量需要进一步加强。一方面职业院校要加快提升人才培养质量，提高毕业生技术技能水平，及毕业生的综合素质；另一方面，政府要尽快出台职校毕业生就业相关法律法规，建立健全毕业生就业市场相关机制，为职校毕业生就业提供市场保障。

甘肃省中等职业学校毕业生就业状况

2013年，甘肃省中等职业学校毕业生数为91 182人，就业人数为86 732人，就业率为95.12%。与2012相比，毕业生数有所减少，就业率略有提高（见表2-28-1）。

表 2-28-1

项目	2012 年	2013 年
毕业生数/人	95 837	91 182
就业人数/人	91 045	86 732
就业率/%	95.00	95.12

一、总体状况

（一）就业去向

甘肃省86 732名就业学生中到各种所有制企、事业单位就业的为57 076人，占就业学生数的65.81%；合法从事个体经营的为8 249人，占就业学生数的9.51%；升入各类高一级学校的为21 407人，占就业学生数的24.68%。

（二）产业分布

从事第一产业的毕业生数为8 913人，占就业学生数的10.28%；从事第二产业的为31 991人，占36.88%；从事第三产业的为45 828人，占52.84%。与2012年相比，从事第一产业和第三产业人数的比例有所上升，从事第二产业人数的比例有所下降（见表2-28-2）。

表 2-28-2

项目	2012 年		2013 年	
	就业人数/人	占就业总人数比例/%	就业人数/人	占就业总人数比例/%
第一产业	7 958	8.74	8 913	10.28
第二产业	37 870	41.59	31 991	36.88
第三产业	45 217	49.67	45 828	52.84

(三) 就业地域

就业地域分为本地、异地和境外。本地就业人数为 41 545 人，占全部就业人数的 47.90%；异地就业的为 45 187 人，占 52.10%；境外就业的 0 人。与 2012 年相比，本地就业比例有所上升，异地就业比例有所下降（见表 2-28-3）。

表 2-28-3

项目	2012 年 就业人数/人	2012 年 占就业总人数比例/%	2013 年 就业人数/人	2013 年 占就业总人数比例/%
本地	39 133	42.98	41 545	47.90
异地	51 854	56.96	45 187	52.10
境外	58	0.06	0	0

(四) 就业渠道

通过学校推荐就业的为 74 759 人，占就业总人数的 86.20%；中介介绍就业的为 4 429 人，占 5.10%；其他渠道就业的为 7 544 人，占 8.70%。

与 2012 年相比，2013 年甘肃省中等职业学校毕业生就业呈现以下特点：

一是就业以企、事业单位为主，升学成为新去向。2013 年，到各种所有制企、事业单位就业的毕业生占全部就业学生数的 65.81%，升入各类高一级学校的占 24.68%，这表明按照构建现代职业教育体系的要求，扩大中职学生"知识+技能"对口升学已经成为提升职业教育发展水平的突破口和新方向。

二是就业多选第三产业，三大产业形成就业梯形结构。伴随产业结构调整，毕业生就业的产业分布趋于合理，第三产业依然为毕业生就业的主要领域，与第一产业、第二产业形成梯级结构分布。

三是异地就业与本地就业差距缩小，城镇就业人数居多。2013 年全省中职毕业生异地就业占 52.10%，本地就业占 47.90%，仅差 4.20%，比 2011 年和 2012 年的差距明显缩小。这表明甘肃经济、社会发展加速，就业环境改善，当地就业吸引力在增强。在大中城市就业的有 63 710 人，占 73.46%，反映出城镇化发展对技能型人才的需求在增加，城镇化步伐的推进有利于职业教育的发展。

四是中短期就业人数多，低薪就业比例仍高。2013 年，全省签订就业合同的 65 325 人中，26 091 人签订了一年内合同，26 100 人签订的是 1~2 年合同，共占 79.89%，中短期就业人数比例较大；月薪在 2 000 元以下的有 44 777 人，占签订就业合同毕业生数的 68.54%，其中还有 6 418 人月薪在 1 000 元以下，低薪人数超过半数。

二、各专业大类就业状况

根据《中等职业学校专业目录（2010年修订）》确定的19个专业类别，各专业大类的就业状况如下：

从专业分类看，全省各专业大类就业率都比较均衡，其中就业最好的是体育与健身类，就业率达到95.17%；除休闲保健类和其他类就业率为94.91%和94.92%外，其他专业都在95%以上。

从毕业生数看，医药卫生类专业毕业生数最多，为17 356人，占毕业生总数的19.03%；其次是加工制造类，毕业生数为15 795人，占17.32%。毕业生数最少的是休闲保健类，为216人，占毕业生总数的0.24%；其次是轻纺食品类，毕业生数为306人，占0.34%。司法服务类无毕业生。

从就业人数看，医药卫生类专业就业人数最多，为16 509人，占就业总人数的19.03%；其次是加工制造类，就业人数为15 024人，占17.32%。就业学生人数最少的是休闲保健类，为205人，占就业总人数的0.24%；其次是轻纺食品类，就业人数为291人，占0.34%。司法服务类无毕业生。

从对口就业率看，休闲保健类专业对口就业率最高，为85.65%；轻纺食品类专业对口就业率最低，为85.29%；其他专业都在85.43%左右。就全省来看，各专业对口就业率大体平均。

各专业大类毕业生就业状况见表2-28-4。

表 2-28-4

专业类别	毕业生数/人	就业人数/人	就业率/%	对口就业人数/人	对口就业率/%
体育与健身类	869	827	95.17	742	85.39
石油化工类	866	824	95.15	740	85.45
资源环境类	1 582	1 505	95.13	1 352	85.46
土木水利类	6 217	5 914	95.13	5 311	85.43
旅游服务类	4 373	4 160	95.13	3 736	85.43
教育类	3 222	3 065	95.13	2 753	85.44
农林牧渔类	9 446	8 985	95.12	8 070	85.43
能源与新能源类	2 645	2 516	95.12	2 260	85.44
加工制造类	15 795	15 024	95.12	13 494	85.43
信息技术类	14 327	13 628	95.12	12 240	85.43
医药卫生类	17 356	16 509	95.12	14 827	85.43

续表

专业类别	毕业生数/人	就业人数/人	就业率/%	对口就业人数/人	对口就业率/%
财经商贸类	6 599	6 277	95.12	5 638	85.44
文化艺术类	1 882	1 790	95.11	1 608	85.44
公共管理与服务类	2 475	2 354	95.11	2 114	85.41
轻纺食品类	306	291	95.10	261	85.29
交通运输类	2 553	2 428	95.10	2 181	85.43
其他类	453	430	94.92	387	85.43
休闲保健类	216	205	94.91	185	85.65
司法服务类	0	0	0	0	0
合计	91 182	86 732	95.12	77 899	85.43

三、工作举措

(一) 重视组织领导，强化科学决策

近年来，各级教育行政部门和职业学校高度重视就业工作，实施"一把手工程"，做到一把手亲自抓，分管领导归口抓，工作人员具体抓，不断强化就业工作意识，确立了"学校围着市场转，专业围着产业转，人才培养围着需求转"的办学理念，每年都把就业工作列入年度工作重点，做到人员、经费、机构"三到位"。

(二) 调整专业结构，增强就业优势

全省各中等职业学校紧盯市场需求，紧跟产业发展，按照"各具特色，相互补充，错位发展，做精做优，并驾齐驱，共同发展"的原则，淘汰老专业；围绕现代制造业、现代信息业、现代医药业、现代建筑业、现代服务业等产业集群，既着力打造具有浓厚甘肃地域特色的专业品牌，增强学生就业优势，又着力打造面向全国乃至全世界就业市场的品牌专业，拓宽毕业生就业渠道。

(三) 搭建就业平台，拓宽就业渠道

为拓展就业渠道，省职教中心专门成立了省级就业服务机构，协调、指导全省中职毕业生就业工作，在做好毕业生本地就业的基础上，与各市职教集团共同建立了珠三角、长三角和京津唐三大就业基地群。省、市教育行政部门还通过举办校企合作暨毕业生就业洽谈会，组织各中职学校与全国500强企业建立了长期的工学交替、顶岗实习、订单培养、就业安置合作关系，实现了招生与就业，上课与上岗的

有效对接。

（四）加强跟踪服务，确保稳定就业

做好跟踪服务工作，是确保中职毕业生就业稳定，提高毕业生就业质量的主要措施之一。各就业服务机构本着服务第一、稳定为重的思想，建立了毕业生就业监测机制，对就业质量进行监测。同时对毕业生就业进行长期跟踪，解除学生的后顾之忧。还选派工作人员和班主任轮流进驻企业，为实习、就业学生提供全方位服务与指导。及时对就业不满意的学生实行再安置，确保学生满意就业。

（五）加强制度建设，就业管理制度化

为进一步加强对学生实习就业工作的指导和管理，规范学生实习就业安置工作，各市州依据国家教育部、财政部制定的《中等职业学校学生实习管理办法》，结合各自实际，编印了就业政策汇编、业务操作流程等规范性文本和工作台帐范本，使就业安置工作逐步迈向制度化、规范化轨道。同时，各学校遵循"学生愿意，家长同意，学校批准，择优推荐"的原则，促进教学与生产劳动相结合，实现了量才选岗、对口就业，做到就业推荐系统化。根据国家教育部先后出台的关于实施中等职业学校学生实习责任保险的文件，全省各职业学校建立了学生实习责任保险制度，并与就业企业签订了就业协议，建立学生就业保障机制，确保了就业的稳定性。

（六）扩大升学渠道，提高技术技能水平

2010年，甘肃省开始进行中等职业学校毕业生升学考试制度改革，率先在全国建立了"知识+技能"考试制度，引起了国家教育部的高度关注。2012年，又启动建立了"2+2+1"中职对高职、"2+2"高职对本科的对口升学制度。这些制度作为构建甘肃现代职业教育体系的对口升学考试工作，通过几年的改革调整，已经趋于成熟。目前，全省各职业学校毕业生都能通过对口升学、高校自主招生、天津春季高考、"3+2"及"2+2+1"等途径，选择适合自己的升学方式到高等院校继续学习，提高技术技能水平，增强服务经济社会发展的本领。

四、发展趋势预测

一是社会经济对技术技能人才的需求依然旺盛。未来几年，甘肃省在职业教育领域探索建立适应现代职业教育的机制体制，以培养转移劳动力和职业农民为重点，加快全省现代职业教育发展步伐，为推进城镇化和农业现代化服务。随着城镇化进程的加快，社会经济对技术技能人才的需求依然旺盛，但对技术技能人才的要求越

来越高。

二是就业岗位因经济结构调整将有所减少。今后一个时期，中职毕业生就业将呈现多元化、差异化、高标准化，就业形势仍然不容乐观。加之随着国家产业结构的调整、升级，相当一部分中小企业、产能落后企业被淘汰，部分劳动密集型外资企业由于劳动力成本上升撤离中国，就业岗位减少，给毕业生就业带来困难。

今后，甘肃省将不断调整职业教育人才培养方向和结构，紧紧围绕市场需求和国家的改革发展，加快发展现代职业教育，提升技术技能人才培养水平，遵循市场规律，培养适应市场的合格人才。

青海省中等职业学校毕业生就业状况

2013年，青海省中等职业学校毕业生数为19 099人，就业人数为18 447人，就业率达96.59%。与2012年相比，毕业生数有所减少，就业率略有下降（见表2-29-1）。

表2-29-1

项目	2012年	2013年
毕业生数/人	19 124	19 099
就业人数/人	18 549	18 447
就业率/%	96.99	96.59

一、总体状况

（一）就业去向

青海省18 447名就业学生中在各种所有制企、事业单位的有13 045人，占就业学生总数的70.72%；合法从事个体经营的有2 486人，占13.47%；升入各类高一级学校的有2 916人，占15.81%（见表2-29-2）。

表2-29-2

项目	2012年 就业人数/人	2012年 占就业总人数比例/%	2013年 就业人数/人	2013年 占就业总人数比例/%
各种所有制企、事业单位	13 594	73.29	13 045	70.72
合法从事个体经营	2 466	13.29	2 486	13.47
升入高一级学校	2 489	13.42	2 916	15.81

（二）产业分布

从事第一产业的就业人数为724人，占就业学生总数的3.92%；从事第二产业的为 8 297 人，占 44.98%；从事第三产业的为 9 426 人，占 51.10%。与 2012 年相比，从事第一产业人数的比例有所上升，从事第二产业和第三产业人数的比例略有下降（见表 2-29-3）。

表 2-29-3

项目	2012 年		2013 年	
	就业人数/人	占就业总人数比例/%	就业人数/人	占就业总人数比例/%
第一产业	404	2.18	724	3.92
第二产业	8 596	46.34	8 297	44.98
第三产业	9 549	51.48	9 426	51.10

【三】就业地域

就业地域分为本地、异地和境外。本地就业的毕业生数为 15 083 人，占就业学生总数的 81.76%；异地就业的为 3 363 人，占 18.23%；境外就业的为 1 人，占 0.01%。与 2012 年相比，本地、异地与境外就业比例基本持平（见表 2-29-4）。

表 2-29-4

项目	2012 年		2013 年	
	就业人数/人	占就业总人数比例/%	就业人数/人	占就业总人数比例/%
本地	15 192	81.90	15 083	81.76
异地	3 357	18.10	3 363	18.23
境外	0	0	1	0.01

【四】就业地点

就业地点分为城区、镇区和乡村。城区就业的毕业生数为 10 363 人，占就业学生总数的 56.18%；镇区就业的为 5 373 人，占 29.12%；乡村就业的为 2 711 人，占 14.70%。

【五】就业渠道

通过学校推荐就业的毕业生数为 15 317 人，占就业学生总数的 83.03%；中介介绍就业的为 212 人，占 1.15%；其他渠道就业的为 2 918 人，占 15.82%（见表 2-29-5）。

表 2-29-5

项目	2012 年		2013 年	
	就业人数/人	占就业总人数比例/%	就业人数/人	占就业总人数比例/%
学校推荐	14 431	77.80	15 317	83.03
中介介绍	1 313	7.08	212	1.15
其他渠道	2 805	15.12	2 918	15.82

与 2012 年相比，2013 年青海省中等职业学校毕业生就业呈现以下特点：

一是毕业生数有所下降；进入企、事业单位仍然是中职学生主要就业方向。在企、事业单位就业的人数比 2012 年减少 549 人，占比降低了 2.57%；合法从事个体经营人数的比例基本持平；升入各类高一级学校的人数有所提高，比 2012 年增加了 427 人，上升了 2.39%。

二是就业于第二、第三产业人数虽有下降，但仍居主导地位。2013 年就业于第二产业和第三产业人数及比例较 2012 年均有所下降，但仍是毕业生的主要就业领域。第一产业的就业人数及比例比 2012 年有所提高，上升了 1.74%。

三是本地就业的毕业生占绝大多数。与 2012 年相比，本地就业人数所占比例略有下降，但仍占据 81.76%；异地就业比例基本持平。

四是学校推荐为就业主要渠道。2013 年通过学校推荐就业人数占就业总人数的比例有所提高，比 2012 年上升了 5.23%；中介介绍占比大幅下降，比 2012 年下降了 5.93%。这表明青海省中等职业教育加强校企合作、稳定拓宽学生就业渠道的成效显著。

二、各专业大类就业状况

根据《中等职业学校专业目录（2010 年修订）》确定的 19 个专业类别，各专业大类的就业状况如下：

从专业分类看，就业状况最好的专业是资源环境类、能源与新能源类、休闲保健类和体育与健身类，就业率达到 100%；农林牧渔类、加工制造类、石油化工类、旅游服务类、教育类、信息技术类、轻纺食品类、交通运输类、公共管理与服务类和土木水利类等，就业率都在 95% 以上。文化艺术类的就业率较低，为 92.39%。

从毕业生数看，加工制造类毕业生人数最多，为 4 674 人，占毕业生总数的 24.47%；其次是医药卫生类，毕业生数为 4 358 人，占 22.82%。毕业生数最少的为体育与健身类，为 54 人，占毕业生总数的 0.28%；其次是休闲保健类，毕业生数为 86 人，占 0.45%。司法服务类无毕业生。

从就业人数看，加工制造类专业就业人数最多，为 4 585 人，占就业总人数的

24.85%；其次是医药卫生类，就业人数为 4 128 人，占 22.38%。就业人数最少的是体育与健身类，为 54 人，占就业总人数的 0.29%；其次是休闲保健类，就业人数为 86 人，占 0.47%。司法服务类无毕业生。

从对口就业率看，资源环境类、能源与新能源类、休闲保健类对口就业率为 100%；轻纺食品类、土木水利类、旅游服务类、公共管理与服务类、农林牧渔类、教育类、其他类等，对口就业率都在 90% 以上；财经商贸类的对口就业率较低，为 74.77%。

各专业大类毕业生就业状况见表 2-29-6。

表 2-29-6

专业类别	毕业生数/人	就业人数/人	就业率/%	对口就业人数/人	对口就业率/%
资源环境类	126	126	100.00	126	100.00
能源与新能源类	94	94	100.00	94	100.00
休闲保健类	86	86	100.00	86	100.00
体育与健身类	54	54	100.00	48	88.89
农林牧渔类	507	499	98.42	470	92.70
加工制造类	4 674	4 585	98.10	3 844	82.24
石油化工类	1 842	1 807	98.10	1 497	81.27
旅游服务类	1 037	1 012	97.59	978	94.31
教育类	1 469	1 427	97.14	1 407	95.78
信息技术类	1 914	1 850	96.66	1 691	88.35
轻纺食品类	220	211	95.91	209	95.00
交通运输类	1 163	1 112	95.61	1 042	89.60
公共管理与服务类	111	106	95.50	102	91.89
土木水利类	351	335	95.44	325	92.59
其他类	96	91	94.79	91	94.79
医药卫生类	4 358	4 128	94.72	3 870	88.80
财经商贸类	222	208	93.69	166	74.77
文化艺术类	775	716	92.39	691	89.16
司法服务类	0	0	0	0	0
合计	19 099	18 447	96.59	16 737	87.63

三、就业质量

（一）就业合同

在 15 531 名直接就业学生中，未签订合同的为 1 449 人，占直接就业学生的 9.33%；1 年以内的签约人数为 4 247 人，占 27.35%；签约 1～2（含）年的为 5 866 人，占 37.77%；签约 2～3（含）年的为 2 707 人，占 17.43%；签 3 年合同以上的为 1 262 人，占 8.12%。

（二）就业起薪

平均起薪 2 200 元，其中，月薪 1 000 元以下的为 791 人，占直接就业人数的 5.09%；1 001～1 500 元的为 3 876 人，占 24.96%；1 501～2 000 元的为 4 497 人，占直接就业人数的 28.95%；2 001～3 000 元的为 5 165 人，占直接就业人数的 33.26%；3 000 元以上的为 1 202 人，占直接就业人数的 7.74%。

（三）职业资格证书

取得职业资格证书的有 13 131 人，占毕业生总数的 68.75%；未取得执业资格证书的 5 968 人，占 31.25%。

四、工作举措

（一）树立就业创业理念，增强适应社会发展的能力

将《职业生涯规划》作为中等职业学校学生第二学期必修的一门德育课，对学生进行职业生涯教育和职业理想教育，引导学生树立正确的职业观、择业观、创业观以及成才观，学会根据社会需要和自身特点进行职业生涯规划，并以此规范和调整自己的行为，做好适应社会、融入社会和就业、创业的准备。各职业院校把职业指导和毕业生就业工作纳入学校的整体工作，并作为衡量学校办学整体水平的重要内容，建立了中等职业学校毕业生就业情况公布制度，每年进行全省中等职业教育毕业生就业情况的通报。

（二）优化专业结构，加强专业建设

为进一步优化专业结构，加大专业建设力度，努力形成与经济、社会发展，与

人才需求相适应的、优势突出、特色鲜明、布局合理、结构优化的职业教育专业体系，青海省政府出台了《关于优化全省高等教育和职业教育布局及学科专业机构的意见》（青政〔2013〕74号），各职业院校进行了不同程度的专业调整。停办了公安、司法类专业和文秘专业；通过审查办学资质，取消了6所学校举办中医专业的权限；增设了化学工艺、工业分析与检验、光伏发电设备运行与维修、风电场机电设备运行与维护、藏毯编织、有色金属冶炼、珠宝石加工与营销、物流服务与管理等8个专业。同时，优化招生计划，工科类和服务类的专业招生比例由当年招生计划总数的51%提高到65%，将医药卫生类的招生比例由当年的16%减到8%以下。重点建设了机械加工技术、有色金属冶炼等40个省级重点专业。专业建设的调整优化大大提升了中等职业教育服务经济建设的能力。

（三）加强校企合作，稳定和拓宽学生就业渠道

目前全省大部分学校与省内外多家企业合作办学，并建立了长期、稳定的实习基地，所有的毕业生通过顶岗实习，缩短了就业准备期。此外，学校还与相关行业和企业共同研究和制定培养方案和教学计划，保证了专业教学的内容更具有针对性和实用性，实行订单培养，为毕业生充分而高质量的就业提供了良好的保障。

五、发展趋势预测

一是家长、学生"求稳定"的思想还将存在，进入大中型企业单位仍然是中职学生主要就业方向；同时，青海省将不断优化中等职业教育与高等职业教育的政策衔接，进一步打通职业教育"立交桥"，升入高一级学校的学生将会逐年增加。

二是伴随青海省产业结构调整，中等职业学校毕业生就业产业分布更趋于合理。第二产业和第三产业将继续是毕业生就业的主要去向，第一产业就业人数及比例将会不断上升。

三是围绕青海省东部城市群建设、"一区三园"及装备制造等八大产业群，中等职业教育对接产业程度将不断加深，职教人才培养模式改革将持续深化；集团化办学有实质性进展，形成校企深度合作；学校推荐仍是就业主渠道。

四是就业地域将以本地就业为主；通过对口支援转移藏区学生、校校联合办学等，异地就业人数将逐年增加。

五是专业结构将持续优化，新能源、新材料、盐湖化工、有色金属、装备制造、中藏药、特色果品、旅游等产业相关专业走俏，就业率和对口就业率将继续保持较高水平。

宁夏回族自治区中等职业学校毕业生就业状况

2013年，宁夏回族自治区中职毕业生数为40 896人，就业人数为39 275人，就业率为96.04%，对口就业率为78.80%。与2012年相比，毕业生数有所下降，就业率略有降低（见表2-30-1）。

表 2-30-1

项目	2012 年	2013 年
毕业生数/人	42 700	40 896
就业人数/人	41 200	39 275
就业率/%	96.49	96.04

一、总体状况

（一）就业去向

宁夏回族自治区39 275名就业学生中到各种所有制企、事业单位的有21 463人，占就业学生总数的54.65%；合法从事个体经营的有13 855人，占35.28%；升入各类高一级学校的有3 957人，占10.08%。

（二）产业分布

从事第一产业的毕业生数为10 447人，占就业学生总数的26.60%；从事第二产业的为18 241人，占46.44%；从事第三产业的为10 587人，占26.96%。与2012年相比，从事第一产业和第二产业人数的比例稍有下降，从事第三产业人数的比例有所增长（见表2-30-2）。

表 2-30-2

项目	2012 年 就业人数/人	2012 年 占就业总人数比例/%	2013 年 就业人数/人	2013 年 占就业总人数比例/%
第一产业	11 330	27.50	10 447	26.60
第二产业	19 693	47.80	18 241	46.44
第三产业	10 177	24.70	10 587	26.96

(三) 就业地域

就业地域分为本地、异地和境外。本地就业的毕业生数为 27 520 人，占全部就业生的 62.43%；异地就业的为 14 755 人，占 37.57%；境外就业的人数为 0。与 2012 年相比，本地就业比例有所下降，异地就业比例有所上升（见表 2-30-3）。

表 2-30-3

项目	2012 年		2013 年	
	就业人数/人	占就业总人数比例/%	就业人数/人	占就业总人数比例/%
本地	28 840	70.00	27 520	62.43
异地	12 360	30.00	14 755	37.57
境外	0	0	0	0

(四) 就业渠道

通过学校推荐就业的毕业生数为 37 446 人，占全部就业学生的 95.34%；通过其他渠道就业的为 1 829 人，占 4.66%。

与 2012 年相比，2013 年宁夏回族自治区中等职业学校毕业生就业呈现以下特点：

一是进入各种所有制企、事业单位仍是中职学生主要就业方向，个体经营的比例有减少。2013 年，进入各种所有制企、事业单位的人数占全部就业人数的 54.65%，比 2012 年下降了 0.35%，但依旧是中职学生就业的主方向。从事个体经营的毕业生占就业学生数的 35.28%，比 2012 年降低了 0.72%，而升入高一级学校就读的比例有所提高。

二是就业于第二产业人数居多，第一产业和第三产业就业人数所占比例相近。第二产业的就业人数比例远超第一产业和第三产业的比例，各产业所占比例与 2012 年基本持平。

三是本地就业的比例有所下降。本地就业作为中职毕业生的首选，占全部就业学生的 62.43%，比 2012 年下降了 7.57%；异地就业毕业生占全部毕业生的 37.57%，与 2012 年相比有所提高。这说明中职学生的就业较好地满足了宁夏回族自治区区域经济的发展需求，但就业去向发生了较大变化。

二、各专业大类就业状况

根据《中等职业学校专业目录（2010 年修订）》确定的 19 个专业类别，各专业大类的就业状况如下：

中国中等职业学校毕业生就业状况分析报告（2013年）

从专业大类看，就业状况较好的专业是医药卫生类、休闲保健类、文化艺术类、体育与健身类，就业率均达到100%；农林牧渔业类、信息技术类、能源与新能源类、交通运输类、资源环境类、土木水利类、石油化工类、加工制造类、财经商贸类、旅游服务类、公共管理与服务类等，就业率也都在90.00%以上。教育类最低，为82.96%。

从毕业生数看，毕业生数最多的是农林牧渔类，为10 650人，占全部毕业学生数的26.04%；其次是其他类，为10 600人，占25.92%。毕业生数最少的是休闲保健类，为244人，占全部毕业学生数的0.60%；其次是体育与健身类，毕业生数为250人，占0.61%。

从就业人数看，农林牧渔业类就业人数最多，为10 450人，占全部就业人数的26.61%；其次是其他类，为10 421人，占26.53%。就业人数最少的是休闲保健类，为244人，占全部就业人数的0.62%；其次是体育与健身类，就业人数为250人，占0.64%。

各专业大类毕业生就业状况见表2-30-4。

表 2-30-4

专业类别	毕业生数/人	就业人数/人	就业率/%
医药卫生类	500	500	100.00
休闲保健类	244	244	100.00
文化艺术类	300	300	100.00
体育与健身类	250	250	100.00
其他类	10 600	10 421	98.31
能源与新能源类	1 620	1 590	98.15
农林牧渔类	10 650	10 450	98.12
资源环境类	620	600	96.77
土木水利类	720	695	96.53
交通运输类	1 020	980	96.08
旅游服务类	720	690	95.83
信息技术类	2 780	2 650	95.32
石油化工类	1 440	1 370	95.14
公共管理与服务类	852	810	95.07
财经商贸类	1 500	1 420	94.67
加工制造类	3 800	3 520	92.63
司法服务类	680	620	91.18
轻纺食品类	1 250	1 045	83.60
教育类	1 350	1 120	82.96
合计	40 896	39 275	96.04

从数据可以看出，宁夏地区就业比例相对稳定，就业已进入一个相对稳定的时期，提高毕业生就业质量将成为今后就业工作的关键，如何广开门路，开展就业研究，开拓更多高质量的就业单位成为就业工作重中之重。

三、工作举措

（一）构建全员参与就业工作长效机制

宁夏各中等职业学校逐步建立学生就业工作的考核评价制度，包括毕业生就业工作考评办法和毕业生就业追踪评估办法，就业与招生、培养联动机制，不断推动全员参与就业工作长效机制的建设和完善。

（二）增强人才培养与就业市场的适配度

一是各职业学校深入研究宁夏地区经济、社会发展与产业结构调整转型的需要，推动职业教育教育教学改革；二是各专业教学结合社会需求和专业特点，创新人才培养模式，下大力气培养适销对路的应用型人才；三是全面加强实习、就业基地的建设，适当延长及科学安排专业见习、实践活动的时间，充分利用顶岗实习等活动，强化就业技能培训，提高学生实践操作能力；四是结合专业特点，以各种竞赛为载体，建设优质的学生实践活动平台，推动学生专业学习的同时，全面提升学生综合素质。青铜峡职教中心根据宁夏地区地理位置的特殊性和经济社会发展的需要新开设了光伏专业，选派相关优秀教师出外培训，大力投资新建了设备齐全的光伏专业实训车间，今年的实习生到宁夏地区银新能源公司实习受到单位领导的好评，80%的学生被单位直接留用。

（三）提升就业服务与就业指导质量，有效引领毕业生充分就业

一是各职业学校的辅导老师对就业学生进行跟踪辅导，带班教师亲自下到企业指导学生的生活和工作，以学生和用人单位满意为准。二是针对学生与家长的沟通不畅、学生与学校招生就业办沟通不畅这一就业服务障碍，各中职学校积极与实习实训的学生和家长沟通、交流，及时做好学生与家长的思想工作。三是职业生涯教育的开展，注重提高学生的劳动技能，更注重对学生工作态度、敬业精神、团队精神、事业心及责任感的教育与培养，让学生正确认识自己、准确定位。宁夏交通学校对毕业生从实习步入企业第一天就开始跟踪指导，指导教师对一些不适应所在岗位的学生提供心理和技能方面的帮助，如果还不能适应可给予再就业安排，尽力做到学生、用人单位百分百满意。

【四】加强实习实训基地的能动性

开拓实习实训基地，是宁夏各中等学校开展教学改革、提高学生就业竞争力的有力措施与途径。在校内各学校有效运用实训车间邀请企业相关专业技术老师为学生做技术指导。同时组织毕业生在企业实习基地参加一段时间的工作和生活，引导学生转变就业观念、熟悉了解企业工作情况，从而实现成功就业，也有助于企业在学生的实际工作中观察挑选，寻找合适的人才。这既减少了用人单位在就业市场选人、用人的经济成本，又节省了学生适应单位环境的时间成本，促成了用人单位、学生双方共赢。

四、发展趋势预测

一是中职学生就业空间将得到可持续性拓展。近年来，宁夏各级政府按照城市化、工业化、农业产业化"三化"的战略要求，切实把推进农业产业化作为统筹城乡经济发展、建设现代农业、促进农业增收和农民增收的重要工作，使农业产业化发展迈上新的台阶。这为当地中职专业发展和中职毕业生就业提供了更广阔的空间。

二是技能型人才的就业质量将得到提高。经国务院批准建立宁夏内陆开放型经济试验区和设立银川综合保税区即"两区"建设，在"两区"建设热潮中制定了国家大型综合能源化工基地等"十大基地"目标任务，对技能型人才的渴求将在未来几年持续高涨。这对中职技能型人才培养提出了更高要求，将有效促进中职毕业生就业质量的提高。

三是现代农业将成为就业热门领域。未来几年，宁夏当地将继续发展农业设施，特别是枸杞加工、葡萄酒酿造、羊绒加工等特色产业建设，这为相关专业的设置和人才就业开辟了新的领域，高素质的农业劳动者及相关技能人才将越来越抢手。

五、今后工作思路

【一】推进办学体制改革，促进职业教育就业工作

完善"政府主导、行业指导、企业参与"的职业教育办学机制，将中等职业教育和职业培训纳入基本公共服务范围，自治区统筹规划各类职业教育发展，强化市级政府在职业教育发展中的区域协调作用。支持学校制定与产业发展对接的教育教学同步培养计划；鼓励行业组织、企业制定与事业发展协调的人力资源同步开发方案，举办职业学校投资建设生产车间、技术研发和服务中心，创新行业、企业和社

会各方分担职业教育基础能力建设和转移实训成本的产教融合机制。规模以上企业要对接职业院校设立学生实习和教师实践岗位，企业举办的职业院校与公办职业院校具有同等法律地位，依法享受相关教育、财税、土地、金融等政策。这些政策有力推动了职业教育发展。

【二】奠定良好基础，积极推进职业教育内涵式发展

以提高质量为核心，以增强特色为重点，优化职业教育布局，促进教学管理、教育质量上水平、上台阶。建立完善高职学院招收中等职业学校毕业生的人才培养方案和课程体系，扩大高职学院招收中职毕业生和初中后五年制学生的比例，2017年将达到40%，2020年达到50%以上。宁夏地区还推进中高等职业教育有机衔接，建立中等、高等职业教育协调发展的教学联盟，共享教育教学资源。

【三】深入职业教育专业调研

为分析研究宁夏地区中等职业学校毕业生就业现状，切实掌握毕业生就业基本情况，指导职业学校今后的发展与毕业生就业工作，宁夏将对中等职业学校毕业生就业现状进行摸底调查，根据职业教育发展现状，找出发展中存在的问题和不足，为下一步职业教育毕业生发展思路、目标任务和意见建议提供数据依据。各职业学校以此次调研活动为契机，针对职业教育发展存在的问题和不足，加大工作改革举措，进一步加快职业教育发展。

【四】制定完善集团化办学制度

推动宁夏地区教育、农业、水利、交通、能源化工、现代服务、建筑等行业、企业与学校组建职业教育集团和专业教学联盟，完善集团化（联盟）办学的体制机制；积极推进多元投资主体共建职业教育集团的改革试点，实现教育与产业的紧密衔接，促进职业教育链和区域产业链有机融合；推进职业教育现代学校制度建设，建立政府、高校、行业、企业、科研机构、社会组织等参与的职业院校理事会或董事会的决策议事机制，支持学校自主办学，深化人事、分配制度改革，调动教职员工积极性。

新疆维吾尔自治区中等职业学校毕业生就业状况

2013年，新疆维吾尔自治区中等职业学校毕业生数为57 500人，就业人数为49 174人，就业率为85.52%。与2012年相比，毕业生数有所减少，就业率有所上升（见表2-31-1）。

表 2-31-1

项目	2012 年	2013 年
毕业生数/人	58 732	57 500
就业生数/人	49 241	49 174
就业率/%	83.84	85.52

一、总体状况

（一）就业去向

新疆维吾尔自治区49 174名就业学生中到各种所有制企、事业单位的有23 991人，占全部就业学生的48.79%；合法从事个体经营的有20 467人，占41.62%；升入高一级学校就读的有4 716人，占9.59%。

（二）产业分布

从事第一产业的毕业生数为7 956人，占全部就业学生的16.18%；从事第二产业的为11 997人，占24.40%；从事第三产业的为29 221人，占59.42%。与2012年相比，从事第一产业和第二产业人数所占比例均有所降低，从事第三产业人数所占比例有所上升（见表2-31-2）。

表 2-31-2

项目	2012 年 就业人数/人	2012 年 占就业总人数比例/%	2013 年 就业人数/人	2013 年 占就业总人数比例/%
第一产业	8 334	16.92	7 956	16.18
第二产业	14 313	29.07	11 997	24.40
第三产业	26 594	54.01	29 221	59.42

(三) 就业地域

就业地域分为本地、异地和境外。本地就业的毕业生数为 45 668 人，占全部就业学生的 92.87%；异地就业的为 3 486 人，占 7.09%；境外就业的为 20 人，占 0.04%。与 2012 年相比，本地就业比例略有上升，异地就业比例有所下降（见表 2-31-3）。

表 2-31-3

项目	2012 年		2013 年	
	就业人数/人	占就业总人数比例/%	就业人数/人	占就业总人数比例/%
本地	44 452	90.27	45 668	92.87
异地	4 766	9.68	3 486	7.09
境外	23	0.05	20	0.04

(四) 就业渠道

通过学校推荐就业的毕业生数为 32 137 人，占全部就业学生的 65.35%；通过中介介绍就业的为 3 552 人，占 7.22%；通过其他渠道就业的为 13 485 人，占 27.43%。

与 2012 年相比，2013 年新疆维吾尔自治区中等职业学校毕业生就业呈现以下特点：

一是毕业生数有所下降，2013 年毕业的学生数比 2012 年减少了 1 232 人；进入企、事业单位人数的比例下降，比 2012 年降低了 21.02%，但仍然是中职学生主要就业方向。升入高一级学校就读人数占就业学生总数的 9.59%，比 2012 年降低了 0.66%。

二是就业于第三产业人数最多，比例最高。2013 年第一产业和第二产业就业人数比例有所下降，其中第二产业就业人数比例为 24.40%，比 2012 年下降了 4.67%；第三产业就业人数的比例为 59.42%，比 2012 年增长了 5.41%。

三是本地就业仍为主流，所占比例比 2012 年略有增长。2013 年本地就业毕业生比例比 2012 年增长了 2.60%，占就业总人数的 92.87%；异地就业比例下降了 2.59%。

二、各专业大类就业状况

根据《中等职业学校专业目录（2010 年修订）》确定的 19 个专业类别，各专业大类的就业状况如下：

从专业分类看，就业状况最好的是资源环境类，就业率为 98.11%；其次是加工制造类，就业率为94.31%；农林牧渔类、医药卫生类、教育类、石油化工类、旅游服务类、能源与新能源类、体育与健身类、休闲保健类，就业率都在平均水平以上。就业率最低的是司法服务类，仅为56.75%。

从毕业生数看，农林牧渔类专业毕业生数最多，为9 015人，占毕业生总数的15.68%；其次医药卫生类，毕业生数为7 687人，占13.37%。毕业生数最少的是司法服务类专业，为289人，占毕业生总数的0.50%；其次是休闲保健类，毕业生数为352人，占0.61%。

从就业人数看，农林牧渔类专业就业人数最多，为8 166人，占就业总人数的16.61%；其次是医药卫生类，就业人数为7 113人，占14.46%。就业人数最少的是司法服务类，为164人，占就业总人数的0.33%；其次是休闲保健类，就业人数为311人，占0.63%。

各专业大类毕业生就业状况见表2-31-4。

表 2-31-4

专业类别	毕业生数/人	就业人数/人	就业率/%
资源环境类	1 004	985	98.11
加工制造类	4 816	4 542	94.31
石油化工类	2 479	2 316	93.25
医药卫生类	7 687	7 113	92.53
农林牧渔类	9 015	8 166	90.58
教育类	3 254	2 889	88.78
体育与健身类	505	447	88.51
旅游服务类	2 241	1 982	88.44
休闲保健类	352	311	88.35
能源与新能源类	809	697	86.16
土木水利类	3 382	2 859	84.54
信息技术类	3 986	3 287	82.46
公共管理与服务类	420	337	80.24
其他类	906	716	79.03
文化艺术类	5 108	3 992	78.15
轻纺食品类	2 233	1 723	77.16
交通运输类	4 854	3 644	75.07
财经商贸类	4 160	3 004	72.21
司法服务类	289	164	56.75
合计	57 500	49 174	85.52

新疆生产建设兵团中等职业学校毕业生就业状况

2013年，新疆生产建设兵团毕业生数为10 822人，就业人数为10 616人，就业率为98.10%；对口就业人数为9 715人，对口就业率为89.77%。与2012年相比，毕业生数大幅增加，就业率比去年同期有所上升，总体形势良好（见表2-32-1）。

表 2-32-1

项目	2012年	2013年
毕业生数/人	7 500	10 822
就业人数/人	7 354	10 616
就业率/%	98.05	98.10

一、总体状况

（一）就业去向

新疆生产建设兵团10 616名就业学生中到各种所有制企、事业单位就业的有8 926人，占就业学生总数的84.08%；合法从事个体经营的为962人，占9.06%；升入各类高一级学校的为728人，占6.86%。

（二）产业分布

从事第一产业的就业人数为3 018人，占就业学生总数的28.43%；从事第二产业的为3 806人，占35.85%；从事第三产业的为3 792人，占35.72%。与2012年相比，从事第一产业的人数及比例大幅增加，从事第二产业和第三产业人数的比例有所下降（见表2-32-2）。

表 2-32-2

项目	2012年 就业人数/人	2012年 占就业总人数比例/%	2013年 就业人数/人	2013年 占就业总人数比例/%
第一产业	369	5.02	3 018	28.43
第二产业	3 153	42.87	3 806	35.85
第三产业	3 832	52.11	3 792	35.72

中国中等职业学校毕业生就业状况分析报告（2013年）

【三】就业地域

就业地域分为本地、异地和境外。本地就业的毕业生数为9 013人，占全部就业人数的84.90%；异地就业的为1 601人，占15.08%；境外就业的为2人，占0.02%。与2012年相比，2013年本地就业比例有所下降，异地就业比例有所上升（见表2-32-3）。

表 2-32-3

项目	2012年 就业人数/人	占就业总人数比例/%	2013年 就业人数/人	占就业总人数比例/%
本地	6 994	95.10	9 013	84.90
异地	360	4.90	1 601	15.08
境外	0	0	2	0.02

【四】就业渠道

通过学校推荐就业的毕业生为8 161人，占就业学生总数的76.87%；通过中介介绍就业的为181人，占1.71%；通过其他渠道就业的为2 274人，占就业总人数的21.42%（见表2-32-4）。

表 2-32-4

项目	2012年 就业人数/人	占就业总人数比例/%	2013年 就业人数/人	占就业总人数比例/%
学校推荐	6 378	86.73	8 161	76.87
中介介绍	189	2.57	181	1.71
其他渠道	787	10.70	2 274	21.42

与2012年相比，2013年新疆生产建设兵团中等职业学校毕业生就业呈现以下特点：

一是自主择业能力提高。通过学校推荐就业的学生比例比2012年下降了9.86%，通过其他渠道就业的学生人数和比例都大幅上升，学生自主择业意识显著增强。

二是选择继续深造的毕业生比例提高。社会的发展对学历水平的要求越来越高，中高职的贯通衔接为中职毕业生继续深造创造了更加有利的条件，因此2013年有更多的中职毕业生选择继续深造，取得更高的学历后再就业，比2012年增加了2.21%。

三是就业地域的选择更为广泛，但本地就业仍是主流。本地就业学生人数的比例比 2012 年有所下降，但仍占 84.90%；异地就业的毕业生比例较 2012 年上升了 10.18%，还有 2 名毕业生到境外就业。这表明本地就业仍是就业学生的主流选择，而就业地域的选择初步呈现多样化趋势。

二、各专业大类就业状况

根据《中等职业学校专业目录（2010 年修订）》确定的 19 个专业类别，各专业大类就业状况如下：

从专业分类看，就业状况最好的专业分别是交通运输类、财经商贸类、体育与健身类、资源环境类和其他类，就业率均为 100%；农林牧渔类、能源与新能源类、土木水利类、加工制造类、石油化工类、轻纺食品类、信息技术类、文化艺术类等就业率都处于平均水平以上；医药卫生类、旅游服务类、教育类、公共管理与服务类等就业率均低于平均水平。

从毕业生数看，农林牧渔类专业毕业生数最多，为 3 126 人，占毕业生总数的 28.89%；其次是医药卫生类，毕业生数为 1 656 人，占 15.30%。毕业生数最少的为资源环境类，为 18 人，占毕业生总数的 0.17%；其次是体育与健身类，为 50 人，占 0.46%；休闲保健类、司法服务类无毕业生。

从就业人数看，农林牧渔类专业就业人数最多，为 3 075 人，占就业总人数的 28.97%；其次是医药卫生类，为 1 588 人，占 14.96%。就业人数最少的是资源环境类，为 18 人，占就业总人数的 0.17%；其次是体育与健身类，就业人数为 50 人，占 0.47%；休闲保健类、司法服务类无毕业生。

从对口就业率看，体育与健身类和其他类的对口就业率最高，为 100%；农林牧渔类、能源与新能源类、土木水利类、加工制造类、文化艺术类对口就业率都在 95% 以上；对口就业率最低的为教育类，仅为 66.83%。

各专业大类毕业生就业情况见表 2-32-5。

表 2-32-5

专业类别	毕业生数/人	就业人数/人	就业率/%	对口就业人数/人	对口就业率/%
资源环境类	18	18	100.00	15	83.33
交通运输类	186	186	100.00	167	89.78
财经商贸类	194	194	100.00	182	93.81
体育与健身类	50	50	100.00	50	100.00
其他类	93	93	100.00	93	100.00
能源与新能源类	530	529	99.81	504	95.09

续表

专业类别	毕业生数/人	就业人数/人	就业率/%	对口就业人数/人	对口就业率/%
加工制造类	1 490	1 483	99.53	1 442	96.78
文化艺术类	420	418	99.52	404	96.19
土木水利类	1 273	1 266	99.45	1 253	98.43
信息技术类	329	327	99.39	297	90.27
轻纺食品类	436	430	98.62	391	89.68
农林牧渔类	3 126	3 075	98.37	2 997	95.87
石油化工类	169	166	98.22	155	91.72
旅游服务类	281	271	96.44	244	86.83
公共管理与服务类	173	166	95.95	145	83.82
医药卫生类	1 656	1 588	95.89	1 110	67.03
教育类	398	356	89.45	266	66.83
休闲保健类	0	0	0	0	0
司法服务类	0	0	0	0	0
合计	10 822	10 616	98.10	9 715	89.77

三、工作举措

【一】紧贴经济社会发展的需求进行专业设置

兵团职业院校立足本地经济和社会发展大局，出台了《新疆生产建设兵团中等职业学校专业设置管理实施细则（试行）》等文件；根据产业结构调整逐步优化专业设置，重点建设服务产业发展能力较高的专业群，对于就业难的专业及时进行专业方向调整或取消开设；不断提高专业与产业的契合度，大力培养兵团"三化"建设中需求量较大的农林牧渔、土木水利、加工制造、医药卫生、旅游服务等大类人才；努力提高毕业生职业资格证书获取率，提升毕业生的技术技能水平，实现高质量就业。

【二】办学水平和人才培养质量不断提高

在中央和兵师两级的支持下，兵团职业院校硬件设施不断完善，教师队伍素质不断提升，办学水平和人才培养质量不断提高。职业院校通过建立校内外实训基地、集团化办学、订单培养等方式，建立校企深层次合作关系，让企业直接参与到教学中来，按照企业的需求培养学生，增强教学的实践性和针对性，使学生一毕业就能立刻上岗，真正成为企业用得上的人才。这样一方面解决了企业的用工难题，另一方面也提高了毕业生的就业率，有效解决了招生难的问题。

（三）政策的完善为毕业就业提供坚实保障

从2013年秋季学期开始，南疆三地州兵团垦区和边境团场中等职业学校在校生资助政策实行"三免一补"。兵团南疆三地州垦区及其他边境团场、贫困团场中等职业学校在校生除免学费和享受国家助学金补助之外，按生均住宿费600元/年和教材费300元/年标准实行补助。资助政策的完善和落实大大减轻了职业学校学生的家庭负担，为他们顺利完成学业和实现就业提供了帮助。

四、发展趋势预测

一是目前兵团"三化"建设齐步推进，尤其是重点培育的现代服务业、战略性新兴产业等发展迅速，对技术技能型人才的需求量比较大。中等职业学校的毕业生就业将处于较高的稳定水平。

二是兵团中等职业学校的毕业生总体供不应求，但随着经济的发展，就业岗位对毕业生素质和技能的要求将不断提高，尤其是对中高端技术技能型人才的需求量将不断扩大。

大连市中等职业学校毕业生就业状况

2013年，大连市中等职业学校毕业生数为14 051人，就业人数为13 911人，就业率为99.00%，对口就业率为88.20%。与2012年相比，毕业生数有所下降，就业率略有提升（见表2-33-1）。

表 2-33-1

项目	2012 年	2013 年
毕业生数/人	15 642	14 051
就业人数/人	15 437	13 911
就业率/%	98.69	99.00

一、总体状况

（一）就业去向

大连市13 911名就业学生中到各种所有制企、事业单位的有9 406人，占就业学生总数的67.62%；合法从事个体经营的有2 497人，占17.95%；升入高一级学校就读的有2 008人，占14.43%（见表2-33-2）。

表 2-33-2

项目	2012 年		2013 年	
	就业人数/人	占就业总人数比例/%	就业人数/人	占就业总人数比例/%
各种所有制企、事业单位	10 160	65.82	9 406	67.62
合法从事个体经营	3 419	22.15	2 497	17.95
升入高一级学校	1 858	12.03	2 008	14.43

（二）产业分布

从事第一产业的毕业生数为295人，占就业学生总数的2.12%；从事第二产业的为 4 510 人，占 32.42%；从事第三产业的为 9 106 人，占 65.46%。与 2012 年相比，从事第一产业和第二产业人数的比例有所上升，从事第三产业人数的比例略有下降（见表 2-33-3）。

表 2-33-3

项目	2012 年		2013 年	
	就业人数/人	占就业总人数比例/%	就业人数/人	占就业总人数比例/%
第一产业	174	1.13	295	2.12
第二产业	4 576	29.64	4 510	32.42
第三产业	10 687	69.23	9 106	65.46

（三）就业地域

就业地域分为本地、异地和境外。本地就业的毕业生数为 12 932 人，占全部就业学生的 92.96%；异地就业的为 762 人，占 5.48%；境外就业的为 217 人，占 1.56%。与 2012 年相比，本地就业比例有所上升，异地、境外就业比例有所下降（见表 2-33-4）。

表 2-33-4

项目	2012 年		2013 年	
	就业人数/人	占就业总人数比例/%	就业人数/人	占就业总人数比例/%
本地	13 788	89.32	12 932	92.96
异地	1 162	7.53	762	5.48
境外	487	3.15	217	1.56

（四）就业渠道

通过学校推荐就业的毕业生数为 11 325 人，占就业学生总数的 81.41%；通过中介介绍就业的为 1 255 人，占 9.02%；通过其他渠道就业的为 1 331 人，占 9.57%。

与 2012 年相比，2013 年大连市中等职业学校毕业生就业主要呈现以下特点：

一是中职毕业生人数持续下降，进入各类企、事业单位仍是毕业生主要就业方向。2013 年大连地区毕业生仅为 14 051 人，较 2012 年的 15 642 人减少 1 591 人。进入企、事业单位的毕业生数占就业学生总数的 67.62%，比 2012 年上升了 1.80%，升学人数的比例上升 2.40%，个体经营的比例下降了 4.20%。

二是从事第二、三产业的毕业生数有所下降，从事第一产业的毕业生数略有增加，但第三产业仍是中职毕业生的主要就业领域。2013 年就业于第一、二产业的毕业生数占当年毕业生总数的比例有所上升，较 2012 年分别上升了 0.99% 和 2.78%；

第三产业就业人数占比为 65.46%，比 2012 年降低了 3.77%。

三是本地就业仍是中职学校毕业生就业首选，境外就业人数明显下降。2013 年选择在大连就业的毕业生占就业总数的 92.96%，比 2012 年上升了 3.64%；境外就业人数比例为 1.56%，比 2012 年下降了 1.59%。

二、各专业大类就业状况

按照《中等职业学校专业目录（2010 年修订）》确定的 19 个专业类别，各专业大类的就业状况如下：

从专业分类看，加工制造类、信息技术类、旅游服务类、教育类、体育与健身类、司法服务类、休闲保健类、能源与新能源类就业状况最好，就业率均为 100%；财经商贸类、医药卫生类的就业率都处于平均水平以上；交通运输类、文化艺术类、轻纺食品类的就业率也保持在 98% 以上；农林牧渔类就业状况最差，但还是从 2012 年的 79.83% 上升到 2013 年的 85.91%。

从毕业生数看，加工制造类专业毕业生数最多，为 3 027 人，占全市毕业生总数的 21.54%；其次是信息技术类，毕业生数为 2 102 人，占 14.96%。能源与新能源类专业毕业生数最少，为 10 人，占全市毕业生总数的 0.07%；其次是体育与健身类，毕业生数为 37 人，占 0.26%。资源环境类、石油化工类无毕业生。

从就业人数看，加工制造类专业就业人数最多，为 3 027 人，占全市就业学生总数的 21.76%；其次是信息技术类，就业人数为 2 102 人，占 15.11%。能源与新能源类就业人数最少，为 10 人，占全市就业生总数的 0.07%；其次是体育与健康类毕业生，就业人数为 37 人，仅占 0.27%；资源环境类、石油化工类无毕业生。

各专业大类毕业生就业状况见表 2-33-5。

表 2-33-5

专业类别	毕业生数/人	就业人数/人	就业率/%
加工制造类	3 027	3 027	100.00
信息技术类	2 102	2 102	100.00
旅游服务类	1 318	1 318	100.00
教育类	1 205	1 205	100.00
体育与健身类	37	37	100.00
休闲保健类	116	116	100.00
司法服务类	46	46	100.00
能源与新能源类	10	10	100.00
医药卫生类	823	815	99.03

续表

专业类别	毕业生数/人	就业人数/人	就业率/%
财经商贸类	1 929	1 910	99.01
交通运输类	1 137	1 125	98.94
文化艺术类	558	552	98.92
轻纺食品类	262	259	98.85
土木水利类	699	671	95.99
其他类	201	192	95.52
公共管理与服务类	283	270	95.41
农林牧渔类	298	256	85.91
资源环境类	0	0	0
石油化工类	0	0	0
合计	14 051	13 911	99.00

三、工作举措

【一】就业保障措施日趋完善

2013年，大连市相继出台了中职落户和中职免费两大优惠政策，并免费为全市中职学生参加了国家统保示范项目规定的保险产品，制定了《大连市中等职业学校学生顶岗实习管理办法》，规范了实习就业工作管理，成立了装备制造、电子信息和现代服务三大职教集团，为中职学生顺利就业铺平了道路。另外，全市各中职学校均成立了由主管校领导牵头的专门学生就业指导部门，负责组织业务精、品德优、经验丰富的骨干教师对学生开展就业培训及指导工作。

【二】以"立德树人"为根本，加强就业指导工作

一是始终将励志就业教育作为激励学生奋发向上的动力。全市各中职学校从新生入学开始，便通过企业专家讲坛、优秀毕业生报告等各种形式，对新生进行职业教育引导，让学生们认识到进入职业学校一样可以成才、成功，让学生重新拾起求学的希望，鼓足勇气和干劲，全身心地投入到新的学习中去。二是科学规划职业生涯，树立正确职业理想。全市将《职业生涯规划》确定为德育必修课程。学生入学后，各校要安排专门指导教师，引导学生根据自身特点，进行职业生涯设计，树立职业理想，规划人生目标，使其成为学生努力的方向和前进的动力。同时，加强就业咨询和跟踪指导，促进学生在学习过程中体验新的感觉，产生新的认识，提高就

业指导的效果。三是充分发挥校园文化活动日常熏陶作用。各校按照市教育局"一校一品"的发展思路，结合自身专业特点及文化传统，开展了各具特色、丰富多彩的校园文化活动，并寓就业指导于活动之中，充分利用与本校专业紧密相关的行业、企业资源，不断加深学生对专业知识、就业前景、行业动态的了解，增强学生就业意识，进一步明确就业方向。

【三】坚持"做中学、做中教"，深化教学改革，着力培养毕业生的就业创业能力

多年来，大连立足服务区域经济社会发展，坚持以提升素质为根本，以培养能力为核心，以企业用人需求和技术岗位群的职业能力为标准，优化专业设置，改革课程体系，更新教学内容，实行行动导向教学，坚持"做中学、做中教"人才培养模式改革，效果显著。大连在全国各级各类职业大赛中成绩名列全国前茅，被誉为"大连现象"。2012年，隆重举办了大连市首届职业院校学生技能大赛，全市共有67所职业院校81 366名学生参加比赛，竞赛项目涵盖全市70%的产业。参加决赛的867名选手中，174人获得高级工职业资格证书，332人获得中级工职业资格证书。2013年，全市各校不断深化所属专业课程的教育教学改革，全市毕业生的就业创业能力不断提高。

【四】搭建学生、企业对接平台，开拓就业新道路

推行校企合作，积极搭建毕业生与企业对接平台，是促进毕业生高质量就业的重要措施。大连市率先在电子信息、加工制造和现代服务等领域成立了三大职教集团。三大职教集团由市政府牵头、中高职院校共同牵动，以项目为实施载体，集聚了市内外83所职业院校、21个行业组织、170家企业和7个科研机构，专业覆盖市近80%规模以上工业企业、60%高新技术企业和70%现代服务企业，为学生就业搭建了直通平台。在此基础上，各校以拓展校企合作形式内容为核心，以创建校企合作机制为保障，积极探索校企合作育人新模式。通过"校企合作开展订单培养、校企互惠创建校内人才培养基地、校企牵手共建校外实训基地、校企互助建立校内项目工作室、校企联姻组建生产性实训基地、校企一体打造特色专业"等多种形式，构建教室、车间一体化，教学、生产一体化，教师、工程师一体化，学生、员工一体化的教学模式，建立了"理论学习—社会实践—见习—顶岗实习—就业"的"一条龙"服务体系。

【五】做好升学服务，不断满足毕业生多样化发展需求

随着中职学生发展需求的上移，升学已成为保证高质量就业的另一重要途径。秉持"相信每个学生能够成人成才，帮助每个学生实现成人成才"的育人理念，大

连积极构建学生成长成才平台，高校招生数量逐年增加，升入高校的中职学生比例不断扩大。同时，各校还设置专门升学辅导班，单独制订升学班教学计划，配备优秀教师担任升学辅导教师，加强备考和教学过程管理，并开展多种形式的竞赛、助学、促学活动，提高升学服务工作水平，使就读中职学校的学生也能够顺利实现升学的梦想。另外，市教育局还积极与部分高职院校协调沟通，设置面向全市中职考生单独的招生计划，增加保送名额。2013年，全市400多名考生被本科院校顺利录取，其中不乏天津大学、北京理工、中央音乐学院、东北财经大学、沈阳农大等全国知名重点本科院校，报考录取率近90%，专科段报考录取率100%，为学生开启了另一扇希望之门。

完善的就业保障机制，先进的人才培养理念，科学的职业生涯规划，健全的就业安置网络，宽敞的就业安置渠道，确保了大连中职毕业生就业质量高、待遇好、前景广，解除了学生和家长的后顾之忧，也得到了社会各界的一致好评。

四、发展趋势预测

一是中等职业学校毕业生将供不应求。随着辽宁沿海经济带开发上升为国家战略及大连加快转变经济发展方式，推动城市全面转型，实现科学发展新跨越的战略部署，未来，大连将建成东北亚国际航运中心、东北亚物流中心、东北亚区域金融中心和现代产业聚集区，形成以装备制造、电子信息、船舶和海洋工程、石化等产业为支柱的多个产业集群。大连经济社会的快速发展对一线技能型人才在数量和质量上提出了更高的要求，也为全市中职毕业生就业提供了更广阔的平台。与此同时，受本地初三毕业生人数下降等因素影响，近年来，大连中等职业学校在校生规模大幅下降。2103年中等职业学校毕业生人数已从2011年的24 416人降至14 051人，达历史新低，预计2014年将继续降低。经济社会的快速发展和不断减少的毕业生数之间的矛盾，必将导致未来大连中等职业学校毕业生出现供不应求的局面。

二是大连仍是毕业生就业首选地域。目前，大连已进入转型升级发展的重要阶段，在保持装备制造、船舶和海洋工程等传统支柱产业优势的同时，新增了高端装备制造、信息通信、新能源等新兴产业。产业环境的提升会吸引更多技能型人才留在大连就业。未来，加工制造、信息技术等类专业仍是本地中职毕业生主要就业方向。随着大连产业发展逐步成熟，职业教育发展也逐步成熟，在为本地培养大量高素质技能人才的同时，还会更多承担为辽宁沿海经济带及东北地区其他城市培养技能人才的功能，部分中职毕业生也会被吸引到其他城市就业。

三是中等职业学校毕业生升学比例将进一步扩大。近几年，各级教育行政部门致力于构建中高职一体直通车，为中等职业学校毕业生继续深造打开了方便之门。

同时，大量的新技术、新工艺不断应用到生产实践中，对一线技能人才提出了更高的要求，部分岗位中等职业学校毕业生已无法胜任，升入高等学府继续深造的需求水涨船高。近年来，大连中等职业学校毕业生升学比例呈上升趋势。2013年，大连中等职业学校毕业生升学2 008人，占就业学生总数的14.43%，较2012年的12.03%增长2.4%。但是，与上海、深圳等经济发达地区中等职业学校毕业生30%以上的升学比例相比，大连还有很大的提升空间。随着大连产业不断升级，对高级技能人才的需求会逐步增加，大连中等职业学校毕业生升学比例将进一步扩大。

青岛市中等职业学校毕业生就业状况

2013年，青岛市中等职业学校毕业生数为31 044人，就业人数为30 423人，就业率为98.00%。与2012年相比，毕业生数有所下降，就业率略有上升（见表2-34-1）。

表 2-34-1

项目	2012 年	2013 年
毕业生数/人	35 950	31 044
就业人数/人	34 901	30 423
就业率/%	97.08	98.00

一、总体状况

（一）就业去向

青岛市中等职业学校30 423名就业学生中到各种所有制企、事业单位的有16 868人，占全部就业学生的55.45%；合法从事个体经营的有2 739人，占9.00%；升入高一级学校就读的有10 816人，占35.55%。

（二）产业分布

从事第一产业的毕业生数为665人，占全部就业学生的2.19%；从事第二产业的为12 337人，占40.55%；从事第三产业的为17 421人，占57.26%。与2012年相比，从事第一产业和第三产业人数的比例有所上升，从事第二产业人数的比例有所下降（见表2-34-2）。

表 2-34-2

项目	2012 年 就业人数/人	2012 年 占就业总人数比例/%	2013 年 就业人数/人	2013 年 占就业总人数比例/%
第一产业	634	1.82	665	2.19
第二产业	17 358	49.73	12 337	40.55
第三产业	16 909	48.45	17 421	57.26

〖三〗就业地域

就业地域分为本地、异地和境外。本地就业的毕业生数为 26 352 人，占全部就业学生的 86.62%；异地就业的为 3 988 人，占 13.11%；境外就业的为 83 人，占 0.27%。与 2012 年相比，本地和境外就业人数比例均有所下降，异地就业人数比例有所上升（见表 2-34-3）。

表 2-34-3

项目	2012 年		2013 年	
	就业人数/人	占就业总人数比例/%	就业人数/人	占就业总人数比例/%
本地	31 356	89.84	26 352	86.62
异地	3 405	9.76	3 988	13.11
境外	140	0.40	83	0.27

〖四〗就业渠道

通过学校推荐就业的毕业生数为 27 550 人，占全部就业学生的 90.56%；通过中介介绍就业的为 323 人，占 1.06%；通过其他渠道就业的为 2 550 人，占 8.38%。

二、各专业大类就业状况

根据《中等职业学校专业目录（2010 年修订）》确定的 19 个专业类别，各专业大类的就业状况如下：

从专业分类看，就业状况最好的专业分别是司法服务类、轻纺食品类和其他类，均为 100%；其次为教育类，就业率为 99.00%。加工制造类、财经商贸类、交通运输类、信息技术类、医药卫生类的就业率都处于平均水平以上。休闲保健类虽有毕业学生，但就业率为 0。

从毕业生数看，加工制造类专业毕业生数最多，为 11 494 人，占毕业生总数的 37.02%；其次是财经商贸类，毕业生数为 5 545 人，占 17.86%。毕业生数最少的是司法服务类，仅为 5 人，占毕业生总数的 0.02%；其次是休闲保健类，毕业生数为 12 人，占 0.04%；资源环境类、能源与新能源类、体育健身类均无毕业生。

从就业人数看，加工制造类专业就业人数最多，为 11 365 人，占就业总人数的 37.36%；其次是财经商贸类，就业人数为 5 448 人，占 17.91%。就业人数最少的是休闲保健类，就业人数为 0；其次是司法服务类专业，为 5 人，占就业总人数的 0.02%。

各专业大类毕业生就业状况见表2-34-4。

表 2-34-4

专业类别	毕业生数/人	就业人数/人	就业率/%
轻纺食品类	304	304	100.00
司法服务类	5	5	100.00
其他类	120	120	100.00
教育类	1 798	1 780	99.00
加工制造类	11 494	11 365	98.88
信息技术类	4 516	4 447	98.47
交通运输类	1 882	1 852	98.41
财经商贸类	5 545	5 448	98.25
医药卫生类	1 524	1 494	98.03
农林牧渔类	680	665	97.79
旅游服务类	1 613	1 551	96.16
土木水利类	595	560	94.12
石油化工类	115	108	93.91
公共管理与服务类	169	157	92.90
文化艺术类	672	567	84.38
休闲保健类	12	0	0
资源环境类	0	0	0
能源与新能源类	0	0	0
体育与健身类	0	0	0
合计	31 044	30 423	98.00

三、就业质量

【一】就业起薪

直接就业的19 607人平均起薪为1 910元。其中，1 001～1 500元的为1 275人，占直接就业人数的6.50%；1 501～2 000元的为9 577人，占48.85%；2 001～3 000元的为5 616人，占28.64%；3 000元以上的为2 176人，占11.10%；低于1 000元的为963人，占4.91%。

【二】就业合同

直接就业并签订 1 年合同的就业人数为 8 205 人，占直接就业人数的 41.85%；签订 1~2 年（含）合同的为 5 643 人，占 28.78%；签订 2~3 年（含）合同的为 1 896 人，占 9.67%；签订 3 年以上合同的为 1 743 人，占 8.89%；未签合同的为 2 120 人，占 10.81%。数据表明签订 1~2 年的毕业人数最多。

【三】社会保险

直接就业并享有三险一金的毕业生为 8 694 人，占直接就业人数的 44.34%；享有五险一金的为 10 913 人，占 55.66%。

【四】职业资格证书

在全部毕业的 31 044 人中，取得职业资格证书的为 29 503 人，占全部毕业学生的 95.04%；未取得的资格证书的为 1 541 人，仅占 4.96%。职业资格证书考核几乎覆盖学校的所有专业，学生考核通过率较高。

四、主要特点

一是就业率和对口就业率较高。通过数据分析，2013 年青岛市中职毕业学生的就业情况基本达到了高就业率和较高的对口就业率，其中就业率达到 98.00%，对口就业率达到 87.60%，反映出青岛市中职学校各专业毕业生继续保持供不应求局面，毕业生就业质量不断提高，为青岛市经济发展提供了重要的技术人才支撑。

二是自主创业人数比例增加。2013 年青岛市自主创业人数比例比去年增加近 3%，体现了就业形式的多样化和个性化。学生自主创业的成功，反映出学生不仅拥有扎实的技能知识，而且还具备了良好的社会适应能力。

三是取得职业资格证书的比例及就业起薪增加。青岛市一直执行"双证书"毕业制度，学生对职业技能证书的取得率达 95%，部分学生还考取了两个以上的技能证书。除部分专业无法考取外，其他专业考核技能证书的比例达到 100%。就业学生平均起薪为 1 910 元，与往年相比逐步增加。

四是升入高一级学校的毕业生比例增加。青岛市近几年非常重视中高职衔接工作，对此工作进行了充分的调研，同时积极争取省教育厅和有关高校的支持，为升学深造的中职学生提供了条件。2013 年升入高一级学校的毕业生比例增加。

五、工作举措

【一】优化专业建设，增强毕业生的就业竞争力

1. 优化专业建设，服务于蓝色经济。根据青岛市产业升级需要和产业结构的变化，引导中职学校不断优化专业建设。青岛市2013年着重增设了服务于蓝色经济、现代农业、新一代信息技术、高端装备制造、新材料、新能源、节能环保等战略性新兴产业的相关专业，使学校的专业建设更趋向合理，更有利于为当地的经济建设服务。

2. 开展名牌专业建设，增强毕业生就业竞争力。2013年青岛市出台了《关于评选青岛市首批中等职业学校"双高"名牌专业的通知》，聘请了第三方通讯咨询公司，对全市近三年中职毕业学生进行了就业情况调查，邀请职业教育专家，对调查数据进行多次的研究和遴选，评选出了对口就业率高、优质就业率高的"青岛市'双高名牌'专业"。这些举措进一步推动了学校的专业建设，为培养高素质技能人才，增强毕业生就业竞争力创造了条件。

3. 加强学校建设，提升支撑产业发展力。加大中职学校布局结构调整力度，优化职业教育资源，提升职业教育支撑产业发展力；加快国家发改委基础能力建设、中央财政支持的校内实训基地建设、市级实训基地和国家改革发展示范校、优质特色学校等项目建设步伐，使青岛市中职学校办学条件明显好转。现在青岛市已有13所职业学校成为国家改革发展示范校，6所学校成为优质特色校。

【二】完善实习就业管理政策，构建就业指导服务体系

1. 完善实习就业管理政策，为就业打下坚实基础。青岛市为进一步加强中职学生实习管理，对2008年制定的《青岛市中等职业学校学生实习管理办法》进行了重新修订，将修订稿先后向学校和社会广泛征求意见，充分体现出青岛市实习管理的特点，现已正式出台。新修订的实习管理办法以维护学生的合法权益为出发点，使实习期间的管理制度化和规范化，为中职学生的就业打下了坚实的基础。

2. 完善职业指导与就业服务工作体系，提高就业管理能力。青岛市注重学校就业管理人员的培训工作，每年都召开分管校长和主任的实习就业工作培训会，邀请国际知名企业和管理公司对企业用人和中职学生的职业规划等方面进行讲座辅导，同时进行学校间的就业工作经验交流。培训会不仅提高了各校就业工作的服务管理水平，还深入推进了区市和学校的实习就业服务工作。青岛市完善了职业指导与就业服务工作体系，充分发挥了《职业生涯规划》《创业教育》在职业指导中的主渠道

作用。通过宣传优秀毕业生成功就业创业典型，引导学生逐步养成良好的职业道德，树立正确的职业观念和生活理想，提高他们参与社会生活的能力。鼓励各中职学校积极研发具有本校特色的就业创业教育校本教材。

3. 完善就业服务形式，为学生多元化发展提供条件。依托市中职学校毕业生就业市场，开展职业指导和毕业生就业工作者的业务培训，组织人才供需交流，提供毕业生和就业信息；面向学生进行个性化咨询指导，并为教育行政部门提供决策依据；完善就业服务形式和管理模式，为学生跨入社会保驾护航，与青岛市创业大学建立了工作联系，建成青岛市中职学生自主创业的服务窗口，为学生的多元化就业提供了条件。2013年，市发改委、市教育局、市人社局、行业组织共同开发了青岛蓝领网，为职业院校、学生、企业等提供人力支撑、就业与再就业信息。

4. 完善校园招聘专场制度，助推学生优质就业。2013年继续推行校园专场招聘会的举办，为学生实习就业、为企事业单位的用工需求搭建服务平台。校园招聘会旨在更好地促进校企合作，密切与行业部门和企事业单位的联系与沟通。近两年共举办了12场校园专场招聘会，有14 000余家企事业单位参加，提供了23 000个岗位，共有7 400名实习就业学生参加了招聘活动。专场招聘会还吸引了众多的家长参与，受到了家长和社会的欢迎。

【三】加强校企合作和集团化办学，畅通和拓宽学生就业渠道

1. 加强校企合作，畅通毕业生就业渠道。2013年，青岛市不断完善中等职业学校与行业企业的合作交流机制，"产教融合"、"工学结合"、"校企合作"是青岛市中职学校更好面向社会市场、服务经济和实现毕业生充分就业的重要途径。中职学校与行业企业建立了长期、稳定的实习、就业基地。积极发挥行业、企业共同参与的专业建设专家指导委员会的作用，共同研究和制定培养方案和教学计划，保证专业教学的内容更具有针对性和实用性，实现学生课程学习、实训实习、就业工作与行业企业的长期合作。现在各学校积极加入行业协会、建立学校动态的联合办学单位信息库，形成校企合作、运转畅通的毕业生就业渠道。

2. 推进教育集团化建设，共享资源拓宽就业渠道。青岛市大力推进职业教育集团化办学，改革职业教育人才培养模式，已组建的职业教育集团实现专业教学资源和实习就业资源共享，为毕业生对口就业和高质量就业提供保证。按照《青岛市级中等职业学校校外实习基地评估标准》的要求，评选出20个重点建设的校外实习基地，并设立专项资金对项目建设给予大力支持。

【四】创新学生德育工作，提高学生的就业适应能力

1. 坚持育人为本，实现"三融通"目标。坚持"育人为本"，努力实现校园文

化与企业文化融通、教师与师傅管理融通、社会主义核心价值观与职业素养融通的"三融通"目标，创造有利于中等职业学校学生"做人、做事"的实习环境。加强学生的职业理想、职业道德和创业精神教育，为学生融入社会打下良好的思想基础。

2. 健全和完善家校联系制度，帮助学生形成合理价值取向。健全和完善家校联系制度，通过家长学校、家访、召开家长会等多种形式，普及科学的教育方法，加强对家长职业指导的培训，客观地帮助家长分析就业形势，对可能发生的问题进行科学预测，使家长正确认识中职学生就业的诸多条件，形成合理的价值取向，保证毕业学生能够恰当地找到自己的社会定位。

六、发展趋势预测

一是社会发展需要更多技能型、应用型人才，职业教育吸引力将增强。虽然社会还普遍存在着对中职学生认可度不高的现象，但经济社会和产业发展对技术技能型人才需求持续增加。企事业单位对各类人才出现多样化的需求，青岛市技术技能型、应用型人才将供不应求。现在各级政府对职业教育更加重视，目前青岛市正在加快推进现代职教体系建设，培养高素质的技术技能型人才，为学生发展提供更多的选择，这将吸引更多的学生接受职业教育。

二是毕业学生就业率和优质就业率会持续走高。从青岛市和全国近几年数据可以看出，全国普遍存在的企业用人荒问题，很难得以解决，而以技能为专长、有发展前途的中职毕业学生有较充足的机会选择用人单位和岗位，预计未来几年中职毕业生的就业形势会更好。

宁波市中等职业学校毕业生就业状况

2013年，宁波市中等职业学校毕业生数为23 726人，就业人数为23 443人，就业率为98.81%。与2012年相比，由于学校布局调整，毕业生数略有减少，但就业率略微上升（见表2-35-1）。

表 2-35-1

项目	2012 年	2013 年
毕业生数/人	26 230	23 726
就业人数/人	25 909	23 443
就业率/%	98.78	98.81

一、总体状况

（一）就业去向

宁波市23 443名就业学生中到各种所有制企、事业单位的有11 978人，占全部就业学生的51.09%；合法从事个体经营的有2 222人，占9.48%；升入高一级学校就读的有9 243人，占39.43%。

（二）产业分布

从事第一产业的毕业生数为1 486人，占全部就业学生的6.34%；从事第二产业的为5 855人，占24.98%；从事第三产业的为16 102人，占68.68%。与2012年相比，从事第二产业和第三产业人数的比例略有下降，从事第一产业人数的比例有所上升（见表2-35-2）。

表 2-35-2

项目	2012 年 就业人数/人	2012 年 占就业总人数比例/%	2013 年 就业人数/人	2013 年 占就业总人数比例/%
第一产业	615	2.37	1 486	6.34
第二产业	6 693	25.83	5 855	24.98
第三产业	18 601	71.80	16 102	68.68

【三】就业地域

就业地域分为本地、异地和境外。本地就业的毕业生数为 21 317 人，占全部就业学生的 90.93%；异地就业的为 1 865 人，占 7.96%；境外就业的为 261 人，占 1.11%。与 2012 年相比，本地就业比例有所下降，异地就业和境外就业比例有所上升（见表 2-35-3）。

表 2-35-3

项目	2012 年 就业人数/人	占就业总人数比例/%	2013 年 就业人数/人	占就业总人数比例/%
本地	24 754	95.54	21 317	90.93
异地	1 141	4.40	1 865	7.96
境外	14	0.06	261	1.11

【四】就业渠道

通过学校推荐就业的毕业生数为 16 491 人，占全部就业学生的 70.35%；通过中介介绍就业的为 720 人，占 3.07%；通过其他渠道就业的为 6 232 人，占 26.58%。

与 2012 年相比，2013 年宁波市中等职业学校毕业生就业呈现以下特点：

一是进入企、事业单位仍然是中职学生主要就业方向，但比例有所下降，同时个体经营比例也有所下降。宁波自 2012 年开始推行中高职一体化人才培养，2013 年 39.43% 的中职学生升入了高职学校继续深造，升学人数的比例与 2012 年相比上升了 4.65%。2013 年进入企、事业单位毕业生占就业学生总数的 51.09%，比 2012 年下降了 4.26%。个体经营的比例比 2012 年下降了 0.39%。

二是第三产业仍是中职学生就业的主要领域。2013 年从事第三产业的就业人数略有下降，所占比例比 2012 年下降了 3.12%，但仍占就业人数的 68.69%；第二产业就业人数所占比例较 2012 年降低了 0.85%；第一产业就业人数所占比例较 2012 年上升了 3.97%。

三是本地就业人数略有下降，但仍占据主流，异地就业和境外就业比例均有所上升。本地就业人数为 21 317 人，占就业总人数比例为 90.93%，比 2012 年下降了 4.61%，但仍为中职学生就业的主要选择。异地就业比例比 2012 年上升了 3.56%，境外就业比例上升了 1.05%。

二、各专业大类就业状况

根据《中等职业学校专业目录（2010 年修订）》确定的 19 个专业类别，各专业

大类的的就业状况如下：

从专业分类看，就业状况最好的专业是其他类，就业率为99.80%；其次是公共管理和服务类、休闲保健类、轻纺食品类、旅游服务类、土木水利类、财经商贸类，就业率也都在99%以上；教育类、加工制造类、医药卫生类、交通运输类、文化艺术类、信息技术类就业率在98%以上；农林牧渔类、能源与新能源类相对较低，分别为97.90%和96.05%。

从毕业生数看，财经商贸类专业毕业生数最多，为7 183人，占毕业生总数的30.27%；其次是加工制造类，毕业生数为5 297人，占22.33%。资源环境类、石油化工类、体育与健身类、司法服务类无毕业生；能源与新能源类毕业生数最少，为76人，占毕业生总数的0.32%；其次是休闲保健类，毕业生数为138人，占0.58%。

从就业人数看，财经商贸类专业就业人数最多，为7 115人，占就业总人数的30.35%；其次是加工制造类，就业人数为5 235人，占22.33%。资源环境类、石油化工类、体育与健身类、司法服务类无就业学生；就业人数最少的是能源与新能源类，为73人，占就业总人数的0.31%；其次是休闲保健类，就业人数为137人，占0.58%。

各专业大类毕业生就业状况见表2-35-4。

表2-35-4

专业类别	毕业生数/人	就业人数/人	就业率/%
其他类	512	511	99.80
公共管理与服务类	421	419	99.52
休闲保健类	138	137	99.28
轻纺食品类	594	589	99.16
旅游服务类	1 998	1 980	99.10
土木水利类	1 074	1 064	99.07
财经商贸类	7 183	7 115	99.05
教育类	1 205	1 191	98.84
加工制造类	5 297	5 235	98.83
医药卫生类	308	304	98.70
交通运输类	1 317	1 293	98.18
文化艺术类	1 240	1 216	98.06
信息技术类	1 981	1 942	98.03
农林牧渔类	382	374	97.90
能源与新能源类	76	73	96.05

续表

专业类别	毕业生数/人	就业人数/人	就业率/%
资源环境类	0	0	0
石油化工类	0	0	0
体育与健身类	0	0	0
司法服务类	0	0	0
合计	23 726	23 443	98.81

三、工作举措

（一）多渠道、多途径拓宽就业渠道，提供更广泛服务与支持

1. 建好校企网络平台，促进信息实时互动。宁波市中职学校积极参与市校企通平台建设，收集大量专业对口的企业需求信息放入学校网站，指导学生直接登录校企通网站查询就业信息，搭建起了学生和企业直接交流的信息平台，拓宽了学生就业选择的渠道。

2. 充分发挥学校外联就业部门的作用，构筑学生就业组织保障。宁波市各中职学校均建有学生就业服务专职处室——外联就业处，配有专职师资力量，通过所在乡镇的企业招聘会等收集就业信息，关注并发布社会各领域对人才的需求状况，学生就业渠道不断增多。

3. 积极发挥职教集团优势，推进中职学生就业服务工作。一方面，校企双方积极合作，加强对实习生的指导与管理，校企合作单位每年都为宁波市中职学校学生提供稳定的实习就业岗位，提高了实习生就业率；另一方面，各中职学校开展各种形式的就业指导服务活动，广泛邀请专业对口的优秀用人单位来校招聘，提高了学生就业质量。

（二）立足"三满意"目标，为学生成才搭建更大舞台

1. 完善"三会三统一"招聘框架。"三会"即学生座谈会、校企研讨会、实习学生家长会，了解学生的就业需求、企业用人需求、家长的就业意见等。"三统一"即学校统一走访用人单位、统一巡视跟踪考核、统一推荐管理，提高了中职学校学生就业服务工作成效。

2. 推进就业指导教育的专业化。通过邀请专家来校给毕业生开设专题讲座等形式，丰富就业指导内涵，引导毕业生树立了"先就业，后择业，再创业"的择业观和成才观，做好就业前的思想准备和心理准备，增强中职学生的市场意识、法制意

识和竞争意识。

  3. 打造学生学历提升"直通车"。宁波市中职学校与当地高校保持紧密联系，及时将各类继续教育信息反馈给学生，鼓励学生积极"充电"，不断提高自身素养，提升自身的就业竞争力。

四、发展趋势预测

  一是就业率趋于稳定，就业质量将持续提升。宁波市中职学校学生就业率连续多年保持在95%以上，从一个角度反映出宁波市中职学校专业结构和布局与区域产业结构紧密契合，在高就业率的同时继续保持就业稳定性和提高就业质量是宁波市中职学校下一阶段就业工作的重要着力点。

  二是就业结构将呈稳步调整趋势，专业结构调整与就业结构变化基本保持一致。随着宁波市产业结构的转型升级，传统类行业就业人群比例相对会略有下降，而新兴行业、政策重点扶持行业就业人数则相应增加。

  三是中高职协调发展推进力度将加大，升学人数将会进一步适当增加。宁波市中职学校"3+2"、五年一贯制、TAFE等招生人数将稳步增加，就业去向中第三产业就业人数的比例将会进一步增大。

  四是各种就业影响因素中，学生主体意识的作用将会进一步凸显。人才培养质量除客观条件影响外，学生主体意识的影响更为重要，学生的职业目标定位和职业生涯规划将成为职业指导的重中之重，就业率与学生专业认同感将得以强化，就业的专业对口性和可持续发展性将有显著提升。

厦门市中等职业学校毕业生就业状况

2013年，厦门市中等职业学校毕业生数为7 870人，就业人数为7 690人，就业率为97.71%。与2012年相比，毕业生数减少444人，就业率下降0.29%（见表2-36-1）。

表 2-36-1

项目	2012 年	2013 年
毕业生数/人	8 314	7 870
就业人数/人	8 136	7 690
就业率/%	98.00	97.71

一、总体状况

（一）就业去向

厦门市7 690名就业学生中，到各种所有制企、事业单位的有4 713人，占就业学生总数的61.29%；合法从事个体经营的有769人，占10.00%；升入各类高一级学校的有2 208人，占28.71%。

（二）产业分布

从事第一产业的毕业生数为115人，占就业学生总数的1.50%；从事第二产业的为2 498人，占32.48%；从事第三产业的毕业生数为5 077人，占66.02%。与2012年相比，从事第一产业人数的比例有所提升，从事第三产业人数的比例有较明显提升，从事第二产业比例有较明显下降（见表2-36-2）。

表 2-36-2

项目	2012 年 就业人数/人	2012 年 占就业总人数比例/%	2013 年 就业人数/人	2013 年 占就业总人数比例/%
第一产业	38	0.47	115	1.50
第二产业	3 221	39.59	2 498	32.48
第三产业	4 877	59.94	5 077	66.02

中国中等职业学校毕业生就业状况分析报告（2013年）

【三】就业地域

就业地域分为本地、异地和境外。本地就业的毕业生数为 6 047 人，占就业学生总数的 78.63%；异地就业的为 1 603 人，占 20.85%；境外就业的为 40 人，占 0.52%。与 2012 年相比，本地和境外就业比例有所上升，异地就业比例有所下降（见表 2-36-3）。

表 2-36-3

项目	2012 年 就业人数/人	占就业总人数比例/%	2013 年 就业人数/人	占就业总人数比例/%
本地	6 340	77.93	6 047	78.63
异地	1 775	21.82	1 603	20.85
境外	21	0.26	40	0.52

【四】就业渠道

通过学校推荐就业的毕业生数为 6 078 人，占就业学生总数的 79.04%；通过中介介绍就业的为 136 人，占 1.77%；其他渠道就业的为 1 476 人，占 19.19%。

与 2012 年相比，2013 年厦门市中等职业学校毕业生就业呈现以下特点：

一是"专业三强"保持不变，信息技术类专业跃居第一。2013 年，毕业生数位居前三位的专业是信息技术类、加工制造类、财经商贸类，与 2012 年一致。但 2013 年，厦门市信息技术类专业毕业生人数最多，为 1 548 人，由 2012 年排名第三升至第一。

二是分布合理，第三产业就业比例显著上升。从事第一产业的中职毕业生比例，比 2012 年上升了 1.03%，这与第一产业在就业形式上创新有关；从事第二产业的毕业生比例，比 2012 年下降了 7.11%；从事第三产业的毕业生比例比 2012 年增加了 6.08%。伴随产业结构调整，中职毕业生就业的产业分布趋于合理。

三是就业渠道多样，学校推介为主。学校推介仍是主要渠道，但 2013 年通过其他渠道就业的毕业生比例比 2012 年增加了 2.54%，毕业生就业渠道有所拓宽。

二、各专业大类就业状况

根据《中等职业学校专业目录（2010 年修订）》确定的 19 个专业类别，各专业大类的就业状况如下：

从专业分类看，就业状况最好的专业是教育类，就业率高达 100%；其次是交通运输类，就业率为 98.65%；信息技术类、土木水利类、财经商贸类、加工制造类、旅游服务类也都处于就业率的平均水平以上；石油化工类、医药卫生类、体育与健身类、轻纺食品类就业率也达到了96%以上。

从毕业生数看，信息技术类专业毕业生数最多，为1 548人，占毕业生总数的19.67%；其次是加工制造类，毕业生数为1 468人，占18.65%。毕业生数最少的是教育类专业，为54人，占毕业生总数的0.69%；其次是土木水利类专业，毕业生数为56人，占0.71%。农林牧渔类、资源环境类、能源与新能源类、休闲保健类、司法服务类、公共管理与服务类无毕业生。

从就业人数看，信息技术类专业就业人数最多，为1 525人，占就业总人数的19.83%；其次是加工制造类，就业人数为1 437人，占18.69%。毕业生就业人数最少的是教育类专业，为54人，占就业总人数的0.70%；其次是土木水利类专业，就业人数为55人，占0.72%。

各专业大类毕业生就业状况见表2-36-4。

表 2-36-4

专业类别	毕业生数/人	就业人数/人	就业率/%
教育类	54	54	100.00
交通运输类	668	659	98.65
信息技术类	1 548	1 525	98.51
土木水利类	56	55	98.21
财经商贸类	1 451	1 422	98.00
加工制造类	1 468	1 437	97.89
旅游服务类	602	589	97.84
石油化工类	163	159	97.55
医药卫生类	1 143	1 114	97.46
体育与健身类	77	75	97.40
轻纺食品类	180	173	96.11
其他类	214	203	94.86
文化艺术类	246	225	91.46
农林牧渔类	0	0	0
资源环境类	0	0	0
能源与新能源类	0	0	0
休闲保健类	0	0	0
司法服务类	0	0	0
公共管理与服务类	0	0	0
合计	7 870	7 690	97.71

三、工作举措

【一】提前规划，全员参与

厦门市各中职学校将毕业生就业工作纳入学校重要议事日程，成立专门的部门和领导小组指导就业工作，定期召开专题会议研究毕业生就业规划，不断适应市场需求。同时，各校的毕业生就业工作基本形成了全员参与的形势，由就业指导部门牵头，教务处、学生处、各教研室全体动员，共同为本校就业工作建言献策。

【二】贴近市场，顺应潮流

厦门市地处海西经济建设的重要前沿，同时具有闽台交流合作得天独厚的优势，因此厦门市中职学校的毕业生在就业方面既面临着机遇，又面临着挑战。机遇在于特区经济的发展以及闽台交流合作给厦门市提供了更多的就业机会，就业领域持续拓宽；挑战在于越来越多的人才涌入厦门，就业的竞争和压力也随之增加。厦门中职学校及时调整就业方向和就业指导策略，各专业教学结合社会需求和专业特点，着力培养适销对路的应用型人才，不断增强毕业生的就业竞争力。

【三】加强指导，提升就业质量

毕业生就业工作是一项长期规划，学校从学生入学开始就相应地进行适当的就业教育，引导学生了解自己的兴趣和需求，进行职业生涯规划，以便在今后的就业中，找到更适合自己、更顺应市场的就业岗位。同时，学校通过校企合作、工学交替、订单式培养等方式，提前让学生了解就业市场、了解工作内容，从而为企业培养了大批"适销对路"的技能人才，毕业生的高质量素养也得到了用人单位的认可。

【四】就业方向多元化，鼓励创业

从就业方向来看，厦门市中职学校毕业生并非集中于某一领域或某几个领域，而是呈现出"全面开花"的局面。除了较为热门的信息技术类、财经商贸类、加工制造类，在石油化工类、交通运输类、医药卫生类、文化艺术类等等各方面都有涉及，各专业就业人数与厦门市中职学校整体专业设置相匹配，结构较为合理。此外，为了更好地鼓励优秀人才的创新，学校也十分鼓励学生毕业后创业，并在学生创业方面给予指导和支持。

【五】搭建平台，促进就业

厦门市中职学校探索"走出去，请进来"的就业工作方法，各校广泛联系用人单位，参加校企合作洽谈会，邀请著名校友回校开展关于就业方面的讲座，组织大型校园供需见面会，建设实习基地等，努力开拓就业市场。

四、发展趋势预测

一是第三产业相关专业热度不减。2013年，第三产业相关专业的毕业生数居首，这与当今社会信息技术产业迅速发展有很大关系，学生在专业选择上热衷于报考时下最热门、最容易就业的专业。这一点从长远来看，仍会是中职学校的主要就业趋势，即第三产业，尤其是信息技术类专业的毕业生数和就业人数在所有专业大类中居于前列。

二是传统行业相关专业就业有潜力。受目前市场环境影响，传统行业的就业不景气、工资待遇较低、社会认可度不高等现象正在逐步改善，预计今后这些传统专业的就业空间将逐步释放，有就业潜力。

三是专业分布更加合理，就业渠道将更顺畅。虽然目前呈现出不同产业不同专业的毕业、就业形势差异较大的现象，但从专业分布来看，厦门市中职学校的专业设置和就业情况还是比较合理的，虽然某些传统行业毕业生数和就业人数都较少，但就业率仍有保证。今后在专业设置和就业指导上，厦门市会坚持市场导向，及时跟进市场变化，调整专业设置，并对毕业生进行有效的就业指导。

深圳市中等职业学校毕业生就业状况

2013年，深圳市中等职业学校毕业生数为14 102人，就业人数为13 864人，就业率为98.31%，对口就业率为75.31%。与2012年相比，毕业生数略有上升，就业率略有下降（见表2-37-1）。

表2-37-1

项目	2012年	2013年
毕业生数/人	13 614	14 102
就业人数/人	13 468	13 864
就业率/%	98.93	98.31

一、总体状况

（一）就业去向

深圳市13 864名就业学生中到各种所有制企、事业单位的有8 692人，占全部就业学生的62.69%；合法从事个体经营的有624人，占4.50%；升入高一级学校就读的有4 548人，占32.81%（见表2-37-2）。

表2-37-2

项目	2012年 就业人数/人	2012年 占就业总人数比例/%	2013年 就业人数/人	2013年 占就业总人数比例/%
各种所有制企、事业单位	6 607	49.06	8 692	62.69
合法从事个体经营	1 979	14.69	624	4.50
升入高一级学校	4 882	36.25	4 548	32.81

（二）产业分布

从事第一产业的毕业生数为472人，占全部就业学生的3.41%；从事第二产业的为 1 093 人，占 7.88%；从事第三产业的为 12 299 人，占 88.71%。与 2012 年相比，从事第一产业的人数比例有所提高，从事第二产业和第三产业人数的比例略有下降（见表 2-37-3）。

表 2-37-3

项目	2012 年		2013 年	
	就业人数/人	占就业总人数比例/%	就业人数/人	占就业总人数比例/%
第一产业	160	1.19	472	3.41
第二产业	1 109	8.23	1 093	7.88
第三产业	12 199	90.58	12 299	88.71

【三】就业地域

就业地域分为本地、异地和境外。本地就业的毕业生数为 12 503 人，占全部就业学生的 90.18%；异地就业的为 1 307 人，占 9.43%；境外就业的为 54 人，占 0.39%。与 2012 年相比，本地就业比例略有下降，异地和境外就业比例略有上升（见表 2-37-4）。

表 2-37-4

项目	2012 年		2013 年	
	就业人数/人	占就业总人数比例/%	就业人数/人	占就业总人数比例/%
本地	12 383	91.94	12 503	90.18
异地	1 051	7.80	1 307	9.43
境外	34	0.26	54	0.39

【四】就业地点

就业地点分为城区、镇区和乡村。城区就业人数为 12 687 人，镇区为 951 人，乡村为 226 人，分别占就业总人数的 91.51%、6.86%、1.63%。

【五】就业渠道

通过学校推荐就业的毕业数为 10 283 人，占全部就业学生的 74.17%；通过中介介绍就业的为 675 人，占 4.87%；通过其他渠道就业的为 2 906 人，占 20.96%。与 2012 年相比，通过学校推荐就业的比例略有下降，通过中介介绍和其他渠道就业的比例略有上升（见表 2-37-5）。

表 2-37-5

项目	2012 年		2013 年	
	就业人数/人	占就业总人数比例/%	就业人数/人	占就业总人数比例/%
学校推荐	10 663	79.17	10 283	74.17
中介介绍	429	3.19	675	4.87
其他渠道	2 376	17.64	2 906	20.96

与 2012 年相比，2013 年深圳市中等职业学校毕业生就业呈现以下特点：

一是毕业生数有所上升；进入企、事业单位仍然是中职学生主要就业方向。2013 年毕业生数比 2012 年增加 488 人；从事个体经营人数的比例比 2012 年下降了 10.19%，降幅显著。升入高一级学校就读的学生比例比 2012 年下降了 3.44%，说明深圳市中高职衔接规模仍有待扩大，相关"立交桥"工作有待拓展。

二是第三产业是中职学生就业的主要领域。就业于第三产业人数略有上升，但占就业总人数的比例比 2012 年略有下降，降幅为 1.87%，仍是中职毕业生就业的主要领域。就业于第二产业人数略有下降，降幅为 0.35%；就业于第一产业人数有所增加，占比比 2012 年增加了 2.22%。

三是本地就业在就业地域中占绝对主导地位。2013 年本地就业人数略有增加，但占就业人数比例略有下降，降幅为 1.76%；异地就业人数略有增加，占就业人数比例略上升了 1.63%。这说明中职学生的就业区域有所拓宽，但本地就业依然占据主导地位。

二、各专业大类就业状况

根据《中等职业学校专业目录（2010 年修订）》确定的 19 个专业类别，各专业大类的就业状况如下：

从专业分类看，就业状况最好的专业是医药卫生类和体育与健身类，就业率和对口就业率均为 100%；其次是石油化工类、休闲保健类，就业率为 100%；交通运输类、财经商贸类、信息技术类、加工制造类、公共管理与服务类、教育类和其他类就业率也都在 97% 以上。就业率最低的为轻纺食品类，仅为 84.85%；专业对口率最低的是旅游服务类，为 56.04%。

从毕业生数看，财经商贸类专业毕业生数最多，为 3 836 人，占毕业生总数的 27.20%；其次是信息技术类，毕业生数为 3 247 人，占 23.03%。毕业生数最少的是休闲保健类，为 19 人，占毕业生总数的 0.13%；其次是体育与健身类，毕业生数为 26 人，占 0.18%；农林牧渔类、资源环境类、能源与新能源类、司法服务类无毕业生。

从就业人数看，财经商贸类专业就业人数最多，为 3 783 人，占就业总人数的 27.29%；其次是信息技术类，就业人数为 3 220 人，占 23.23%。就业人数最少的是休闲保健类，为 19 人，占就业总人数的 0.14%；其次是体育与健身类，就业人数为 26 人，占 0.19%。

各专业大类毕业就业状况见表 2-37-6。

表 2-37-6

专业类别	毕业生数/人	就业人数/人	对口就业人数/人	就业率/%	对口就业率/%
石油化工类	70	70	54	100.00	77.14
医药卫生类	36	36	36	100.00	100.00
体育与健身类	26	26	26	100.00	100.00
休闲保健类	19	19	18	100.00	94.74
交通运输类	1 473	1 464	928	99.39	63.00
教育类	374	371	326	99.20	87.17
信息技术类	3 247	3 220	2 311	99.17	71.17
财经商贸类	3 836	3 783	3 079	98.62	80.27
公共管理与服务类	682	669	473	98.09	69.35
加工制造类	1 628	1 596	1 216	98.03	74.69
其他类	959	935	814	97.50	84.88
旅游服务类	207	199	116	96.14	56.04
文化艺术类	1 376	1 321	1 103	96.00	80.16
土木水利类	136	127	95	93.38	69.85
轻纺食品类	33	28	25	84.85	75.76
农林牧渔类	0	0	0	0	0
资源环境类	0	0	0	0	0
能源与新能源类	0	0	0	0	0
司法服务类	0	0	0	0	0
合计	14 102	13 864	10 620	98.31	75.31

三、就业质量

(一) 就业起薪

直接就业学生平均月工资起薪为 2 232 元。月薪 3 000 元以上的为 1 327 人，

2 001～3 000 元的为 4 087 人，1 501～2 000 元的为 2 671 人，1 001～1 500 元的为 1 149 人，1 000 元以下的为 82 人，分别占直接就业人数的 14.25%、43.87%、28.67%、12.33%、0.88%。

（二）职业资格证书

取得职业资格证书的人数为 12 403 人，占毕业生总数的 87.95%，毕业生双证率达 87.95%；未取得职业资格证书的有 1 699 人，占 12.05%。

四、工作举措

（一）加强就业指导，搭建就业平台，拓宽就业渠道

1. 培养学生树立正确择业观和就业观。学校除了开设《就业指导与创业教育》《与人合作能力》《与人交流能力》《自我学习能力》《职业道德与法律》《职业生涯规划》《学会创业》《职业生涯设计学习指导》等课程外，教师还带领毕业班学生积极参加社会实践活动，参观考察人才市场、职业介绍所，了解求职就业动向，亲身体验求职经历，让学生进一步了解社会对人才和工种的需求，有效强化学生职业意识，增强责任感，提高职业道德。

2. 促进学生就业，拓宽就业渠道，把就业工作抓实抓好。深圳市每所中职学校均成立了学生就业指导领导小组，建立学生顶岗实习和就业指导制度，建立学校就业指导工作机制，构建毕业生就业服务工作平台、校企合作平台、技能展示平台，开设系列职业就业指导课程，着力提高学生的就业综合竞争力。为搭建毕业生就业平台，2013 年 5 月，深圳市举办了职业教育与产业发展对话大型系列活动，把毕业生就业"双选会"作为系列活动的"重头戏"，参与企业达 100 多家，提供就业岗位达 1 万多个。

（二）以信息化建设为抓手，全面掌握毕业生就业动态

加强毕业生就业工作信息管理，推进职业教育信息化建设，准确、全面掌握毕业生就业情况。深圳市中职学校开发了"毕业生就业服务管理系统"。该系统主要解决了三个方面的问题：一是所有报到毕业生的就业情况都进入数据库，可查询所有毕业生的就业情况；二是可以方便地为离校未就业毕业生提供就业服务；三是为在校生提供就业、创业方面的信息和资料。

（三）强化学生的就业意识，提高学生就业能力

深圳市中职学校积极组织学生参加社会实践活动，主要做法如下：

1. 积极组织学生参加政府、行业组织的各种招聘会的服务性工作。调动学生参与招聘活动的积极性，定期开展"就业创业节"活动。

2. 积极开拓就业市场，组织毕业生参加企业供需见面会。通过毕业生网上就业服务，实现网上信息发布、就业咨询，使就业指导、咨询、服务工作动态及时、准确、高效、快捷地传递给广大学生。

3. 积极开展形式多样的创业教育活动，提高毕业生创业能力。如深圳市宝安职校大力支持学生自主创办"信息技术服务公司""七彩虹礼仪公司""自创虚拟数控公司""龙动漫公司""财经部小财迷"等公司，并尝试股份制公司的运作实践。学生创业意识和创业能力得到了有效锻炼，专业学习的热情得到有效激发。

五、发展趋势预测

一是升学人数及其比例将逐年上升。从2014年起，深圳市实行进城务工人员随迁子女高考新政策，外省户籍中职毕业生可在广东参加高职类高考；同时，随着现代职业教育体系的不断完善，社会对技能型人才层次要求的提高，中职毕业生上升通道将进一步拓宽，中职毕业生升学的愿望将越来越强烈，升学人数占毕业生数的比例将呈上升趋势，就业人数占毕业生数的比例将呈下降趋势。

二是专业大类就业情况将保持稳定。由于深圳经济连年呈现稳中有进、稳中向好的发展态势，各产业结构持续优化，经济发展质量不断提高，19个专业大类就业情况今后将保持相对稳定状态，不会有很大变化，尤其是财经商贸类、信息技术类、加工制造类、交通运输类、文化艺术类等专业，其毕业人数及就业情况仍将保持较高而稳定的态势。

后 记

本报告作为中等职业学校的职业指导丛书之一，客观分析了 2013 年中等职业学校毕业生就业状况，报告的编撰得到了各地教育行政部门的积极配合和有力支持，再次对所有参与编写工作人员表示感谢。

参加编写工作的还有以下人员（按姓氏笔画排序）：

马福强	王 珲	王志刚	王延风	王新刚	王昌辉
牛辉峰	邓 弘	邓世民	田 磊	冯迪新	令勇峰
刘晏昇	任晓光	曲雄鹰	曲嘉维	朱 彤	朱传纲
向山东	齐博文	孙永红	李 刚	李春春	李丽雯
李 睿	李明富	李媛媛	巫梅琳	张 峰	张敏伟
张学哲	张福顺	劳晓芸	吴 昊	陈韩冬	杨尊东
杨仕国	林福利	周芳友	周锦瑶	周贤丰	赵 敏
夏 岩	赵海龙	饶庆眉	钟志红	郭荣学	顾 娟
徐 萍	浦艳吉	桑桑拉姆	高应举	格新浙	隗建勋
彭召波	彭文科	董学胜	游迪菲	窦 俊	廖建霞
颜旭东	镇 伟	潘国俭	魏世奎		